本书由陕西师范大学出版基金资助出版

陕西师范大学国家重点学科建设项目

张懋镕 主编

中国古代青铜器整理与研究

青铜盘卷

张 婷 刘 斌 著

科 学 出 版 社

北 京

图书在版编目（CIP）数据

中国古代青铜器整理与研究.青铜盘卷 / 张懋镕主编；张婷，刘斌著.—北京：科学出版社，2015. 12
ISBN 978-7-03-046612-9

Ⅰ. ①中…　Ⅱ. ①张…②张…③刘…　Ⅲ. ①青铜器（考古）–研究–中国
Ⅳ. ①K876. 414

中国版本图书馆CIP数据核字（2015）第295407号

责任编辑：李　茜　曹　伟 / 责任校对：邹慧卿
责任印制：徐晓晨 / 封面设计：北京美光制版有限公司

科学出版社出版
北京东黄城根北街16号
邮政编码：100717
http://www.sciencep.com

北京建宏印刷有限公司印刷
科学出版社发行　各地新华书店经销

*

2015年12月第　一　版　　开本：787×1092　1/16
2019年5月第三次印刷　　印张：11 1/2
字数：266 000

定价：209.00元

（如有印装质量问题，我社负责调换）

多卷本《中国古代青铜器整理与研究》编写缘起

经过十几年的准备工作，多卷本的《中国古代青铜器整理与研究》即将出版。回顾往事，真是百感交集。

30年前，我的处女作《释“东”及与“东”有关之字》发表，从那时候起，青铜器的学习与研究注定成为我一生的追求。

29年前，我开始师从李学勤先生研习古文字。中国古文字有很多分支，如甲骨文、金文、战国文字、简牍帛书文字。先生告诉我：“你在陕西，陕西有很多青铜器，你就做金文研究吧。”在先生的指导下，我受到严格的学术训练，这令我终生受益。我的硕士学位论文是《周原出土西周有铭青铜器综合研究》。所谓综合研究，就是从青铜器、古文字、历史文献三方面来研究。从此综合研究成为我研究青铜器遵循的准则与方法。

1989年，西北大学文博学院成立新的专业——博物馆专业，大概考虑到我本科学的是考古，于是把我从文献专业调到博物馆专业。除了继续讲古文字，又开了一门新课“青铜器鉴定”。自此之后，我开始系统研习青铜器，包括没有铭文的青铜器。

在长期的教学与研究工作中，我渐渐对中国古代青铜器有了新的认识。

概而言之，中国古代青铜器的研究，自两宋以来，已有一千多年的历史，取得了丰硕的成果。尤其是近百年来的研究，在青铜器的分期、分区系、分国别、分器类诸方面卓有成效，为世人所瞩目。

回顾历史，也毋庸讳言，我认为就青铜器基础性工作而言，其资料的整理还远远不够。且提一个最基本也是最简单的问题：迄今为止究竟有多少件中国古代青铜容器？（尚且没有涉及兵器、工具、车马器、钱币、铜镜等）几万还是十几万，恐怕连一个非常粗略的估计都没有，专家也说不清楚。家底不清，研究对象模糊，研究很难继续深入。由于中国古代青铜器资料十分庞杂，其收集、整理并非易事，所以这一部分的工作非常重要。说到研究，比如青铜器的定名，鼎、鬲、簋等各类器物的分类研究，它们之间的相互关系，各类纹饰的分类研究，纹饰和器物之间的相互关系，各个阶段铭文的特点，器物、纹饰、铭文三者之间的互动关系以及对断代的作用等等，其研究或不够系统，或不够深入，有些方面甚至是空白。

20多年来，我一直在进行这方面的研究工作，写了《西周方座簋研究》《两周青铜盨研究》《西周青铜器断代两系说刍议》《试论中国古代青铜器器类之间的关系》《青铜器自名现象的另类价值》等文章，希望从器类、断代、地域、定名等多个角度和层面对青铜器进行探索。

同时我也十分关注国内外青铜器研究专家的成果，他们的论著是我案头的必备书籍，我经常地反复阅读，受益无穷。

在研究中，我深感个人力量的有限。从1999年招收青铜器方向研究生起，就逐渐形成了一个构想：如果研究生本人没有更好的研究题目，我就请他（她）来作青铜器中的某一部分，整理、研究某一类青铜器，或某一类纹饰，或某一时段的铭文，等等。经过十多年的积累，已经完成了20多篇硕士和博士学位论文。其中分器类的整理与研究完成多半，某一地区、某一时段的铜器的整理与研究正在进行，纹饰与铭文的分类、分时段研究也做了一部分。这些为多卷本《中国古代青铜器整理与研究》的编撰奠定了基础。同时，我注意到其他先生也在指导研究生做类似的学位论文，对我们也很有启发与帮助。

前几年，在编写《青铜器论文索引》的过程中，与北京线装书局的刘聪建先生多有接触。他听了我的上述介绍后，很感兴趣，遂与我商定，在原有研究生论文的基础上，由我主编，各专题作者分别著述，形成一套多卷本《中国古代青铜器整理与研究》。但由于种种原因，在线装书局只出了三卷。如今，在科学出版社的大力支持下，计划得以重新实现，拟在今后的若干年里，陆续完成和出版20卷以上的著作。

写作多卷本《中国古代青铜器整理与研究》的目的拟在全面、系统整理青铜器资料，充分吸取古今中外研究成果的基础上，对青铜器的形制、纹饰、铭文、组合关系等方面作全方位考察和研究，并试图总结出关于中国古代青铜器产生、发展、消亡的基本途径、规律、特点及其原因。这是一个遥远的目标，但我们有信心一步一步地走近它。

由于这套多卷本《中国古代青铜器整理与研究》的作者都是毕业不久的研究生，眼界有限、文字青涩也在所难免。我的指导也很有限，很多问题我也不懂或知之甚少。当时作学位论文时，我希望他（她）们放大胆子去写，因此他（她）们的观点与我也不尽一致。但无论如何，在阅读他（她）们的学位论文时，在与他（她）们的反复讨论、交流中，我也有很多的收获，这是最令人快乐的事情。我将阅读后的感想写出来，作为序言放在书前，就是希望继续与大家讨论，将《中国古代青铜器的整理与研究》延续下去。而随着一本本书稿的出版，这一批年轻的作者也正在走向成熟，这或许是比书稿的出版更有意义的事情。

最后要感谢参加我的研究生学位论文答辩以及审阅论文的诸位先生，并希望今后继续得到你们的批评与帮助。感谢陕西师范大学暨历史文化学院给予的大力支持，感谢科学出版社李茜与曹伟两位编辑的辛勤工作，让我们十几年来的梦想终于得以实现。

乙未年立冬后二日张懋镕写于

陕西师范大学中国青铜文化研究中心

简论仿陶铜器与非仿陶铜器（代序）

中国古代青铜容器的造型多来自陶器，《中国古代青铜器整理与研究·青铜盘卷》所论述的青铜盘即属于仿陶类铜器。书中专辟章节来谈青铜盘与陶盘的关系，是此书的一个特点，引起我的兴趣，想在这里谈谈仿陶铜器与非仿陶铜器的有关问题。

就中国古代青铜容器的来源而言，可分为两大类。一类仿自陶器，习称之为仿陶铜器，如鼎、鬲、甗、簋、盆、盂、豆、觚、爵、觯、斝、罍、尊、卣、壶、盘、盉等；另一类并非仿自陶器，可称之为非仿陶铜器，如觥、方彝、卮、𬭚、簠、盨、敦、铺等。如果细分，非仿陶铜器还可以分为两部分。一部分非仿陶铜器是从别的铜器派生出来的，例如簠、盨、敦均是青铜簋的派生物，铺是豆的派生物，𬭚是罍的派生物[1]。我们称其为甲组非仿陶青铜器。另一部分非仿陶铜器例如觥、方彝、卮，不能确知从何而来。据研究，觥可能与鸟兽尊有关[2]，方彝或许来自对宫殿的模仿[3]，卮大概仿自皮革制品[4]，似乎均与陶器无关。我们称其为乙组非仿陶青铜器。关于仿陶铜器，学者多有论述，但少有总结性的意见；对于非仿陶铜器，则重视不够，未见综合研究。本文拟通过仿陶铜器与非仿陶铜器的对比研究，来讨论这两类铜器的特性，并阐明研究的价值与意义。

一、仿陶铜器与非仿陶铜器的特征

顾名思义，仿陶铜器是以陶器为祖型的，这就决定了它与陶器有千丝万缕的联系。相反，非仿陶铜器不是以陶器为祖型的，这就决定了它没有打上陶器的印痕。要而言之，仿陶铜器与非仿陶铜器各有九个特征。

（1）仿陶铜器的式样很丰富，如鼎有方鼎、盆鼎、鬲鼎、盘鼎、罐鼎等；簋有无耳、半环耳、环耳、附耳簋等；尊有大口尊、觚形尊、觯形尊等；盉有三足盉、四足盉、平底盉、圈足盉等。非仿陶铜器的式样则并不丰富，如方彝的形制自始至终像一间房子的形状；觥主要是四足觥与圈足觥两类，前后型式变化不大；盨以圈足盨为主，总体来说差别不大；铺的式样比较一致，盘腹总是既浅且宽，前后型式几乎没有什么不同。而卮、簠与敦刚开始出现时，型式也比较单一，只是在它们成为墓葬青铜器的基本组合物时（下详），式样才逐渐丰富起来。

不过需要说明的是，非仿陶铜器的式样虽然并不丰富，但由于它的出现有特别的用意，所以它本身的造型还是很有特点的。

先说甲组非仿陶青铜器。它们虽然是从别的青铜器派生出来的，初始期的面貌与被派生物有相近之处，但随着发展，二者渐行渐远。例如簠，虽然它是青铜簋的派生物，但其体作长方形，与簋的区别还是很明显的。同理，盨虽然也是青铜簋的派生物，但其体作椭圆形，与簋也有很大的不同。敦也是青铜簋的派生物，试看平底敦、盏式敦等，与簋已相去较远。铺是豆的派生物，但其盘体极宽极浅，不会与一般的豆相混。𬭚是罍的派生物，前者矮胖，后者瘦高，也不难分别。至于乙组非仿陶铜器则特征更为明晰，卮有点像耳杯，但器的体量以及耳的形制与位置均不同于后者；方彝像一座房子，和任何其他器类都纠缠不上；觥是动物造型，而除了鸟兽尊，所有仿陶铜器都不是动物造型，显然二者之间相去较远。

相反，仿陶青铜器的造型就不那么特别。因为分裆鼎的存在，鼎与鬲之间就纠缠不清；盆与盂、盂与簋，有时也难区分，所以有学者专门写文章来加以界定[5]；卣与壶的区别到底在哪里，至今也没有一个专家能说得很清楚[6]。

（2）仿陶青铜器如鼎、鬲、爵、斝、盘、盉等，因为源自陶器，难免不与陶器有千丝万缕的联系，所以通常在其初现期（夏代或商代早期）形制简陋，铸造技术不高，痕迹明显。而后逐步成熟，有一个漫长的成长过程。例如夏代的平底爵与陶爵十分相似，与商代晚期的圜底爵相去甚远。

而非仿陶青铜器则不同，它与陶器没有瓜葛，铸造者可以充分发挥想象力，所以它在初现期的形制就比较成熟。且看方彝、觥、簠、盨、铺的早期形态，可谓横空出世，即惊艳天下，一旦登台亮相，初始模样与后来的形态就差别不大，甚至大小也不像仿陶青铜器那样悬殊，基本定型之后，就一直延续下去。例如最早的方彝是妇好墓出土的五件方彝。其中一件妇好偶方彝，通高60厘米，无论体量还是形制就此一件，可谓空前绝后。两件妇好方彝大小形制一样，已形成组合关系[7]。像这样两件一套的青铜方彝，即使在以后也很少见。显然，方彝的基本格调（形制、纹饰、组合形式）在它的初现期就已经确定，以后并无多大变化。

觥的情况与方彝接近。最早的觥是妇好墓出土的8件觥。形制多样，既有四足觥，也有圈足觥，而这两类觥正是日后青铜觥的主流形式。同时两件四足觥一套，两件圈足觥一套，形成一定的组合形式，而这种组合形式在殷墟二期一经确定，日后就未见有逾越者。

（3）仿陶青铜器如鼎、鬲、爵、斝、盘、盉等，因为源自陶器，所以通常在其初现期（夏代和商代早期）纹饰粗糙，为单层纹饰，甚至多为素面。而非仿陶青铜器的纹饰则始终比较精美。试看觥、方彝的装饰，从殷墟二期开始亮相，便光彩夺目。方彝从商代晚期到西周中期多是以满花器的装饰出现。方彝总数有160件，而三层或满花器很多，接近100件，占总数的60%以上，显得华美亮丽，这是任何一类仿陶青铜器都不可企及的。即便到了衰落时（西周晚期到春秋早期），纹饰变得粗糙起来，但有纹饰者依然多于素面者。尤其是绝大部分方彝有扉棱，甚至包括某些作为明器的方彝。

相比之下，有扉棱的鼎、鬲、簋、盆、盂、觚、爵、觯、斝、罍、盘、盉就少得很。

觥的情况比方彝更甚。方彝的持续时间较长，所以到了衰落时（西周晚期到春秋早期），出现不少明器方彝，难免有草率之作。觥则不同，当它到西周中期走下坡路的时候，其生命几乎戛然而止，避免了次品的出现，所以几乎所有的觥都很有看头。在图片清楚的55件觥中，只有1件为素面，36件为三层和满花器，比率高达65.5%。

盨在初现时，也是十分华丽，如年代最早的应侯爯盨（大约在周共王时）形态端庄，纹饰华丽，铸造精美。虽然到了春秋时期，受当时社会风尚的影响，变得简朴，但仍然是满器纹饰。54件出土青铜盨每件都有纹饰，96件传世青铜盨中，除了没有图像无从了解外，也多有纹饰[8]。

年代最早的直棱纹簠，现藏于北京故宫博物院。其年代大约在西周早期康王前后。这件簠体量极大，可称之为"簠王"。其上装饰的鸟纹、直棱纹粗豪大气，给人以深刻印象。此后的青铜簠多有复杂的纹饰，很少素面者[9]。

作为豆的派生物，西周的铺器（即张翀在《中国古代青铜器整理与研究·青铜豆卷》中所分的乙类器）盘阔而豆柄宽大，不仅所有的铺器均装饰花纹，而且绝大部分为满花器，更以豆柄作镂空状而称奇[10]。到了春秋时期，又加上器盖，盖顶或装饰三小鸭。例如山东曲阜北关的有盖镂柄豆，盖顶捉手或作莲瓣状，生动而华丽。在出土的197件图像清楚的甲类铜豆中，有71件是素面，比率约为36%，远低于乙类铜豆（即铺）。两相对比，差别是很清楚的。

（4）仿陶青铜器初现时都没有铭文，如夏代的青铜器。到了商代早期，极个别青铜器上才有铭文。而非仿陶青铜器一开始就有铭文。如殷墟二期的妇好方彝以及觥、应侯爯盨等。有铭文的非仿陶青铜器在非仿陶青铜器中占的比例，远远超过有铭文仿陶青铜器在仿陶青铜器中占的比例。例如作为饪食器的青铜鬲，数量在700件左右，而有铭文者在315件左右，比率约为45%[11]；作为水器的青铜匜，总量在520件左右，而有铭文者达121件，比率约为23%[12]；作为酒器的青铜斝，总量在433件左右，而有铭文者为160件，比率约为37%[13]；觚的数量在560件左右，有铭文者为202件，比率约是36%[14]。

总之，有铭文的仿陶青铜器所占比例较小，肯定达不到50%，有的还不到30%。

与此相反，有铭文的非仿陶青铜器在非仿陶青铜器中占的比例均超过50%。例如青铜盨，数量为150件左右，而有铭文者为144件左右，比率约为96%；方彝，数量为160件左右，而有铭文者为106件，比率约为66%；觥，数量为100件左右，而有铭文者为71件，比率约为70%。总之，有铭文的非仿陶青铜器所占比例较大，通常在三分之二左右，甚至超过90%。

（5）非仿陶青铜器的数量远远低于仿陶青铜器。据我们不完全统计，在食器中，盨有150多件，簠有411件，而簋至少在3000件以上；豆有300多件，而铺只有十几件。在酒器中，斝有330多件，觯有467件之多[15]，而方彝只有160件左右，觥有102件。正所谓少才能精，少而精是非仿陶青铜器的一大特点。

（6）一般而言，仿陶青铜器，如青铜鼎、鬲、甗、簋、盆、豆、觚、爵、斝、罍、壶、盘、盉流行时间较长。鼎从夏代开始出现，一直流行到两汉，鬲、甗、簋、豆、壶、罍、盘、盉也贯穿商、周两大历史时期，觚、爵、觯、斝虽然流行时间不够长，但它们从商代早期甚至夏代就已经出现了，在西周早期以后渐次消失，它们是当时墓葬青铜器的核心器物。盆虽然始自西周中期，但一直发展到战国，时间也不算短。

由于非仿陶青铜器常常不是墓葬青铜礼器的基本组合，所以流行时间较短。觥与方彝从殷墟二期才出现，到西周早期晚段已呈颓势，春秋早期以后就不见了。𬭚自西周中期出现，一直发展到战国，但数量始终不多。盨、铺从西周中期开始出现，春秋早期以后就衰落了。至于敦、簠，之所以能流行到战国，是由于它们后来转化成为墓葬青铜器组合中的基本器物，才免于被淘汰的命运。

（7）仿陶铜器，如青铜鼎、鬲、甗、簋、豆、觚、爵、觯、斝、罍、壶、盘、盉流行地区很广，在中原、在长江南北等地区都有，有的甚至北抵长城外，南达岭南地区，如鼎。

非仿陶铜器则不然，流行地区有限。方彝主要流行于当时的王畿地区，商代晚期以安阳为中心，波及河北南部、山东西部地区；西周早中期以岐周、宗周、成周为中心；西周晚期波及相邻的虢国、晋国、应国等诸侯国统治的中心地区，但那时方彝已经成明器了。

觥的情况与方彝相似，不同的是在商代晚期及西周早期，在江汉流域及其南部也有鸟兽形的四足觥，不过数量不多。

盨只在一定的地区出土，主要流行于西周的王畿地区，即当时的岐周与丰、镐地区，以及相邻的晋国、应国、虢国、鲁国等诸侯国统治的中心地区。

铺也只在一定的地区出土，西周时期主要流行于王畿地区，如宝鸡、扶风、岐山等地；春秋时期主要流行于虢国、鲁国等诸侯国统治的中心地区。

综上所述，非仿陶铜器流行地区具有惊人的相似之处，主要流行在商周的王畿地区以及诸侯国统治的中心地区，与仿陶铜器的流行全国不同。这是与非仿陶青铜器不同凡响的出身息息相关的。

（8）在通常情况下，仿陶青铜器如鼎、鬲、觚、爵、斝、盘、盉等是墓葬出土青铜器的基本组合物。所谓基本组合物是说它们稳定地出现在不同时代、不同地区、不同级别的墓葬中，是常见器物。所以说它们的生命力比较强。

而非仿陶青铜器不是墓葬青铜器组合中的常见物，因此有别于基本组合物，姑且称其为特殊组合物。它们存在的时间相对短一些，活动的区域相对窄一些。但是它们出身高贵，往往出现在级别较高的墓葬中。最早的青铜觥与方彝出现在安阳小屯殷墟二期的妇好墓中，可见它们为身为王后的妇好所青睐。从考古发掘来看，一般小墓是不出青铜觥与方彝的，它们多出在墓室面积为4平方米以上的大中型墓葬中。它们首先出现在作为王妃的墓葬中，可见其来历不凡。从总量来说，出土方彝的墓葬数量很少，这也从一个侧面说明方彝不是一般人可以享用的礼器。从商代晚期到西周中期，青铜觥与方彝的拥有者身份较高，多为中、高级贵族。即使到了西周晚期和春秋早期，方彝已沦为明器，它依然出现在晋国、虢国等诸侯国国君的墓葬里，保持着高贵的身价。

最早的青铜盨是应侯爯盨，它是应国国君的器物，出现在平顶山应国墓地84号墓中。盨刚刚问世，就诞生在诸侯国国君的家里，实在耐人寻味。在西周时期，盨的主人的地位就很高，最高者是诸侯国国君，如应侯爯、晋侯对。拥有它的还有众多朝廷重臣，如㾜盨的主人㾜，他是赫赫有名的微史家族的重要成员，一位深受周王宠信的史官；还有见于史书记载的杜伯、虢仲、召伯虎等，都是周厉王、宣王时期的著名大臣。盨几乎只出在墓室面积为10平方米以上的大中型墓葬中，显然盨只在中等以上的贵族中行用，小贵族是无权使用它的。而簋在大、中、小型墓葬中都有。

显然，在墓葬出土青铜器的组合形式中，非仿陶青铜器的参与，有提升整个青铜器组合形式的级别的作用。非仿陶青铜器的出现是墓葬规格提高的一种标识。

（9）仿陶铜器如鼎、鬲、甗、簋、盆、豆、觚、爵、觯、斝、罍、壶、盘、盉，一方面它们仿自陶器，另一方面陶器也仿它们，如仿铜的陶鼎、鬲、甗、簋、盆、豆、觚、爵、觯、斝、罍、壶、盘、盉。有趣的是，非仿陶铜器如方彝、觥、盨、铺等却没有模仿它们的陶方彝、陶觥、陶盨。没有仿铜的陶方彝、陶觥、陶盨，在客观上保持了非仿陶铜器的高贵性，身份低的贵族不可能使用它，但也为它的较早衰落埋下了伏笔。至于敦、簠有仿铜的陶敦、陶簠，是因为敦、簠已进入墓葬青铜器的基本组合，功能有了新的变化，已不能与往昔同日而语了。敦、簠的这一变化恰恰给了它们新生的机会。

非仿陶青铜器与仿陶青铜器之所以有很多不同之处，究其原因，在于仿陶青铜器来自陶器，它势必受陶器的制约，表现在两方面。

第一，陶器多是实用器物，讲究的是使用方便，制作成本不能高，是否具有艺术观赏性是次要的事情，而一般来说陶器比较粗糙，这势必对早期仿陶青铜器产生影响。看看夏代的青铜器，就不难明白这一点。对于早期仿陶铜器的铸造者来说，陶器就是很好的艺术品，在设计制作青铜器时，供他们主观支配的空间十分有限，难免去模仿陶器。

第二，大家公认商代晚期的青铜器达到了很高的艺术境地，但仿陶铜器从夏代到商代晚期花了至少300年的时间。这个漫长的探索过程难免不留下令人遗憾的作品。非仿陶铜器则不然，方彝、觥等都是诞生在铸铜技术纯熟的商代晚期及其以后，它们不想出类拔萃也不行。再说，非仿陶铜器是在仿陶铜器尚不能满足礼制需要的情况下产生的，此时需要的是超乎仿陶铜器的非凡作品，因此设计制作者可以而且必须放开思路去想象。非仿陶铜器不受陶器的制约，可以更好地发挥铸造者的艺术想象力。

二、研究仿陶铜器与非仿陶铜器的意义

研究仿陶铜器与非仿陶铜器的意义在于：

（1）有助于理解中西青铜文化的差异。

仿陶铜器（这里主要指礼容器）的出现是中国文明史上的一件大事。二里头遗址青铜鼎、爵、斝、盉的亮相，标志着中西青铜文化终于分道扬镳。西方的青铜器基本上沿袭早期的式样，多是兵器、工具、装饰品；而中国古代的青铜器在兵器、工具、装饰品之外，有了越来越多的礼容器。仿陶礼容铜器的问世，充分说明中国的青铜器是从本土成长起来的，它有自己的发展体系。

非仿陶青铜器的出现，进一步加大了中西青铜文化的差异。如果说中国古代的某些仿陶铜器还多少可以在西方青铜器中找到同类的话，那么非仿陶青铜器与西方青铜器几乎可以说是绝缘的。它向世界充分展示了中国古代青铜器的独特性。

（2）有助于我们重新审视中国古代青铜器发展的基本脉络、特点与规律。

我们注意到非仿陶青铜器只出现在中国古代青铜器大发展的时期。商代晚期被学界公认为中国古代青铜器发展史上的第一个高峰期。具体而言，殷墟一期的青铜器还比较简陋，真正的高峰期始自殷墟二期，其代表就是殷墟妇好墓出土的青铜器，可以用“伟岸、厚重、精美”六字来概括。而最早的青铜方彝以及觥就出现在妇好墓中。同时，学界公认春秋晚期是中国古代青铜器的第二个高峰期，而青铜敦的定型与发展以及青铜簠的兴盛就在这一个时期。

窃以为在这两个高峰期之间可能还有一个高峰期，那就是西周早期晚段至中期早段。与上述两个高峰期一样，时间跨度也在一百年左右。这一点往往为研究者所忽略。西周青铜器的勃兴在康王时期，到昭、穆、共王时又形成新的高潮。这一个时期出现了簠、盨、铺等非仿陶青铜器，就是一个很好的明证。所以我们说在中国古代青铜器发展史上，可能出现了三个高峰期，而不是两个。关于这一点我们将有专文阐述，此不赘言。

总而言之，每当高峰期来临之时，总会有一些非仿陶铜器出现。非仿陶铜器的出现，可以说是一种标志，它预示着一个新的青铜器发展阶段的来临。

（3）有助于进一步深入研究青铜器的组合形式，有助于对当时礼制以及礼制演变的研究。

通过对墓葬出土青铜器组合形式的分析，我们发现可以将其区分为两个层次，一个层次是基本组合物，另一个层次是特殊组合物，基本组合物与仿陶铜器相对应，特殊组合物与非仿陶铜器相对应。它们的出现都是当时国家与社会礼制的需要。

最先出现的青铜器都是仿陶铜器。如鼎、爵、斝、盉，在河南偃师二里头遗址即崭露头角，时间在夏代晚期。进入商代，其余的仿陶铜器如鬲、甗、簋、盂、豆、罍、壶、盘也陆续问世。仿陶铜器出现在上古礼制开始形成之时。

相反，非仿陶铜器出现较晚。盘庚迁殷以后，百废待兴，所以殷墟一期的青铜器制作一般。武丁在位五十九年，治理有方，其时商王朝国力强盛，礼制日臻完善。反映在器物上就是青铜礼器愈加繁复，即墓葬中青铜器的组合形式日趋复杂，仅有仿陶铜器还不够，又造出觥、方彝等非仿陶铜器，用来更为细致地区别不同地位、身份的贵族，因为非如此不足以体现当时森严的等级制度。觥、方彝初始于殷墟二期的妇好墓中，此时正是中国古代礼制确立的时期。进入西周后，商人重酒的礼仪制度逐渐为周人重食的礼仪制度所取代。但是新的礼制的形成需要一段时间，经过成、康、昭三王的努力，到了“穆王修典”时，与商代礼制有很大不同的西周礼制终于确立。于是周人又造出簠、盨、铺等非仿陶铜器。簠、盨、铺就出现在西周早、中期之际。卮、敦主要在春秋中期兴起，繁盛于春秋晚期，而此时正值中国古代礼制的转型期。敦在春秋晚期不仅数量多，而且型式非常复杂，同样反映出当时礼制的繁复。非仿陶铜器出现的原因是礼制的需要，是来自最高统治者的意志，所以它一旦出现规格就很高，制作就很精美。总之，非仿陶铜器只出现在商周礼制发展兴盛的时期。

（4）如前所言，非仿陶铜器刚刚问世就很成形，甚至成为大型墓葬中的必备物，打破了以往青铜器器类的产生依靠陶器的做法，避免了由于模仿陶器导致成长过程的延宕，从而加快了青铜器的成熟。同时表明中国古代青铜器的来源不是单一地来自陶器，也可以来自其他材质的器物，这种多元因素的影响，势必造成中国古代青铜器型式多样，异彩纷呈，不仅使中国古代青铜器更具艺术观赏价值，也使中国古代青铜器更具发展潜力。

（5）有助于了解青铜器制作者的思维方式和设计理念。

从夏代到商代中期，是青铜器的初级模仿阶段，主要是模仿陶器。此时的铜器与陶器不仅形态相似，甚至有的大小相仿。这个阶段持续时间很长。从商代晚期到西周早期，是青铜器的高级模仿阶段，其产品就是乙组非仿陶青铜器。此时的设计铸造者尝试摆脱陶器的制约，转而模仿其他物类。例如方彝可能仿自宫殿，觥仿自其他动物造型。进入西周之后，设计铸造者的思维方式有了进一步的提高。主要从西周昭穆时代开始，创造性地铸造出甲组非仿陶青铜器，如簠、盨、敦、铺等。它们虽然是从簋、豆中派生出来的，但毕竟与被派生物有了很大不同。曾有人主张将铺另列一类，也说明了铺与豆的不同。尤其是敦，型式多样。要从现有的器类中派生出另一类器物，它既与现有的器类有相似之处，又个性鲜明，这不是一件容易的事情，突出地体现出制作者非凡的创造能力。

总而言之，以上将两类不同的青铜器作比较研究，但重点在非仿陶铜器上，因为以往这方面所论较少。鉴于这两类青铜器内涵的复杂性，本序文只是提出一些框架性的意见，敬请大家批评。

本序文先期引用多位研究生的学位论文，在此对他（她）们表示感谢。

张懋镕

2010年5月初稿

2011年11月17日改定

注　释

［1］ 张懋镕：《试论中国古代青铜器器类之间的关系》，《华学》第八辑，紫禁城出版社，2006年。

［2］ 刘莹莹：《商周青铜觥研究》，陕西师范大学硕士学位论文，2011年。下文所引青铜觥的资料均出自此文，不再一一注明。

［3］ 李娟利：《商周方彝的整理与研究》，陕西师范大学硕士学位论文，2011年。下文所引青铜方彝的资料均出自此文，不再一一注明。

［4］ 齐耐心：《青铜卮的整理与研究》，陕西师范大学硕士学位论文，2011年。

［5］ 张懋镕：《青铜盆小议》，《古文字与青铜器论集（第二辑）》，科学出版社，2006年，第128～132页。陈芳妹：《簋与盂》，《故宫学术季刊》第1卷第1期。

［6］ 马军霞：《商周青铜卣研究》，西北大学硕士学位论文，2006年。

［7］ 中国社会科学院考古研究所：《殷墟青铜器》，文物出版社，1985年。

［8］ 张懋镕：《两周青铜盨研究》，《考古学报》2003年第1期。下文所引青铜盨的资料均出自此文，不再一一注明。

［9］ 胡嘉麟：《两周时期青铜簠研究》，陕西师范大学硕士学位论文，2007年。下文所引青铜簠的资料均出自此文，不再一一注明。

［10］ 张翀：《商周时期青铜豆整理与研究》，西北大学硕士学位论文，2005年。下文所引青铜豆的资料均出自此文，不再一一注明。

［11］ 乔美美：《商周青铜鬲研究》，陕西师范大学硕士学位论文，2008年。

［12］ 阴玲玲：《两周青铜匜研究》，陕西师范大学硕士学位论文，2008年。

［13］ 吴伟：《商周青铜斝研究》，陕西师范大学硕士学位论文，2009年。下文所引青铜斝的资料均出自此文，不再一一注明。

［14］ 王文娟：《商周铜瓿研究》，西北大学硕士学位论文，2005年。

［15］ 曹斌：《商周青铜觯研究》，陕西师范大学硕士学位论文，2007年。下文所引青铜觯的资料均出自此文，不再一一注明。

目　　录

第一章　青铜盘研究简史

（一）有关青铜盘图像和铭文资料的著录

目前所见最早著录青铜盘的书是北宋吕大临的《考古图》①，书中卷六部分收录两件青铜盘，对其中一件伯戋盘，描绘了盘上的图形和铭文摹本，并记录大小尺寸、重量容积以及出土地点。另一件青铜盘仅有铭文摹本，未附器形，但作者对青铜盘铭文做了简要的考释。王黼著《宣和博古图》②，卷二十一收录楚姬盘和鲁正叔盘（图1-1），体例和《考古图》相似，主要还是记录青铜盘大小尺寸和重量容积，对青铜盘铭文做了简单的考证。另外，此书所收录的两件龟鱼纹洗与商代晚期常见的青铜盘形制极为相近，可能归为盘类比较合适（图1-2）。尽管两书对所收青铜盘形状和器表纹饰的描摹和原器相比有些失真，铭文考证不甚精确，但“已经具备了很先进的理念，我们可以按现代考古学的要求，从这些书中找到所需要的资料。书中提供了准确而精细的木刻版印器物图、铭文摹本以及必要的尺寸，有的还包括器物的重量和体积”③。

之后从南宋薛尚功著《历代钟鼎彝器款识法帖》④到清代王杰等人编撰的《西清续鉴》⑤、阮元的《积古斋钟鼎彝器款识》⑥、吴式芬著《攈古录金文》⑦及端方的《陶斋吉金录》⑧等书，或描摹图形，或仅录铭文，保存了大量珍贵的资料，但体例上基本都没有超越《考古图》，而且这些书著录的重点在青铜盘上的铭文，对青铜盘自身形制和纹饰等方面少有涉及。

近人有刘体智《小校经阁金文拓本》⑨广收青铜器铭文，按器类排列，将盘划为水器之列，每器都有释文或简单说明。罗振玉作《三代吉金文存》⑩，此书集商周青

---

① （宋）吕大临：《考古图》，中华书局，1987年。

② （宋）王黼：《宣和博古图》，江苏广陵古籍刻印社，1991年。

③ 转引自杨晓能：《另一种古史》，生活·读书·新知三联书店，2009年。

④ （宋）薛尚功：《历代钟鼎彝器款识法帖》，明崇祯六年朱谋垔刻本影印。

⑤ （清）王杰等：《西清续鉴》，涵芬楼石印宁寿宫本，1913年。

⑥ （清）阮元：《积古斋钟鼎彝器款识》，清嘉庆九年自刻本。

⑦ （清）吴式芬：《攈古录金文》，西泠印社翻刻本，1913年。

⑧ （清）端方：《陶斋吉金录》，清宣统元年石印本。

⑨ 刘体智：《小校经阁金文拓本》，石印本，1935年。

⑩ 罗振玉：《三代吉金文存》，中华书局，1983年。

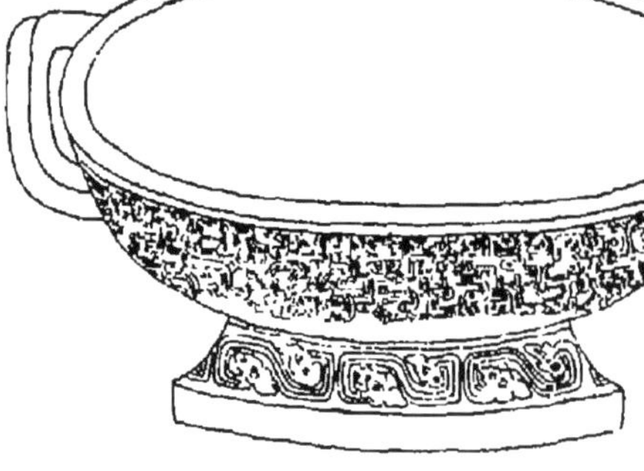

图1-1 鲁正叔盘

图1-2 龟鱼纹盘

铜器铭文之大成，网罗了当时所能见到的所有青铜盘铭文，至今仍是金文研究的必备之书，遗憾的是两书仍然没有刊载器物图像。于省吾《商周金文录遗》[①]所收录的20件青铜盘铭文拓本，多为《三代吉金文存》未曾著录。以上这些著作虽然也涉及铭文考释，但由于时代和材料的限制，金石学家们著录和研究青铜器的目的主要是为了证经补史，所以偏重于汇集青铜盘的铭文而忽略其他一些相关信息，这样就使得大量没有铭文的青铜盘被遗漏。

中国社会科学院考古研究所编的《殷周金文集成》[②]，收有168件有铭青铜盘，在编排上以铭文字数多少为顺序，易于检索，同时提供每件青铜盘的时代、出土时地和收藏流传等相关信息，是目前为止所收青铜盘铭文最完备的工具书。夏鼐先生在该书的前言中说“该书是一部青铜器铭刻的集成，而不是一部青铜器图录”，那些没有铭文的商周青铜盘《殷周金文集成》没有收集，尽管如此，仍是研究两周青铜盘铭文十分重要的参考书。随之又一部大部头著录青铜器铭文的大作《新收殷周青铜器铭文暨器影彙编》[③]出版，该书增补了《殷周金文集成》未收录的有铭青铜盘24件。

图录方面有容庚的《海外吉金图录》[④]和《武英殿彝器图录》[⑤]，系搜集整理日本所藏及清热河行宫所藏器物，每器附有铭文、纹饰拓本，印刷精美，但有些青铜盘绘制的误差较大。《美帝国主义劫掠的我国殷周铜器集录》收录了流失海外的7件青铜盘[⑥]。（图1-3～图1-9）。《中国青铜器全集》[⑦]是一部大型图录，主要按照时代分地区编排，所选传世和考古发掘出土的商周时期在形制、纹饰和铭文等方面具有代表性

① 于省吾：《商周金文录遗》，中华书局，2009年。

② 中国社会科学院考古研究所：《殷周金文集成》，中华书局，1984～1994年。

③ 钟柏生等：《新收殷周青铜器铭文暨器影汇编》，台北艺文印书馆，2006年。

④ 容庚：《海外吉金图录》，影印本，1935年。

⑤ 容庚：《武英殿彝器图录》，影印本，1934年。

⑥ 中国科学院考古研究所：《美帝国主义劫掠的我国殷周铜器集录》，科学出版社，1962年。

⑦ 中国青铜器全集编辑委员会：《中国青铜器全集》16册，文物出版社，1998年。

图1-3　附耳盘

图1-4　无耳盘

图1-5　无耳盘

图1-6　无耳盘

图1-7　无耳盘

图1-8　无耳盘

的青铜盘62件，图片清晰精美，令人赏心悦目，大致展示了中国古代青铜盘在各个阶段的面貌。《故宫青铜器》收录了12件商周时期青铜盘①，图片也很精美，有简略的文字说明。

图1-9　无耳盘

由保利艺术博物馆刊印的《保利藏金》及《保利藏金（续）》②主要介绍了馆藏精品

① 故宫博物院：《故宫青铜器》，紫禁城出版社，1999年。

② 《保利藏金》编辑委员会：《保利藏金》，岭南美术出版社，1999年；保利艺术博物馆：《保利藏金（续）》，岭南美术出版社，2001年。

青铜器40件组，图片精美，印刷精良，共收录有青铜盘6件，每器后都附有详细的基本信息介绍和专家对该盘的研究文章。这几件青铜盘或形制独特，或纹饰鲜见，均为首次公布，其中一件商代浅腹高圈足无耳青铜盘，通体饰满花，腹壁饰一周夔纹并以细腻的云纹衬底。圈足饰兽面纹，盘内底主体纹饰是蟠龙纹，龙首巨大，居于盘中心，龙首两侧分别填饰鱼纹和小龙纹，龙卷体外饰三组鸟、鱼龙图案。一件鋬耳环足青铜盘形制独特，青铜盘口微敛，圆弧腹，紧挨口沿处有一对兽面鋬耳，腹壁饰三组错落有序极细密的蟠虺纹，三环足上各有一兽首，足底平出以增加着地面积。一件附耳圈三足盘腹壁所饰一周首尾俱全的夔龙纹，圈足下接虎形足，较为少见（图1-10，图1-11）。日本奈良国立博物馆也收藏了5件青铜盘，形制各异，分别为双鋬圈足盘、附耳圈足盘、环耳蹄足盘、附耳蹄足盘和环耳圈足盘①。

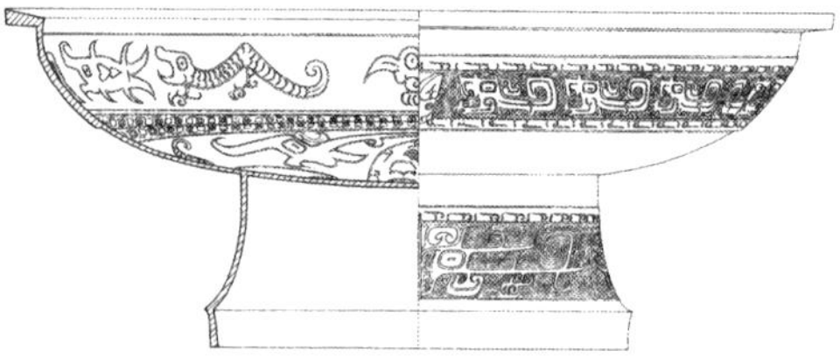

图1-10　无耳盘

图1-11　附耳盘

（二）考古发掘报告及简报

李济的《小屯》是20世纪30年代对殷墟发掘进行全面整理的重要考古报告，其中在《小屯出土之青铜器》“盘形器”一节中详细介绍了安阳出土的两件青铜盘的大小尺寸、重量容积，尤其对盘上纹饰的描述极为详尽。

新中国成立以后，尤其是近二三十年以来，考古工作有了很大发展，发掘了大量商周墓葬，并以考古报告和发掘简报的形式陆续刊发了很多墓葬资料，正是有赖于这些比较翔实地记述了考古发掘出土的青铜盘相关信息的考古报告和简报，才为更加科学而全面地运用考古学方法研究商周时期的青铜盘提供了条件。殷墟的发掘研究一直没有间断，《殷墟妇好墓》②即是20世纪70年代对安阳殷墟进行的一次重要发掘，该墓随葬了数量惊人且工艺水平极高的青铜器，出土的两件妇好盘可视为商代晚期青铜盘形制及装饰风格的典型代表。

《琉璃河西周燕国墓地》③《扶风齐家村青铜器群》④和《长安张家坡西周铜器

① 奈良国立博物馆：《奈良国立博物馆藏品图版目录·中国古代青铜器篇》，2005年。

② 中国社会科学院考古研究所：《殷墟妇好墓》，文物出版社，1980年。

③ 北京市文物研究所：《琉璃河西周燕国墓地》，文物出版社，1995年。

④ 陕西省博物馆、陕西省文物管理委员会：《扶风齐家村青铜器群》，文物出版社，1963年。

群》[①]是西周时期几处重要的青铜器墓葬和窖藏发掘报告，报告对青铜盘的出土情况、形制、纹饰、铭文等信息均有较详细的描述。《宝鸡弜国墓地》[②]是对宝鸡渭水南北两岸的茹家庄、竹园沟和纸坊头三处墓地发掘状况及出土器物资料的详细报告，是了解西周时期方国青铜盘的重要资料。报告详细描述了所出青铜盘的形制、纹饰、铭文、大小尺寸和重量等基本信息，并就青铜盘与壶、鋬、盉鑵组合使用的独特现象进行了探讨，尤其是对青铜盘底部刻划和范线的关注并提供青铜盘等器物底部图片，为青铜盘铸造工艺方面的研究提供了条件。《上村岭虢国墓地》[③]和《三门峡虢国墓》[④]是两部对位于河南三门峡市上村岭的虢国贵族墓地进行的两次考古发掘资料的重要报告，报告提供了墓群明确的年代和青铜盘的基本信息，并对出土的青铜盘做了型式上的划分，分为附耳圈足有孔盘、附耳圈足无孔盘、附耳圈三足盘和立耳盘，这些都为研究西周晚期至春秋早期中原地区及同时期其他区域青铜盘提供了重要的比照、参考资料。

东周时期中原地区重要考古报告可以《上马墓地》[⑤]为代表，报告将墓葬出土的14件青铜盘以足部变化分为圈足盘和三足盘二型，后者又细分附耳蹄足盘、环耳蹄足盘和楔形足盘三亚型，并将青铜盘的变化趋势总结为腹部由较深到较浅，最后浅成碟状；附耳由直到平折，最后到无耳；足部是由圈足到蹄足，再到楔形足，最后几近无足。《陕县东周秦汉墓》[⑥]将出土的11件青铜盘分为五型：Ⅰ型敞口，腹壁近直，下腹斜收成圜底，底附三足。Ⅱ型敞口，沿外折，平底，腹侧有外侈的方孔耳。Ⅲ型敞口直壁，口沿下有一周凸棱，平底蹄足，腹壁有对称提链。Ⅳ型敞口，上腹直壁，下腹斜收成小平底，腹侧有一对衔环耳。Ⅴ型盘已残破，复原后与Ⅳ型盘近同，唯盘口沿外侈，上腹有对称半环耳。报告中的Ⅰ型青铜盘目前尚未发现有与之相近同的，故列为一型恐有不妥；Ⅲ型青铜盘壁有两组提链，且盘内外壁、腹底部及足部均有烟熏痕迹，报告已指出是炭火盘。《曲阜鲁国故城》[⑦]一书对乙组墓出土的青铜盘依据盘足和盘耳进行了型式划分，Ⅰ式、Ⅱ式分别为附耳圈三足盘、Ⅲ式附耳圈足盘、Ⅳ式立耳盘和Ⅴ式衔环耳盘。《淅川下寺春秋楚墓》[⑧]《江陵雨台山楚墓》[⑨]《江陵望山沙冢楚墓》[⑩]《包山楚墓》[⑪]

---

① 中国科学院考古研究所：《长安张家坡西周铜器群》，文物出版社，1965年。

② 卢连成、胡智生：《宝鸡弜国墓地》，文物出版社，1988年。

③ 中国科学院考古研究所：《上村岭虢国墓地》，科学出版社，1959年。

④ 河南省文物考古研究所：《三门峡虢国墓》，文物出版社，2006年。

⑤ 山西省考古研究所：《上马墓地》，文物出版社，1994年。

⑥ 中国社会科学院考古研究所：《陕县东周秦汉墓》，科学出版社，1994年。

⑦ 山东省文物考古研究所：《曲阜鲁国故城》，齐鲁书社，1982年。

⑧ 河南省文物研究所等：《淅川下寺春秋楚墓》，文物出版社，1991年。

⑨ 湖北省荆州地区博物馆：《江陵雨台山楚墓》，文物出版社，1984年。

⑩ 湖北省文物考古所：《江陵望山沙冢楚墓》，文物出版社，1996年。

⑪ 湖北荆沙考古队：《包山楚墓》，文物出版社，1991年。

等报告对研究春秋时期楚国或楚势力范围内流行的青铜盘有重要价值。

与此同时，包含了大量的青铜盘信息的发掘简报也为进一步的深入研究提供了基础资料。简报中公布的青铜盘一般都有明确的出土时地，通常对青铜盘形制、纹饰和铭文也都有较为详细的描述，而且往往通过共存器物和比较的方法对青铜盘的时代有大致不误的推断。

（三）通论性著作

有一些重要的通论性著作中专门为青铜盘辟出一个章节，或对其器名用途进行论述，或讨论其形制演变过程。容庚《商周彝器通考》[①]收录商周时期青铜盘32件，依据器物铭文和纹饰，将这些青铜盘分为商代、西周前期、西周后期和春秋战国四期，详细的叙述了每件青铜盘的名称、形制、用途、大小尺寸、铭文、花纹和著录情况。总结了商代水器盘的形制为圆腹圈足，有鸟耳盘、有口沿上立六鸟形盘；周代有附耳、附耳圈三足、有流有鋬三足形、椭圆四足、环耳、广唇无足等形制；归纳青铜盘的名称有“宝尊彝、尊彝、尊、宗彝、宝器”的共名，有“宝盘、盘、媵盘、盥盘、頮盘、尊盘、媵頮盘、尊媵盥盘、铸盘、少（炒）盘”以及“盘盉”等本名。该书对两周青铜盘的形制概括标准虽不统一，但大致不误，对青铜盘名称的归纳极为详尽，尤其是对青铜盘器表各种纹饰的特征描述及流行时间的说明则是之前其他著作所不能比拟的。容庚和张维持合著《殷周青铜器通论》[②]是继《商周彝器通考》后又一部综合性研究青铜器的著作。较之《商周彝器通考》此书新收了商周青铜盘11件，将盘划归为盛水器类，记录每件器物的通高、口径、纹饰、铭文及著录等信息，简要考证了青铜盘的功能。因其内容主要是重点介绍一些新资料，所以比较简明。

马承源主编《中国青铜器》[③]，该书定青铜盘为盛水器，以商代、西周和春秋战国时代为序列，把青铜盘分三类，每类之下又划分若干式且附有图形，并简要总结每个大时间段内青铜盘的形制特点，认为“商代青铜盘都是敞口、圈足、无耳，变化仅在口沿及圈足上；西周中期青铜盘形制变化较大，盘腹变浅，一般增设附耳，有的还有宽流和鋬手，有的在圈足下另加附足；春秋战国青铜盘数量较多，大体春秋早期与西周晚期相似，春秋中期开始有较大的变化”。

朱凤瀚的《古代中国青铜器》[④]一书，援引文献资料同时结合考古发掘出土实物对商周时期青铜盘的名称、功能和发展序列做了研究，按青铜盘腹部差异把商周青铜盘分为圆腹、直腹和折腹三型，再以青铜盘耳部变化进一步划分式别，最后把匜形盘和

---

① 容庚：《商周彝器通考》，哈佛燕京学社，1941年。

② 容庚、张维持：《殷周青铜器通论》，文物出版社，1984年。

③ 马承源：《中国青铜器》，上海古籍出版社，1988年。

④ 朱凤瀚：《古代中国青铜器》，南开大学出版社，1995年，131～133页。

环耳盘作为两类特殊形制的青铜盘附于末尾。此书是一本青铜器综合类书，体量大内容多，因而对青铜盘的型式划分比较粗，其相关问题涉及较少。

（四）有关青铜盘的目录索引

孙稚雏《金文著录简目》[①]一书以《三代吉金文存》《商周金文录遗》《文物》《考古》和《考古学报》等各种铜器图录中有铭文拓本者为收录对象，按青铜器器类编排，查阅起来十分便利，是青铜器分类研究重要的参考工具书，其中可检索到商周青铜盘115件。孙稚雏《青铜器论文索引》[②]搜集罗列各大报刊、论文集中的青铜器，按内容分概述、报道、文字、考释、器物等类别，书后附录著者姓名索引，遗憾的是索引仅做到20世纪80年代初期。令人欣慰的是由张懋镕和张仲立合编的《青铜器论文索引（1983～2001）》以及张懋镕主编的《青铜器论文索引（2002～2006）》两书已经问世，基本沿用孙稚雏《青铜器论文索引》一书的体例，但分类更为详细，所收资料更为丰富。

（五）有关青铜盘的研究

郭宝钧先生的遗著《商周铜器群综合研究》[③]，以时代早晚为序，从青铜器的群组出发，把整个商周时期青铜器群分为中商铜器群、晚商铜器群、西周铜器群、东周初年及春秋时期铜器群和战国铜器群五个大群组。文中每个时段末对各种礼器均有小结，其中中商铜器群中因盘数量极少，所以没有做结论；论及晚商铜器群时，认为盘形如簋，腹浅而口大，圈足低，置放稳；西周铜器群分为前期和后期，就盘的形制小结为早期承袭殷制，穆王时盘壁生耳，已是新型，西周后期盘圈足下又增加三支足，和同时代的簋足同，开春秋盘制的前型；春秋青铜盘的形制大都作附耳圈足式，盘大者壁范多，小者少；战国时期青铜盘式微，形制转变为近似汉代的洗。书中选取的青铜器群组都是发掘品，根据是比较可靠的，因而以上所做出的结论也是基本符合商周时期青铜盘发展演变规律的。但终因资料所限，属于粗线条的研究。

王世民、陈公柔、张长寿合著的《西周铜器分期断代研究》[④]，按耳部及圈足变化把西周青铜盘分为Ⅰ型无耳圈足盘、Ⅱ型有耳圈足盘、Ⅲ型双耳圈三足盘、Ⅳ型匜形盘和Ⅴ型方盘，认为Ⅰ型青铜盘折沿深腹，高圈足的形制上承殷代，只流行于西周早期；Ⅱ型双耳青铜盘以附耳断面不同分为I式附耳圆折和Ⅱ式附耳方折，对另外三种青铜盘没有再进一步做式别划分。

---

① 孙稚雏：《金文著录简目》，中华书局，1981年。

② 孙稚雏：《青铜器论文索引》，中华书局，1986年。

③ 郭宝钧：《商周铜器群综合研究》，文物出版社，1981年。

④ 王世民等：《西周青铜器分期断代研究》，文物出版社，1999年。

郭沫若著《两周金文辞大系图录考释》[①]，此书《录编》部分录有青铜盘铭文、拓本，个别无拓本的以摹本代之，《图编》部分辑有青铜盘图像，把青铜盘的形制、纹饰和铭文结合起来，进行分期断代研究。

日本学者白川静著《金文通释》[②]，该书是作者对西周至战国时期青铜器铭文所做的综合研究，该书重点在器物的铭文研究。所收青铜盘数量比较少，附有青铜盘的图像、出土地点、收藏等基本信息，但主要在对单个青铜盘的铭文考释中兼及器形、纹饰、字体及断代之间的关系。

林巳奈夫的《殷周青铜器综览》[③]收集资料丰富，考证翔实，全书所收录的100件青铜盘，均有时代、形制、大小尺寸及出土地的说明，并将青铜盘铭文和部分具有特色的纹饰图像附于青铜盘右方，极大地方便对照比较。该书对包括青铜盘在内的殷周青铜礼器做了全面综合的考证，是迄今日本学界对中国青铜器研究最深入、规模亦最大的著作。

区域研究方面有卢连成和胡智生对陕西地区西周墓葬和窖藏出土的青铜礼器进行的研究[④]，其中依据盘耳把青铜盘划分为五式：Ⅰ式敞口无耳，主要流行于西周早期武、成、康之际，系从殷商晚期青铜盘发展而来，以陕西泾阳高家堡墓出土的青铜盘为典型标本；Ⅱ式盘腹变浅，附耳较高，主要流行于西周昭王之时，以宝鸡竹园沟M4为典型器；Ⅲ式盘腹更浅，腹壁较直，盘底平阔，附耳多高出盘口，圈足趋向低矮，以扶风庄白史墙盘和宝鸡如家庄M2：15等为代表器物，主要流行于西周中期穆、共之际；Ⅳ式附耳紧贴盘口，盘腹更浅，盘底平阔，圈足低矮外侈，以陕西长安张家坡窖藏出土的伯百父盘、扶风齐家村出土的中友父盘和岐山董家村出土的重环纹盘为典型器，此式盘流行于西周中期晚段至西周晚期；Ⅴ式盘与Ⅳ式盘相似，唯圈足下开始出现三小短足，标本见陕西扶风齐家村出土的它盘，此式盘是西周青铜盘发展到最晚阶段的型式，器形的主要特征多与春秋早期青铜盘相类。刘彬徽《楚系青铜器研究》[⑤]一书在第四章中对楚系青铜盘做了考察，认为楚盘形态及其演变与中原地区的大同小异，并依据盘耳、足的变化把楚盘分为圈足盘、三足盘和无足盘三个类型。

以上诸家对青铜盘所做的研究主要还是集中在青铜盘自身形制的发展演变方面，较少关注青铜盘的其他相关问题。

陈昭容《从古文字材料谈古代的盥洗用具及其相关问题——自淅川下寺春秋楚墓的青铜水器自名说起》一文着重解读各种青铜水器的功用、墓葬中水器与墓主身份

① 郭沫若：《两周金文辞大系图录考释》，科学出版社，1957年。

② 〔日〕白川静：《金文通释》，白鹤美术馆，1963～1980年。

③ 〔日〕林巳奈夫：《殷周青铜器综览》，东京吉川弘文馆，1984年。

④ 卢连成等：《陕西地区西周墓葬和窖藏出土的青铜礼器》，《宝鸡弓鱼国墓地》，文物出版社，1988年。

⑤ 刘彬徽：《楚系青铜器研究》，湖北教育出版社，1995年，213～216页。

的关系、水器的作器者与使用者的关系及与盥洗行为相关的古文字和区域性写法等问题。文中根据《殷周金文集成》中青铜盘铭文内容，对青铜盘等水器的作器者和接受对象做了归纳总结，其中91件青铜盘中，男自作49件，女自作6件，夫为妻作5件，父为女作23件，母为女作3件，子为母作1件，不详者4件。男性自作盘占的比例最大，其次是父为女作盘即媵盘，女性自己制作盘的数量能力很低，女性拥有盥洗器的机会多大多数来自陪嫁品。作者进一步分析了出现这一结果的背景，在春秋时期由于当时各诸侯间关系错综复杂，往往借由婚姻关系来巩固政权，或以政治联姻来强化外交关系，因而诸侯嫁女的媵器大量出现，以盥洗器为大宗的原因其一是婚礼时行沃盥礼需要用盘匜，其二是平日侍奉舅姑沃盥需要用盘匜，其三是寄予了父母期盼女儿在夫家要多利用盥洗用具，整治容颜，以美丽的容貌维系夫家的感情，这些都表明男性是当时社会权力与财富的中心①。

李先登《试论青铜盘》②一文认为商周时期的青铜盘实际上分为两种：一种是承托酒器中之祼器的鬶、盉、尊等之承盘，与鬶、盉、尊等酒器组成一组器物，应归为酒器；另一种为承接盥水之盘，属水器。

周亚在《晋韦父盘与盘盉组合的相关问题》③一文中从晋韦父盘铭谈起（图1-12），重点探讨了盘盉的组合形式和特点，并以两器的纹饰和铭文为依据归纳了区分盘盉组合的七种形式，即规范的、不规范的和比较规范的组合形式，又进一步指出商代至西周早期虽有盘盉同出的墓葬，但组合的特征并不明显，规范的组合是到了西周早期偏晚才形成的。这一结论对后文在判断青铜盘的组合情况时具有指导意义。何琳仪《说“盘”》④在周文的基础上做了进一步的补充，全文着重考察了家父盘和晋韦父盘的自名，认为晋韦父盘自名“舟”可直接释作“盘”；“盘”古代有两种读音；认为家父盘自名可写作“盅”，并推测可能是盉的异称。

杨晓能《另一种古史》⑤一书虽并未专门讨论商周青铜盘，但作者在占有大量资料的基础上对青铜器上的图像铭文做了深入而缜密的研究，得出青铜器外底上出现的纹饰兼具图像和铭文的双重功能的结论，对我们认识青铜盘上图形铭文及底部纹饰提供了一种全新的思路。

对单个青铜盘的研究文章以1976年出土于陕西扶风的墙盘和2003年元月陕西眉县杨家村发现的逨盘最多，这两件青铜盘可谓是新中国成立以来出土的青铜盘中最抢眼的

---

① 陈昭容：《从古文字材料谈古代的盥洗用具及其相关问题》，《“中央”研究院历史语言研究所集刊》1999年。

② 李先登：《试论青铜盘》，《陕西历史博物馆馆刊》第15辑，三秦出版社，2008年，215～218页。

③ 周亚：《晋韦父盘与盘盉组合的相关问题》，《文物》2004年第2期。

④ 何琳仪：《说“盘”》，《中国历史文物》2004年第5期，30～32页。

⑤ 杨晓能：《另一种古史》，生活·读书·新知三联书店，2009年。

图1-12　晋韦父盘

两件。墙盘是西周共王时期重要青铜器，铭文分前后两部分，前一部分记录了文、武、成、康、昭、穆直至当时天子共王的事迹，后一部分记录了微史家族的历史，对研究西周史具有很高的史学价值。逨盘上铸的长篇铭文超过了墙盘，记叙了从第一代单公到第八代逨所建立的功绩，展示了单氏家族从文王到宣王的发展历程，是研究西周历史十分珍贵的资料。两器自出土后学者们即从考古、历史、古文字和语言文辞等方面进行了较为深入系统的研究，并取得了重大突破。相关的研究文章主要有《史墙盘铭文试释》[①]《史墙盘铭解释》[②]《墙盘断代再议》[③]《墙盘铭文札记》[④]《眉县杨家村窖藏青铜器铭文考述》[⑤]《略论西周单氏家族窖藏青铜器铭文》[⑥]《逨盘铭文笺释》[⑦]《 眉县杨家村器铭历日的难题》[⑧]《眉县杨家村窖藏青铜器研究二题》[⑨]《 从墙盘、逨盘看西周世族政治》[⑩]《逨盘与西周王年》[⑪]《墙盘、逨盘之对比研究——兼谈西周微氏、单公家族窖藏铜器群的历史意义》[⑫]等。

① 李仲操：《史墙盘铭文试释 》，《文物》1978年第3期。

② 裘锡圭：《史墙盘铭解释》，《文物》1978年第3期。

③ 晁福林：《墙盘断代再议》，《中原文物》1989年第1期。

④ 刘桓：《墙盘铭文札记》，《故宫博物院刊》2004年第1期。

⑤ 连劭名：《眉县杨家村窖藏青铜器铭文考述》，《中原文物》2004年第6期。

⑥ 董珊：《略论西周单氏家族窖藏青铜器铭文》，《中国历史文物》2003年第4期。

⑦ 王辉：《逨盘铭文笺释》，《考古与文物 》2003年第3期。

⑧ 李学勤：《 眉县杨家村器铭历日的难题》，《 宝鸡文理学院学报》2003年第5期。

⑨ 张懋镕：《眉县杨家村窖藏青铜器研究二题》，《文物》2003年第6期。

⑩ 赵燕姣：《从墙盘、逨盘看西周世族政治》，陕西师范大学硕士毕业论文，2007年。

⑪ 张懋镕：《逨盘与西周王年》，《齐鲁学刊》2006年第6期。

⑫ 刘士莪：《墙盘、逨盘之对比研究——兼谈西周微氏、单公家族窖藏铜器群的历史意义》，《文博》2004年第5期。

第二章　青铜盘名称及用途

第一节　名　　称

古人在定义一种器物的名称时主要着眼于它的用途，所以这两者经常被放在一起讨论，而我们今天考察一种器物的功能和用途时往往是从其自名中得出的。我们将传世和考古发掘出土的有铭青铜盘进行了归纳整理，知青铜盘的名称有共名和自名之分，其中共名有如下几种。

“尊彝”，如延盘铭：“延作周公尊彝”①，西周早期器。（《集成》10067）

“宝尊彝”，如伯矩盘铭：“伯矩作宝尊彝”②，西周早期器。（《集成》10073）

“从彝”，如作从彝盘铭：“作从彝”，商代晚期器。（《集成》10050）

“行器”，如黄君孟盘铭：“黄君孟自作行器”③，春秋时器（《集成》10104）；黄子盘“黄子作黄孟母行器”，春秋早期器。（《集成》10122）

“用器”，如伯雍父盘铭：“伯雍父自作用器”④，西周中期器。（《集成》10074）

《说文解字》彝，“宗庙常器也”，其前常加尊、宝或宝尊，都是用来修饰以显示器物的尊贵。从，“随行也”。“从彝”和“行器”与其他一些青铜器自名为“旅器”“征器”“遣器”等意义相同，表明它们是可以移动、挪动之器，既可用于宗庙祭祀，也可用于行旅与征伐⑤。例如，曾子盘“自作旅盘”（《集成》10156），湖北随州义地岗曾国墓出土了2件青铜盘，其中1件曾少宰盘铭“曾少宰黄仲酉之行盥”，另1件铭文“可之行盘”⑥，河南信阳平桥M1出土青铜盘铭“樊夫人龙嬴自作行盘”⑦

---

① 容庚等：《殷周青铜器通论》（图版壹叁壹），文物出版社，1984年。

② 北京市文物研究所：《琉璃河西周燕国墓地》，文物出版社，1995年。

③ 河南信阳地区文管会等：《春秋早期黄君孟夫妇墓发掘报告》，《考古》1984年第4期。

④ 扶风县文化馆等：《陕西扶风出土伯㦰诸器》，《文物》1976年第6期。

⑤ 黄盛璋：《释旅彝——铜器中“旅彝”问题的一个全面考察》，《历史地理与考古论丛》，齐鲁书社，1982年。

⑥ 湖北省文物考古研究所等：《湖北随州义地岗墓地曾国墓1994年发掘简报》，《文物》2008年第2期。

⑦ 河南省博物馆等：《河南信阳市平桥春秋墓发掘简报》，《文物》1981年第1期。

可作为这种解释的佐证。“用器”，顾名思义就是日常使用或祭祀之器，当然在“刑不上大夫，礼不下庶人”的商周礼制社会，也只是君王和贵族使用的日常用器。这五种共名也常见于其他青铜器铭文，如鼎、簋、爵、觚、匜等这些青铜器，涵盖了青铜器中的食器、酒器、水器甚至乐器，是青铜器的通用名称。

“般”，如鲁伯厚父盘铭：“鲁伯厚父作仲姬俞媵般（盘）”。（《集成》10086）

“盘”，如伯戋盘铭：“伯戋自作頮盘”①。（《集成》10160）

“鎜”，伯侯父盘铭：“伯侯父媵叔妫㛸母鎜（盘）”②。（《集成》10129）

“舟”，仅见晋韦父盘铭：“晋韦父作宝舟（盘）”③。

“盉”，仅见晋侯墓地M6384出土的家父盘铭：“家父作宝盉（盘）”④。

“[illegible]”，仅见安徽寿县蔡侯墓出土的青铜盘铭：“作大孟姬彝[illegible]（盘）”，郭沫若先生释此字为“庐”⑤。

“鍛”，见苏公盘铭“苏公作晋改鍛（盘），永宝用”⑥。

“殳”，见叔多父盘铭。（《攈古录金文》三之一，74）

上面这八种名称不见于其他青铜器自名中，显然是青铜盘的专有名称。其中第一种写法最为常见，“般”字的“舟”部不固定，或在左，或在右，以在左最多见。《说文解字 · 舟部》：“般，辟也，象舟之旋。”“盘，承盘也，从木般声。”段玉裁注：“承盘者，承水器也。”有学者指出“般”字最初见于殷墟甲骨刻辞，青铜盘的“般”字应是借用甲骨文字中盘的写法。又“盘”和“鎜”这两种自名出现的时间较自名“般”晚，应是由“般”衍生出来的。因青铜盘是一种容器，故“般”字下多加“皿”，以示其功能。又因商周时期的盘多为铜质，故“般”字下也有加“金”的，以示其质地。晋韦父盘时代相对较早，“其自名为‘舟’，可能更多保留了‘舟’字的古义，舟可能是盘的本名，而‘般’‘盘’‘鎜’等字以‘舟’作为它们共有的意符，可能是其后起字”⑦。

像“[illegible]”“鍛”和“殳”这样的自名是十分罕见的，与盘字的写法差别很大，只能根据该字出现在青铜盘铭文中的特定位置，推测它应该是盘的名称。苏公盘是苏公

① （宋）吕大临：《考古图》，中华书局，1987年卷6第2期。

② 中国社会科学院考古研究所：《殷周金文集成》，中华书局，1994年第16册10129。

③ 周亚：《晋韦父盘与盘盉组合的相关问题》，《文物》2004年第2期。

④ 北京大学考古系等：《天马—曲村（1980～1989）》第二册，科学出版社，2000年；何琳仪先生在《中国历史文物》2004年第5期的《说“盘”》一文中认为该字上从“虫”下从“皿”，应隶定为“盅”字，并进一步推断应读为“盉”。

⑤ 郭沫若：《由寿县蔡器论到蔡墓的年代》，《考古学报》1956年第1期。

⑥ 张懋镕：《苏公盘鉴赏》，《收藏界》2007年第4期。

⑦ 周亚：《晋韦父盘与盘盉组合的相关问题》，《文物》2004年第2期。

为女儿出嫁所作的媵器，盘字这样的写法或许是西周晚期至春秋早期苏国本国使用的特殊称谓，或者说是地方方言。类似的例子如春秋晚期蔡国蔡侯墓出土的铜鼎自名为“于”，陈梦家先生指出“这种自称为‘于’的鼎可能是一种形制较大的特鼎，称大鼎为‘于’可能是南部诸国的方言”[①]。文献中盘字写作“槃”，可能当时也有木盘在使用。“盘”字出现的时间较晚，根据我们收集的考古资料来看，至少在商代青铜盘上还没有出现。“西周早期的青铜盘也少见有自名，从字体分析，大概是在西周早期偏晚的时候青铜盘上开始出现自名。”[②]可见青铜盘也和商周时期大多数青铜器一样经历了一个由共名到专名的过程。

除了以上的共名和自名外，在一些盘、盉、壶、鎣和匜的铭文中还出现盘与这些器名连称、互称现象。

盘盉连称，强伯盘铭“强伯作宝盘盉”，免盘铭“免蔑静女王休，用作盘盉”（《集成》10161），王中皇父盉铭“王中皇父作尾妘般（盘）盉”（《三代》14.11.2），王作丰妊盉铭“王作丰妊单宝般（盘）盉”（《集成》9438），吕服余盘铭“对扬天丕显休令，用作宝盘盉”（《集成》10169），应侯盘铭“应侯作宝盘盉”（《保利藏金》）。士山盘铭“用作文考厘仲宝尊盘盉”（《新收》1555），函皇父盘“函皇父作琱妘般（盘）盉尊器”（《集成》10164）。

盘鎣连称，陕西宝鸡茹家庄M1乙出土的強伯盘铭“強白自作般（盘）鎣”，[③]強伯鎣铭“強伯自作般（盘）鎣”（《集成》9409）。

盘壶连称，公子土斧壶铭“公子土斧作子仲姜䀇之般（盘）壶”（《集成》9709）。

盘匜连称，倗匜铭“倗之盥盘匜”，郑伯盘铭“郑伯作盘匜”（《集成》10090），鲁少司寇盘铭“鲁少司寇封孙宅作其子孟姬頮媵般（盘）匜”（《集成》10154），大师子大孟姜匜铭“大师子大孟姜作般（盘）匜”（《集成》10274），匽公匜铭“匽公作为姜乘盘匜”（《集成》10154），郑伯盘铭“郑伯作盘匜”（《集成》16.10090）。

此外还有两器自名互称的例子，如器形为匜，却自名为盘者如夆叔匜铭文“夆叔作改盥盘”（《集成》10282）。倗匜铭“倗之盥盘”（《新收》464）。器形为鉴却自名为盘者如徐王义楚盘铭“徐王义楚择其吉金，自作盥盘”（《集成》10099），该器形制为大口束颈，广腹平底，口沿下有两扁平环耳，形制与盘相去甚远，与鉴极为相近。器形为盉却自名为盘者，如裘卫盉铭“用作朕文考惠孟宝般（盘）”［《陕青（一）172》］。器形为盘却自名为鉴者如䢼伯庸盘，“䢼伯庸自作宝鉴”（《集成》

① 陈梦家：《寿县蔡侯墓铜器》，《考古学报》1956年第2期。

② 周亚：《晋韦父盘与盘盉组合的相关问题》，《文物》2004年第2期。

③ 卢连成、胡智生：《宝鸡強国墓地》，文物出版社，1988年。

10130），这件盘浅腹平唇，附耳，圈足下接四小足，是西周晚期至春秋早中期比较多见的青铜盘形制（《考古》1965年第7期）。

仅从以上我们收集到的青铜盘自名来看，情况是比较复杂的，和绝大部分青铜器一样，青铜盘也经历了一个由共名到专有名称的过程，因受到地域文化及青铜器之间的相互影响，会出现“鍨”和“殳”罕见的自名及两器名连称、互称的现象。观察这些不规范的名称会发现，这种现象也是遵循一定的规律，与盘连称或互称的匜、鉴、盉、壶功能相近，即都是水器，当然有的是在某时期曾具有水器的功能。众所周知壶在商代主要是作酒器使用，但到了西周，尤其是西周中期以后，受周人重食器轻酒器观念的影响，壶的功能发生了变化，墓葬中盘壶出土时的情况显示壶亦可用作水器，这在第六章盘壶组合时会提到。而盘壶联名的现象也进一步说明了壶有从酒器转化为水器的事实①。再者，盘与匜、盉有着密切的组合关系，盘盉、盘匜经常是一起同时铸造组合使用。正是基于这些因素，所以才会出现以上列举的器名互用或连用现象，反过来也反映了这些连称和互称的器物之间的亲疏远近关系。这些现象给了我们很重要的启示：其一是不能盲从青铜盘的自名，其二自名可以在一定程度上反映形制或功能方面相似的青铜器之间会互相影响。

第二节　用　　途

关于青铜盘的用途史书多有记载。《礼记 · 内则》记载：“妇事舅姑，如事父母。鸡初鸣……以适父母、舅姑之所。……进盥，少者奉盘，长者奉水，请沃盥；盥卒，授巾。”《仪礼 · 特牲馈食礼》记载事尸之礼“沃尸盥者一人。奉盘者东面，执匜者西面。淳沃……”《仪礼 · 士虞礼》记载：“淳尸盥。执盘，西面。执匜，东面。”《国语 · 吴语》：“一介嫡男奉盘匜以随诸御。”韦昭注：“盘，承盥器。”《左传》僖公二十三年记载晋公子重耳到秦，秦伯送五女，“怀嬴奉匜沃盥”，孔颖达疏：“沃，浇水，盥，洗手。”盘常与匜搭配使用，盥洗时用匜往手上浇水，盘放在手下面盛接洗过手的弃水。上面这些文献资料记载了青铜盘在贵族生活中盥洗的实用功能。

青铜盘的自名在一定程度上也有助于我们了解其用途。实际上相当一部分青铜盘还具有“用作宝尊彝”（陶子盘，《集成》10105）、“为宗彝鬻彝”（宗妇盘，《集成》10152）、“用作朕文考日丁尊般”（走马休盘，《集成》10170）的功能。这些自名为“尊彝”“宗彝”“宝尊彝”的青铜盘时代较早，以商代晚期和西周早期多

① 张懋镕：《试论青铜器自名现象的另类价值》，《古文字与青铜器论集》第3辑，科学出版社，2010年。

见，它们是陈放在宗庙中献给已逝去的父母或先祖，属于宗庙彝器，放在宗庙中永宝用之。

而像自名为“盥盘”，如公典盘[①]夆叔盘（《集成》10163）；“頮盘”，如嚣伯盘（《集成》10149）、鲁伯愈父盘（《集成》10114），“頮”与“盥”意思相近，都有洗面、洗手的意思。这些青铜盘则是在举行祭祀或婚丧礼仪等重要仪式中行沃盥礼时要使用的器物，具有一定的实用性。自名为“行器”和“用器”的青铜盘更是清楚表明了它们在行旅或日常生活中具有盥洗的使用功能。从外形上观察这些有自名的青铜盘，它们的形制基本上都是圆形、大口、浅腹。

传世的虢季子白盘[②]，呈长方形，四壁收拢成平底，盘底四角处有四矩形足，每面腹壁有一对衔环耳，盘腹纹饰较多，以波带纹为主体纹饰。此类方盘还有北京故宫收藏的一件龟鱼方盘。商周时期像这种数量很少形制又巨大的方形青铜盘极少见，当另有用途。《仪礼·士丧礼》记载：“士有冰，用夷盘可也。”《礼记·丧大记》：“大夫设夷盘，造冰焉。”《周礼·凌人》：“大丧出夷冰盘。”这种方盘可能就是一些文献资料中所说的可以用来洗澡，或者夏天盛放冰块用来避暑的冰盘。

还需一提的是伯硕夰盘自名“饔盘”（《集成》10112），黄韦俞父盘自名“飤器”（《集成》10146），楚王酓忎盘自名“少（炒）盘”（《集成》10158）。这些青铜盘的形制与同时代的其他青铜盘相比并没有特别之处，但由其自名体现的意思和传统器形学分类上作为水器的青铜盘的用途完全不同。陈曼簠，此器大口浅腹，形如盘腹，但口沿下有一段直壁，下腹斜收，四长斜足，也具备青铜簠的基本特征，器铭“作皇考献叔饙盘，……永保用簠”，该器形制既像盘又似簠，铭文又同时出现两个自名，可见作为食器的青铜簠与青铜盘之间的相近关系。《说文解字》曰：“饙，滫饭也。”意即以水溲米，杨树达以为饙用作动词，有宴享的意思，显然饙盘是用来盛放食物的。“饔、飤、炒”这些修饰语很明显都是针对食器而言，因而这几件青铜盘应该是用来盛放或加工食物的食器。

---

① 山东大学历史文化学院：《长清仙人台五号墓发掘简报》，《文物》1998年第9期。

② 容庚、张维持：《殷周青铜器通论》，文物出版社，1984年，图版二五八。

第三章 型式划分

有关青铜盘的类型学划分见诸于不少文章，由于着眼点不同，划分的标准也有所区别，有的以青铜盘腹部形制的变化为标准，有的着眼于盘耳和圈足。统观商周时期的青铜盘，有一个共同特征就是大口、腹较浅，适合盛水，其形制最明显的变化主要表现在青铜盘耳部及足部。本节即在前人研究的基础上根据迄今搜集到经考古发掘出土的及传世的商周青铜盘资料，以盘耳的有无及不同形状的盘耳把商周时期的青铜盘分为六类，然后再结合青铜盘足部的差异细分型式。

第一节 无 耳 盘

第一类：无耳青铜盘。无耳青铜盘主要流行于商代中晚期，西周中期之后比较少见。与有耳盘相比这类青铜盘数量很少，约占商周时期青铜盘的15%，依青铜盘足部变化分为四型。

A型 无耳圈足青铜盘。此型青铜盘出现于商代早期，主要流行于商代中晚期，西周早期也有少量存在。除郑州向阳回族食品厂青铜器窖藏出土的青铜盘H1：7无沿外[①]，根据青铜盘口沿的宽窄又可分为二亚型。

Aa型 宽沿。可分三式。

Ⅰ式：深腹，高圈足，器内壁多无纹饰，圈足上多十字形镂孔。该式出现于商代早期。标本见湖北黄陂盘龙城李家嘴M2：1青铜盘[②]，敞口，宽沿平折，沿面呈台阶状，浅腹斜收成平底，圈足外侈，足径较大。圈足较高，约占青铜盘通高的1/2。足上有两个大十字形镂孔，腹部饰一周粗线条夔龙纹饰带，圈足饰两道凸弦纹。通高11.2、口径31.3厘米（图3-1）。

Ⅱ式：口沿沿面多呈台阶状，盘沿上有的铸有小鸟或鸟形柱，圈足变直，器内壁开始装饰纹饰，圈足上多方孔或十字形镂孔。该式出现于商代晚期早段。标本见河南安阳武官村北地M259出土商代晚期青铜盘[③]，大口，浅腹，高圈足，圈足较直，其上

---

① 河南省文物研究所、郑州市博物馆：《郑州新发现商代窖藏青铜器》，《文物》1983年第3期；河南省文物考古研究所等：《郑州商代铜器窖藏》，科学出版社，1999年。

② 湖北省博物馆：《盘龙城商代二里冈期的青铜器》，《文物》1976年第2期，26～41页。

③ 中国社会科学院考古研究所安阳队：《殷墟259、260号墓发掘报告》，《考古学报》1987年第1期，112、113页。

图3-1 无耳盘

图3-2 无耳盘

有三个方孔。盘底有一阴刻的圆涡纹及三条鱼纹，外壁有一周纹带，内饰龙纹，纹带上下为联珠纹，圈足上饰兽面纹。口径46.3、圈足径22.2、通高19.4厘米（图3-2）。属于该式的还有山西吕梁石楼镇出土的鱼纹盘①及陕西城固龙头镇出土的青铜盘②等，敞口，沿外折，弧形腹壁，平底，圈足较直，足部有方形和不规则三角形镂孔三个，腹饰斜线卷云纹一周，内底饰以联珠纹相围的涡纹。

Ⅲ式：圈足外撇，出现台阶，以增加青铜盘的高度，圈足多无镂孔。标本见河南安阳郭家庄M160出土的“亚址”盘③，圈足较直，足径较小。腹饰鳞纹、T字形纹，圈足饰两两相对的夔纹，以扉棱隔开，青铜盘底部正中有铭文“亚址”，通高15.8、口径38.8厘米。该式盘流行于商代晚期（图3-3）。

Ab型 窄沿。可细分五式。

Ⅰ式：敞口，窄沿平折，盘腹较深。标本见河南郑州白家庄M2出土的青铜盘④，圆腹缓缓斜收成平底，矮圈足上有四个十字形穿孔，腹部饰一周粗线条夔龙纹宽带。通高10.5、口径29.2厘米。该式盘时代在商代中期（图3-4）。

图3-3 亚址盘

图3-4 无耳盘

① 谢青山、杨绍舜：《山西吕梁县石楼镇又发现铜器》，《文物》1960年第7期，图见《中国青铜器全集》（4）。

② 王寿芝：《陕西城固出土的商代青铜器》，《文博》1988年第6期；赵丛苍：《城洋青铜器》，科学出版社，2006年。

③ 中国社会科学院安阳工作队：《安阳郭家庄160号墓》，《考古》1991年第5期。

④ 河南文物工作队第一队：《郑州市白家庄商代墓葬发掘简报》，《文物参考资料》1955年第10期。

Ⅱ式：敞口，口沿较Ⅰ式窄。标本见安阳殷墟妇好墓出土的第777号青铜盘①，方唇，浅腹，圜底，圈足较高且直，上端有长方形小孔。口沿下及圈足上各有细棱三条，腹上部饰夔纹三组，在夔身的上下侧，填以圆涡纹，圈足饰饕餮纹三组，盘内中心饰蟠龙纹，外有鸟纹、鱼纹、怪兽纹环绕蟠龙纹一周。在蟠龙头左、右两侧分别铸有“妇好”铭文，表明器主。盘通高13、口径36.6厘米。该式在商代晚期较为常见，流行至西周早期（图3-5）。

Ⅲ式：形制与Ⅱ式接近，只是圈足下多出折边。标本见辽宁喀左马厂沟青铜器窖藏出土的蝉纹盘②，盘通高13、口径33厘米，腹部和圈足均饰一周两两相对的蝉纹，中间分别以兽首和扉棱分开，时代在西周早期（图3-6）。

Ⅳ式：盘壁斜弧或弧直，圈足较高直，圈足下无底座，与Ⅱ式形态较接近，但内壁一般多无纹饰。该式出现于西周早期。标本见陕西泾阳高家堡西周早期墓葬出土的青铜盘③，斜弧腹，圈足斜直。口下及圈足饰饕餮纹。口径33、高11.5厘米（图3-7）。陕西宝鸡竹园沟M1：255盘④，敞口、盘壁较弧直，盘腹稍深、圈足较高直。素面。口径9.3、通高4.3厘米。因盘体很小，可能为明器。

图3-5　妇好盘

图3-6　无耳盘

图3-7　无耳盘

图3-8　无耳盘

① 中国社会科学院考古研究所：《殷墟妇好墓》，文物出版社，1980年。

② 热河省博物馆筹备组：《热河凌源县海岛营子村发现的古代青铜器》，《文物参考资料》1955年第8期。

③ 葛今：《泾阳高家堡早周墓葬发掘记》，《文物》1972年第7期。

④ 卢连成、胡智生：《宝鸡弓鱼国墓地》，文物出版社，1988年。

V式：浅腹，矮圈足。出现于西周中期，数量很少。标本见河北元氏县西张村墓葬出土的青铜盘[①]，敞口，浅腹，平底微凸，矮圈足，制作粗糙，素面。通高5.5、口径21.5厘米（图3-8）。

B型　没有圈足，青铜盘底部直接三足，可分二亚型。

Ba型　尖足较长。标本见陕西凤翔邓家崖秦墓M4：8青铜盘[②]，敞口，平折沿，圜底，下接三个锥形足，通体素面。通高3.2、口径10厘米，时代在战国早期（图3-9）。

Bb型　尖足极小。标本见山西侯马M4090出土青铜盘[③]，侈口折沿，浅弧腹，平底，通体素面。通高4.4、口径24.4厘米。该型盘始见于战国早期（图3-10）。

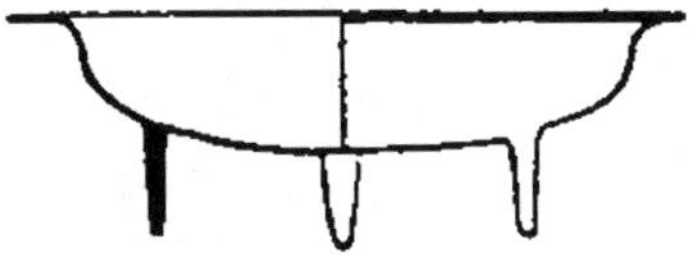

图3-9　无耳盘

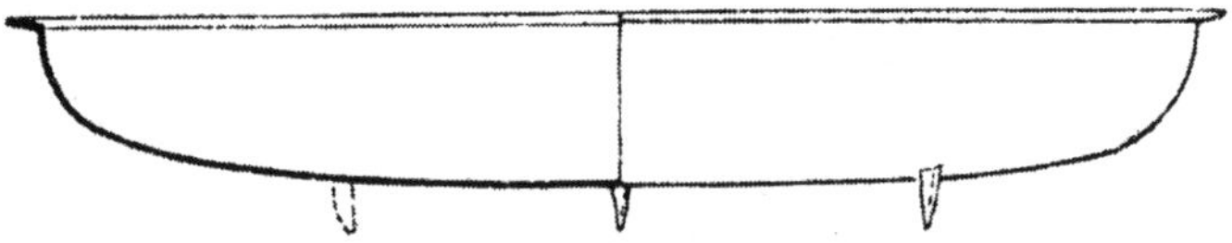

图3-10　无耳盘

C型　无耳方盘。标本见陕西凤翔邓家崖M7出土的青铜盘[④]，盘呈长方斗形，侈口，四壁斜收成平底，素面。通高1.4厘米，口径9.4厘米×4.6厘米，器小且粗糙，应是明器。陕西凤翔八旗屯西沟道战国墓也出土有此型青铜盘[⑤]。此型青铜盘出现于战国早期，流行至战国中期，而且主要集中出土在陕西凤翔一带秦人墓中（图3-11）。

D型　折腹无足盘。此型青铜盘流行于战国晚期，秦汉时期流行的洗与此型盘比较接近，之间或许有某种演变关系。

Da型　圜底。标本见战国晚期的楚王酓忎盘，平唇，宽沿外折，浅腹，圜底，通体素面。器口、腹部各有铭文一行，口上20字，腹外9字。口径38.5、通高7.9厘米，重3.08千克（图3-12）。湖北荆门包山楚墓M2：128青铜盘[⑥]，平沿外折，通体素面。

Db型　平底。安徽天长地区一处战国时期青铜器窖藏出土的青铜盘[⑦]，敞口，平沿较宽，平底，素面。通高7、口径35.4厘米（图3-13）。

这两型青铜盘有时会在同一墓葬中共存，如湖北荆门包山楚墓M2出土的两件青铜盘，一件为平底，另一件是圜底。

---

① 河北省文物管理处：《河北元氏县西张村的西周遗址和墓葬》，《考古》1979年第1期。

② 陕西省考古研究所雍城工作站：《凤翔邓家崖秦墓发掘简报》，《考古与文物》1991年第2期。

③ 山西省考古研究所：《山西侯马上马墓地发掘简报》，《文物》1989年第6期。

④ 陕西省考古研究所雍城考古站：《凤翔邓家崖秦墓发掘简报》，《考古与文物》1991年第2期。

⑤ 尚志儒等：《陕西凤翔八旗屯西沟道秦墓发掘简报》，《文博》1986年第3期。

⑥ 湖北省荆沙铁路考古队：《包山楚墓》，文物出版社，1991年。

⑦ 天长市博物馆等：《安徽天长出土一批战国青铜器》，《文物》2009年第6期。

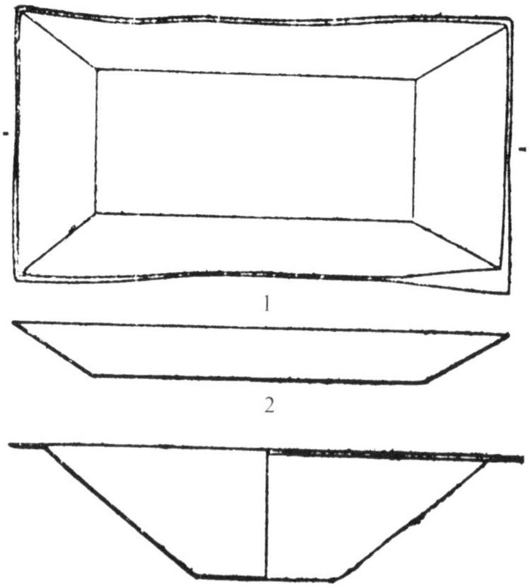

1

2

图3-11　覆斗方形盘

图3-12　楚王酓忎盘

图3-13　折腹无足盘

图3-14　延盘

第二节　附　耳　盘

第二类，附耳盘。在商周时期的青铜盘中以附耳盘数量最多，形制最丰富，由统计表来看，考古发掘出土的商周青铜盘349件，附耳盘有261件，占1/2多。附耳盘器型以耳和足部变化最多最快，附耳先从低于盘口沿到高出盘口的变化，高出口沿后直上、上扬外撇呈“乙”字形或与盘口沿平齐，早期附耳的横截面呈圆形，西周晚期以后横截面以方形居多。附耳盘有圈足、圈足下接三足或四足，有无足的，有盘底直接三足的，其中三足或四足有兽形、人形、蹄形、环形、龙形等形制。附耳盘流行的时间也最长，从西周早期出现一直到春秋晚期都比较活跃，战国时期流行衔环耳盘，附耳盘比较少见了。根据附耳盘足部的变化分为以下四型。

A型　附耳圈足青铜盘。分为六式。

Ⅰ式：附耳横截面呈圆形，高度不超过口沿。标本见传世的延作周公盘[①]，敞口，窄沿，浅腹，圈足不高，腹部及圈足皆饰一周蝉纹，中间以兽首隔开。口径37厘米。此式青铜盘形制和殷商时期青铜盘形近似，唯腹部新增出双附耳，当是由其直接发展而来。时代在西周早期（图3-14）。

① 容庚、张维持：《殷周青铜器通论》，文物出版社，1984年，图版壹叁壹。

Ⅱ式：圆条形附耳，圈足下加有折边。标本见北京琉璃河M253出土的蝉纹盘[①]，敞口，方唇，沿外折，腹斜收，双附耳离盘身较远，低于口沿，与Ⅰ式的主要区别之处在于矮圈足下加有折边，腹饰一周以兽首隔开的蝉纹，蝉头均向兽首，圈足有扉棱，两侧饰鸟纹。通高11.5、口径32厘米。时代应较Ⅰ式略晚，在西周早期偏晚（图3-15）。

Ⅲ式：圆条形附耳，高出口沿，圈足有折边。标本见陕西长安普渡村长由墓出土的006号青铜盘[②]，敞口窄沿，圆腹较浅，附耳离盘身较近，圈足径较大，腹饰一周窃曲纹，圈足饰斜角目纹。通高15.2、口径40厘米。该式出现于西周中期，一直到西周晚期甚至东周春秋时期仍见有（图3-16）。

Ⅳ式：附耳呈宽扁条形，且多有短梗与口沿相连，以加固盘耳。标本见陕西长安张家坡青铜器窖藏出土的伯百父盘[③]，大口，圆深腹，底较平，圈足较矮，有很低的折边，口沿下饰一周大小相间的重环纹，圈足饰椭方形重环纹，青铜盘内有铭文“伯百父乍孟姬媵盘”。通高10.5、口径39厘米。该式是西周晚期非常流行的青铜盘式样，春秋时期亦较常见（图3-17）。

Ⅴ式：扁条形附耳，有短梁与口沿相接，盘腹变浅，腹壁近直。标本见河南陕县上村岭M1706：14号青铜盘[④]，腹很浅，圈足外侈，足径很小，下接较高折边，腹饰一周重环纹，整器制作比较粗糙，纹饰简约草率。通高12.5、口径36.8厘米。时代在春秋早期（图3-18）。

图3-15　附耳蝉纹盘

图3-16　附耳窃曲纹盘

图3-17　附耳重环纹盘

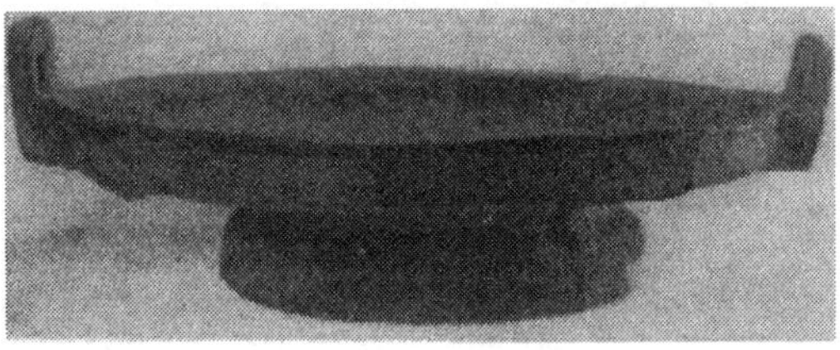
图3-18　附耳重环纹盘

① 北京市文物研究所：《琉璃河西周燕国墓地（1973～1977）》，文物出版社，1995年。
② 陕西省文物管理委员会：《长安普渡村西周墓的发掘》，《考古学报》1957年第1期。
③ 中国科学院考古研究所：《长安张家坡西周铜器群》，科学出版社，1965年。
④ 中国科学院考古研究所：《上村岭虢国墓地》，科学出版社，1959年。

Ⅵ式：附耳高出口沿后外撇。标本见山东海阳嘴子前村M1：6号青铜盘①，直口方唇，平折沿，浅腹平底，圈足外侈，足径较小，盘耳很薄，与口沿之间有短梗相连，上腹饰一周窃曲纹，圈足饰垂鳞纹，耳面饰兽面纹，耳两侧饰蟠虺纹。通高9.75厘米。该式出现于春秋中期，一直流行至战国早中期（图3-19）。

还见有几件附耳特殊的青铜盘，因数量单一，不宜做型式划分，这里单独介绍如下：保利艺术博物馆收藏了一件形制颇为特殊的青铜盘②，直口窄沿，腹壁较直，圈足。盘外壁等距离有四个变形夔龙状附耳，盘内饰蟠龙纹和鱼纹，外壁饰卷云纹。时代约在春秋中期（图3-20）。

河南陕县后川M2061出土了一件附耳兽足盘，敞口，腹壁近直，下腹缓收成圜底，底接三足，上端粗，饰兽面，下端渐细，支脚外折作扁嘴兽状。腹两侧有对称攀兽耳，兽弓身卷尾，四肢攀援盘壁。时代在春秋晚期（图3-21）。

传世的西周早期“束”方盘③，有横截面呈圆形的附耳，浅腹，壁较直，盘底四角有矩形足，口沿下饰顾龙纹，一腹壁有铭文“束”字（图3-22）。

B型　附耳无足盘，可分二式。此型盘数量很少。

Ⅰ式：传世兮甲盘，平底无足，附耳没有上扬。时代在西周晚期（图3-23）。

Ⅱ式：河北邯郸百家村M57：43号战国早期青铜盘④，窄平沿，浅腹，宽扁条形附

图3-19　附耳垂鳞纹盘

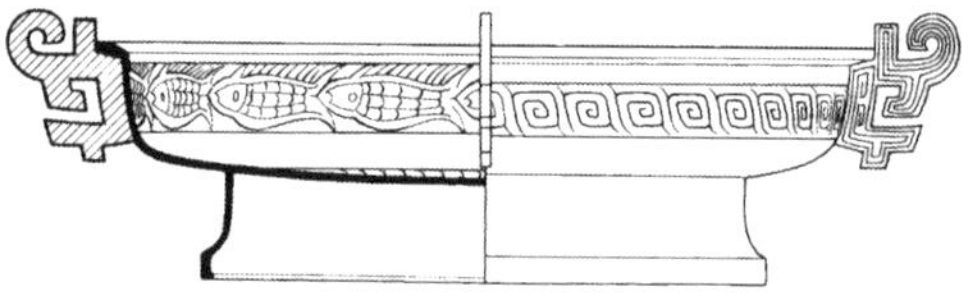

图3-20　龙形附耳盘

图3-21　龙形附耳盘

图3-22　束方盘

① 滕鸿儒、王洪明：《山东海洋嘴子前村春秋墓出土铜器》，《文物》1985年第3期。

② 保利艺术博物馆：《保利藏金（续）》，岭南美术出版社，2001年。

③ 故宫博物院：《故宫青铜器》，紫禁城出版社，1999年。

④ 河北省文物局文物队：《邯郸百家村战国墓》，《考古》1962年第12期。

图3-23 兮甲盘

耳高出口沿后外撇成“乙”字形，腹部饰一周蟠螭纹饰带，盘深2.8、口径32.4厘米（图3-24）。

C型 附耳圈三（四）足青铜盘，可分三亚型。

Ca型 圈足下接三个呈直立状的小足。标本见传世的免盘[①]，圆条形附耳，高出口沿，窄沿浅腹，圈足有折边，腹部和圈足均饰一周顾龙纹，中间以兽首隔开，盘底有铭文33字。通高12.7、口径36.37厘米（图3-25）。

Cb型 圈足下接裸体人形足。可分二式。

Ⅰ式：附耳高出口沿。标本见陕西扶风齐家村青铜器窖藏出土的它盘[②]，宽扁形附耳，高出口沿。敞口浅腹，平底，圈足外侈有折边，下接四个裸体半蹲人形支足。盘腹饰一周大小相间的重环纹，盘底有一个铭文“它”字。通高14.1、口径40.4厘米（图3-26）。山东临朐泉头村M甲出土的青铜盘[③]，方唇折沿，浅腹，耳两翼各有一铜柱连接盘沿，耳之内外面均饰重环纹，腹饰窃曲纹，圈足饰垂鳞纹，盘底铸有网格状凸棱，下有三裸体男子承托，三人均圆面阔耳，挺胸屈膝。通高15.5、口径42厘米，重6.75千克。该式盘始出现于西周晚期，春秋早期也有发现（图3-27）。

Ⅱ式：附耳高出口沿后外折。标本见山东沂源县姑子坪周代墓M1出土的青铜盘[④]，窄沿浅腹，底微圜，扁条形附耳向外平折，顶面宽平，其上各饰有一兽，盘外侧

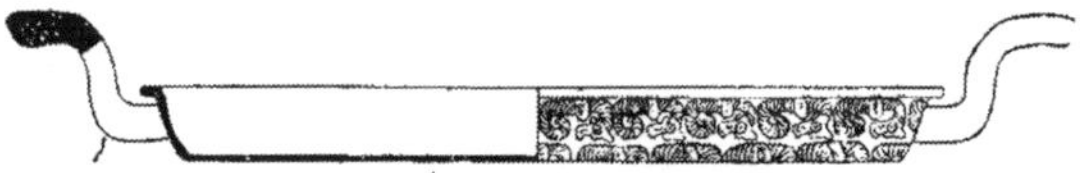

图3-24 附耳蟠螭纹盘

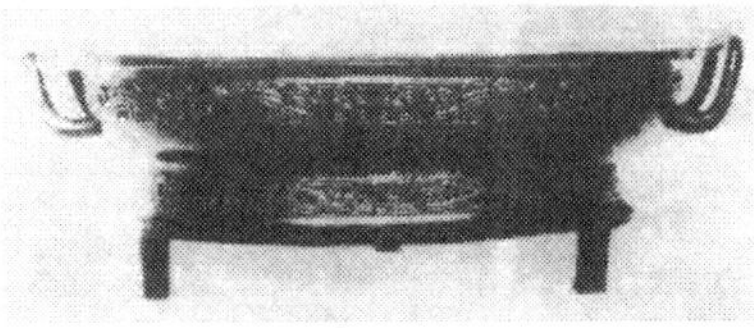

图3-25 免盘

图3-26 它盘

图3-27 附耳窃曲纹盘

① 容庚等：《殷周青铜器通论》，文物出版社，1984年，图版壹三二。

② 梁星彭、冯孝堂：《陕西长安、扶风出土的西周铜器》，《考古》1963年第8期。

③ 临朐县文化馆、潍坊地区文物管理委员会：《山东临朐发现齐、曾诸国铜器》，《文物》1983年第12期。

④ 山东大学考古系等：《山东沂源县姑子坪周代墓葬》，《考古》2003年第1期。

附两附耳、两夔龙，圈足外侧有三个裸体人形足。盘腹和圈足均饰窃曲纹，耳面饰重环纹。另两侧有对称夔龙，两夔龙与两耳对应，形态弯曲，口衔盘口沿，前后两足附于盘腹部。圈足外侧有三个裸体人形足，造型复杂独特。通高19、口径40厘米。时代在西周晚期（图3-28）。山东曲阜鲁国故城M48：8出土的鲁司徒仲齐盘形同此式。

Cc型　圈足下接兽首或兽身足，按耳部形态的不同，可分二式。

Ⅰ式：附耳外折。标本见2003年陕西眉县杨家村青铜器窖藏出土的逨盘①，附耳方折，高出口沿后外撇成“乙”字形，敞口窄沿，圆腹较深，平底，圈足外侈，足径较大，下接四个象鼻形卷足，这种短足也见于西周晚期的史颂簋、颂簋，腹饰无目窃曲纹，耳饰重环纹，盘腹另两侧还有两个造型生动的兽首衔环耳，这种四耳青铜盘十分罕见。盘内有铭文372字，记载西周文王至宣王各王功绩及逨氏先祖事迹，是宣王时期重要的标准器。通高20.4、口径50.3厘米（图3-29）。

图3-28　附耳窃曲纹盘

图3-29　逨盘

Ⅱ式：附耳直立。此式盘的特点在于盘腹壁较直，腹浅。标本见陕西户县宋村M3出土的青铜盘②，直口窄沿，附耳方折，圈足径较小，下接三个兽首小短足，腹饰窃曲纹。通高14、口径36厘米。时代在春秋早期，流行于春秋时期（图3-30）。河南罗山县高店公社窖藏出土的单盘③，器口微侈，方唇宽厚，平底，圈足，下有四个伏兽托住盘底。腹部饰窃取纹，圈足饰垂鳞纹，附耳饰环带纹。盘内有铭文3行18字。河南潢川县平彭店乡墓葬出土的番君白龙盘④，敞口，浅腹平底，圈足下附三个兽首足，盘腹及圈足分别饰窃曲纹和垂鳞纹，盘内底周围饰兽纹带，中心为蟠龙纹，其间有铭文一周，共18字。

D型　附耳无圈足，盘底直接三或四足，依盘足的差异，可分六个亚型。

Da型　蹄形足。可分为三式。

Ⅰ式：附耳从青铜盘下腹伸出直立，盘底接三个矮蹄足。标本见淅川下寺M7出土

① 陕西省考古研究所等：《陕西眉县杨家村西周青铜器窖藏》，《考古与文物》2003年第3期。

② 陕西省文管会秦墓发掘组：《陕西户县宋村春秋秦墓发掘简报》，《文物》1975年第10期。

③ 信阳地区文管会、罗山县文化馆：《河南罗山县发现春秋早期铜器》，《文物》1980年第1期。

④ 郑杰祥、张亚夫：《河南潢川县发现一批青铜器》，《文物》1979年第9期。

的青铜盘[①]，直口浅腹，盘底近平，下接三直立蹄足，腹部饰细密蟠虺纹、云纹和绹纹。通高10、口径38.4厘米（图3-31）。上海博物馆收藏的鲁少司寇封孙宅盘亦属此型。时代在春秋中期偏早（图3-32）。

Ⅱ式：宽扁条形附耳高出口沿后平折。标本见山西侯马上马M1027青铜盘[②]，附耳宽且厚，大口浅腹，腹壁较直，平底下接三个粗矮蹄足，通体朴素无纹（图3-33）。此式盘还有河南洛阳纱厂东周墓出土的一件附耳盘[③]（图3-34）。时代在春秋中期偏晚。

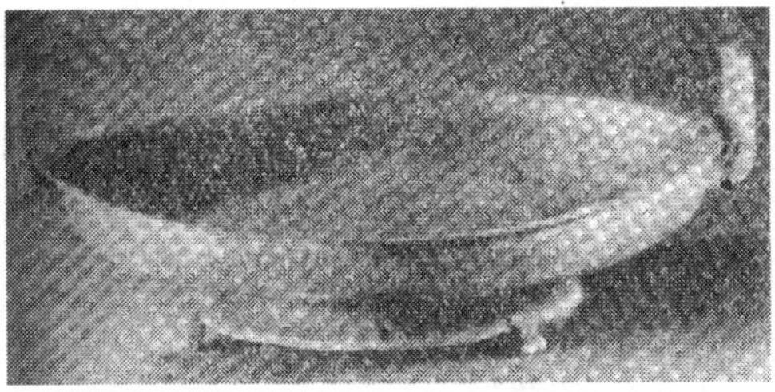

图3-30 窃曲纹盘

图3-31 蟠虺纹盘

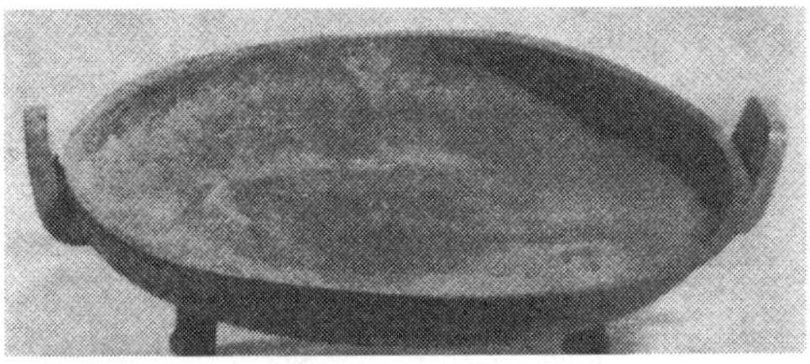

图 3-32 鲁少司寇盘

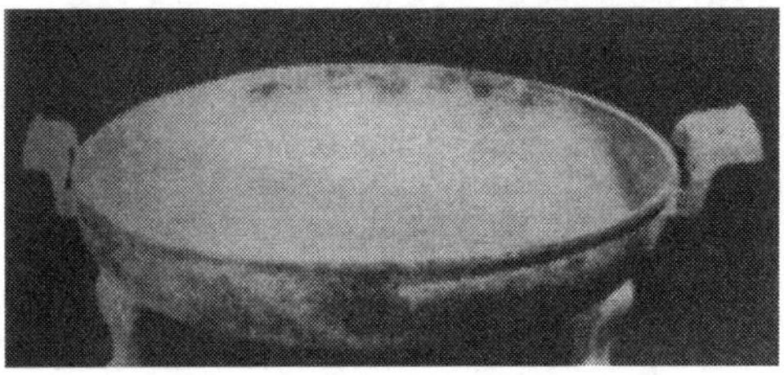

图3-33 素面盘

Ⅲ式：宽扁条形附耳高出口沿后上扬成“乙”字形，盘腹很浅，三蹄足变细且略外撇。标本见洛阳西工区M7258：7出土青铜盘[④]。通高10、口径34.2厘米。时代在春秋晚期（图3-35）。

Db型 尖足。此型盘数量很少，与Da型青铜盘相似，出现时间比Da型晚，可能是Da型青铜盘的一种变异形式。可分为二式。

Ⅰ式：三短尖足。标本见山西侯马上马村M1004出土的青铜盘[⑤]，扁条形附耳较大，从盘口沿下伸出并外撇成“乙”字形。直口窄沿，腹壁较直，平底下接三个极矮的钝尖锥足，通体朴素无纹，此式盘不多见。时代在春秋中期（图3-36）。

① 河南省文物研究所等：《淅川下寺春秋楚墓》，文物出版社，1991年。

② 山西省考古所：《上马墓地》，文物出版社，1994年。

③ 洛阳市第二文物工作队：《洛阳市纱厂路东周墓（JM32）发掘简报》，《文物》2002年第11期。

④ 洛阳市文物工作队：《洛阳市西工区几座春秋墓的清理》，《考古与文物》2003年第2期。

⑤ 山西省考古所：《上马墓地》，文物出版社，1994年。

Ⅱ式：三尖足较长。标本见山西闻喜邱家庄M13：7青铜盘①，扁形附耳较短，从盘上腹伸出并外撇成“乙”字形，窄平沿外折，腹似浅锅，下接三细长形锥足。通高7.5、口径36.2厘米。时代在战国早期（图3-37）。

图3-34　附耳盘

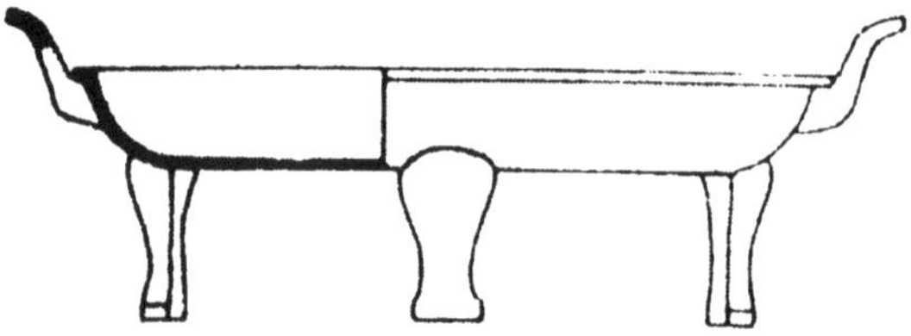

图3-35　附耳盘

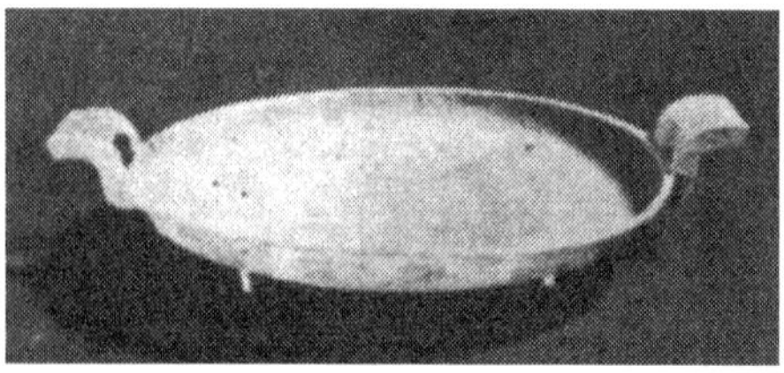

图3-36　附耳盘

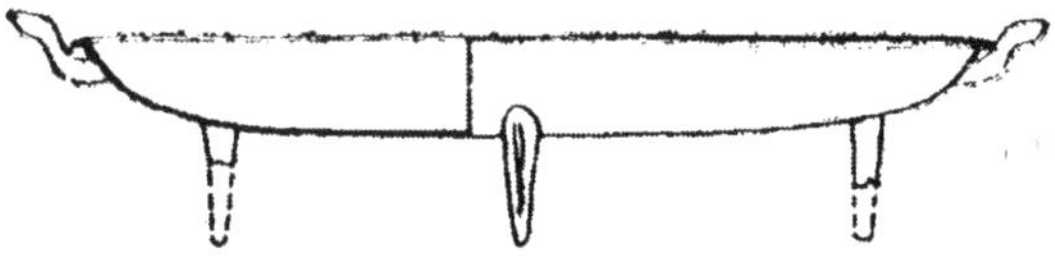

图3-37　附耳盘

Dc型　环形足。标本见山东薛国故城M9出土附耳环足盘，浅腹平底，下接四个环足，通体素面。通高7.5、口径34.8厘米（图3-38）。河南洛阳C1M124：3青铜盘②，附耳外侈，尖唇斜壁，浅腹平底，下接三个环形足，仅耳部饰兽面纹。该型盘流行于春秋中晚期。

Dd型　动物形足，依盘耳变化可分两式。

Ⅰ式：标本见湖南岳阳凤形嘴出土的青铜盘③，平沿方唇，口微敛，浅腹平底，盘两侧为蛇盘绕组成的附耳，两附耳之间有环耳，下接三个做下探状的虎足。双耳上饰浮雕对峙状双龙。通高13.6、口径37厘米。该式流行于春秋中晚期（图3-39）。

Ⅱ式：宽扁条形附耳外撇。标本见湖北随州擂鼓墩M1出土的曾侯乙盘④，大口，平沿，方唇短颈，平底，下接三龙形足。双附耳外撇成“乙”字形，盘口沿下有横“一”字形纹，腹饰鸟首龙纹和勾连云纹，耳饰勾连云纹，足上有阴线纹，盘内底有铭文“曾侯乙作持用终”。通高12.8、口径41.6厘米。时代在战国早期（图3-40）。

① 山西运城行署文化局等：《山西闻喜邱家庄战国墓葬发掘简报》，《考古与文物》1983年第1期。

② 洛阳市文物工作队：《洛阳两座东周铜器墓》，《中原文物》1983年第4期。

③ 岳阳市文物工作队：《湖南省岳阳市凤形嘴山一号墓发掘简报》，《文物》1993年第1期。

④ 湖北省博物馆：《曾侯乙墓》，文物出版社，1989年。

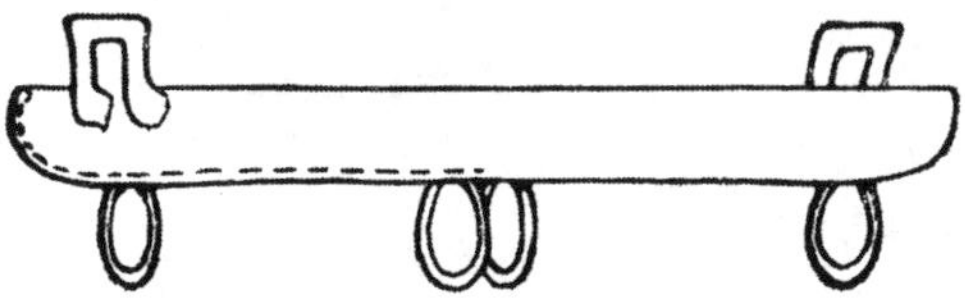

图3-38 附耳盘

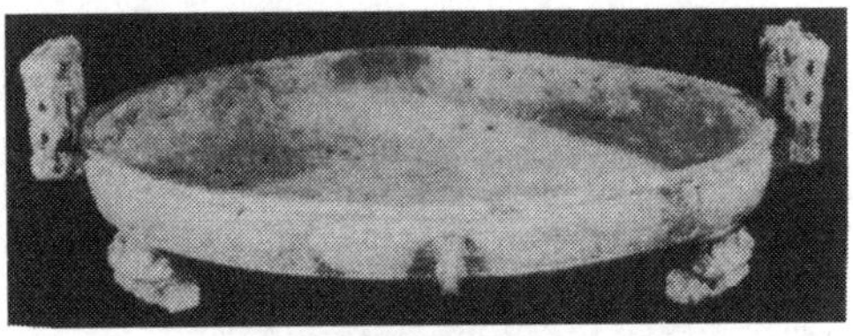

图3-39 附耳盘

第三节 立 耳 盘

图3-40 曾侯乙盘

第三类，立耳青铜盘，在整个商周时期青铜盘中所占比例很少，约3%。依其足部变化可分为二型。

A型 立耳圈足青铜盘，依据青铜盘腹部及圈足的变化还可分二亚型。

Aa型 浅腹。可分二式。

Ⅰ式：浅腹直壁，平底，圈足直且低矮。标本见河南三门峡花园北街M1：7青铜盘①，方形立耳，腹很浅，矮圈足外撇，通体素面，西周晚期器。通高6.6、口径11.2厘米（图3-41）。河北新乐中同村出土的战国时期的青铜盘亦属此式（图3-42）。

Ⅱ式：圈足呈喇叭状。标本见宝鸡南洋村M1出土的青铜盘，通体素面。通高4.4、口径8.3厘米（图3-43）。宝鸡秦家沟墓M2出土的立耳盘可归为本式。该式盘见于春秋时期（图3-44）。

Ab型 盘腹壁斜收，圈足较上式高。

Ⅰ式：圈足呈喇叭形，足径很小。见山东曲阜鲁国故城M49出土青铜盘。通高11.5、口径22厘米（图3-45）。属于本式的还有山西芮城县坛道村M1出土青铜盘。该式盘见于西周晚期至春秋时期（图3-46）。

Ⅱ式：圈足径变大，盘腹更浅，见山东莒县西大庄M1：13青铜盘②，方唇折沿，浅圆腹，平底，矮圈足外侈，腹饰重环纹，圈足饰垂鳞纹。通高12.6、口径33.3厘米（图

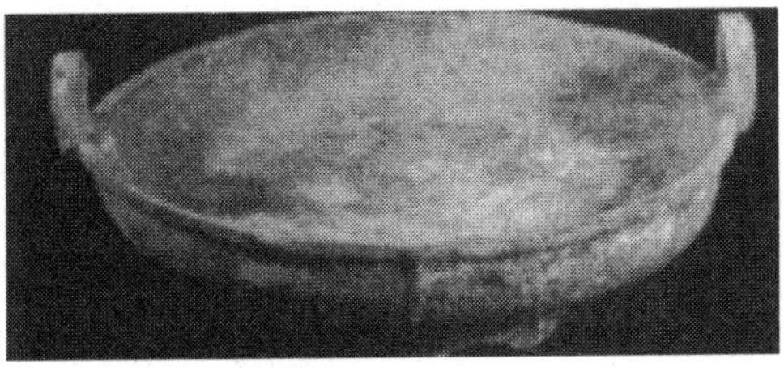

图3-41 立耳盘

图3-42 立耳素面盘

① 三门峡市文物工作队：《三门峡市花园北街发现一座西周墓》，《文物》1999年第11期。

② 莒县博物馆：《山东莒县西大庄西周墓葬》，《考古》1999年第7期。

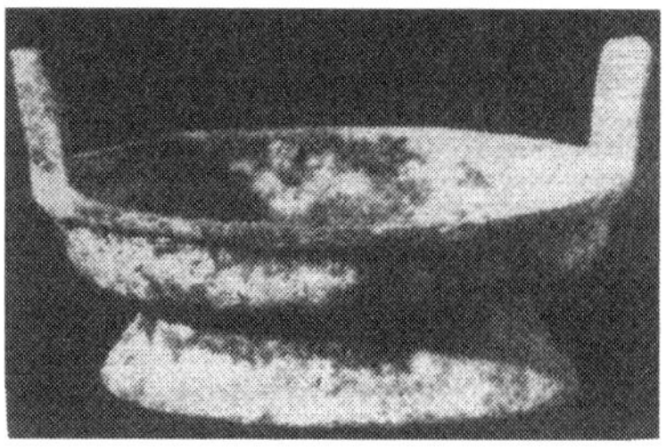

图3-43　立耳盘

图3-44　立耳盘

图3-45　立耳盘

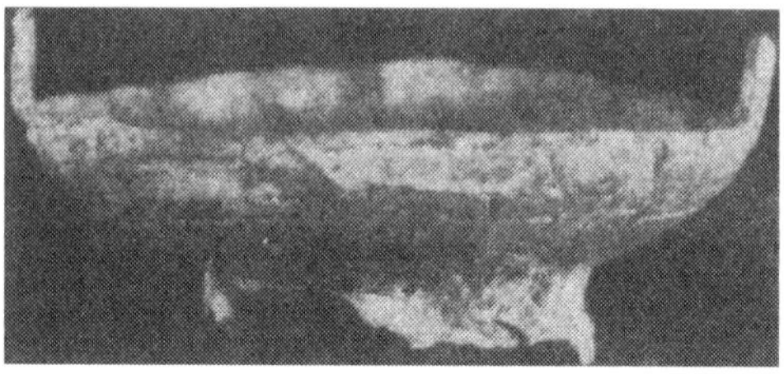

图3-46　立耳盘

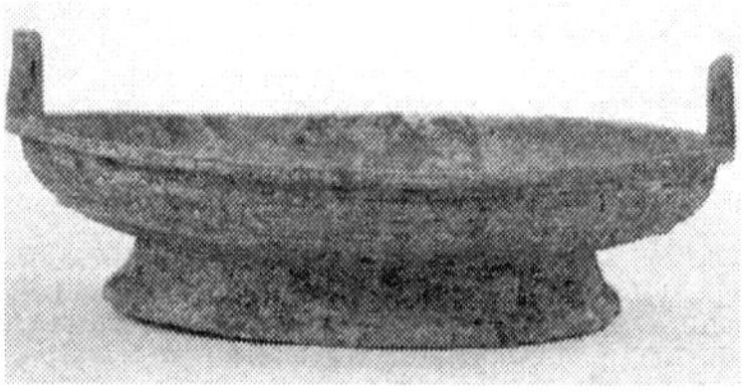

图3-47　立耳盘

图3-48　立耳盘

3-47）。三门峡上村岭M1689出土青铜盘属此式。该式主要见于春秋早期（图3-48）。

B型　立耳无圈足，平底，下直接蹄足。标本见山西潞城M8：5青铜盘[①]，方耳外侈，敞口折沿，浅腹，平底，三蹄足较高，通体素朴无纹。通高9.8、口径25.2厘米。该型盘目前仅见于战国早期（图3-49）。

第四节　錾形耳盘

第四类，錾形耳青铜盘，根据兽錾及足部变化分三型。

A型　单錾，此型盘有錾可把持，有流可注水，器形独特，可分三亚型。

Aa型　单錾有附耳。兽首錾较小，且未高出口沿。标本见扶风庄白家村出土的伯

① 山西省考古研究所等：《山西省潞城县潞河战国墓》，《文物》1986年第6期。

雍父盘[①]，大口，浅腹，矮圈足，短流较宽，腹两侧有附耳一对，腹部饰一周顾龙纹，盘底有铭文“伯雍父自乍用器”。通高15.5、口径44厘米。该型盘见于西周中期（图3-50）。

Ab型　单鋬圈足无附耳。兽首鋬高出盘口沿，做衔沿探水状。标本见陕西蓝田指甲湾出土的宗仲盘[②]，流较长，鋬孔较大，浅腹，圈足外侈有折边。口沿、圈足及兽首鋬皆饰重环纹，腹饰瓦棱纹，盘内有铭文“宗仲乍尹姞 盘”。通高15、口径35.5厘米。该型盘见于西周晚期（图3-51）。

Ac型　单鋬圈三足无附耳，可分二式。

Ⅰ式：兽首鋬高出口沿，圈足下接兽首小足。标本见扶风北桥出土的匜形盘[③]，短流，鋬孔大，浅腹，低圈足下接三个兽首短足。青铜盘口沿、圈足和鋬均饰重环纹，腹饰瓦棱纹。通高11、口径38厘米（图3-52）。属于此式的还有陕西博物馆征集的伯考父盘。该式盘主要流行于西周晚期（图3-53）。

Ⅱ式：兽首鋬尾上卷，圈足下接动物形足。标本见湖北随州安居M1出土的匜形盘[④]，短流较宽，横截面呈“U”形，鋬孔较大，腹饰窃曲纹，圈足饰垂鳞纹，兽鋬上饰重环纹。通高16、口径36.5厘米。盘内底有铭文26字。时代在春秋早期（图3-54）。

B型　双鋬，根据青铜盘的足部变化分为两亚型。

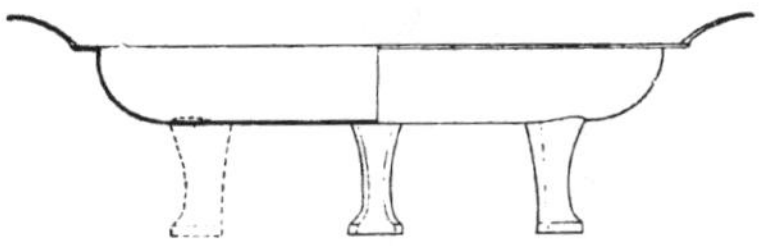

图3-49　立耳素面盘

图3-50　伯雍父盘

图3-51　宗仲盘

图3-52　鋬耳盘

① 扶风县文化馆等：《陕西扶风出土西周伯䧅诸器》，《文物》1976年第6期。

② 吴镇烽等：《陕西永寿、蓝田出土西周青铜器》，《考古》1979年第2期。

③ 罗西章：《陕西扶风县北桥出土一批西周青铜器》，《文物》1974年第11期。

④ 随州市博物馆：《湖北随县安居出土青铜器》，《文物》1982年第12期。

图3-53　伯考父盘

图3-54　鋬耳盘

Ba型　双鋬圈足青铜盘。按耳部位置和圈足的形态大小，可分为二式。

Ⅰ式：圈足外撇，兽首鋬低于盘口。标本见《综览》盘68[①]，两兽耳呈半环状，浅腹，圈足外侈，盘底饰蟠龙纹、鱼纹。通高11.2、口径29厘米。河南罗山高店出土的郏子宿车盘，鋬耳在盘口沿下[②]，时代在春秋早期（图3-55）。

Ⅱ式：兽首鋬高出盘口，圈足变小。河北灵寿西岔头出土的战国早期青铜盘[③]，微侈口，平沿，方唇，圈足外撇，口沿镶嵌一周菱形红铜饰，外腹饰菱形雷纹，圈足饰卷云雷纹两周，内底饰七鱼六兽。通高11、口径35、底径21.5、盘深6.5厘米（图3-56）。

Bb型　双鋬圈三足青铜盘，按足部的不同可分为二式。

Ⅰ式：足下接人形足。标本见山东滕县后荆沟M1：3青铜盘[④]，平口折沿，浅腹，卷尾兽形耳，平底矮圈足下接三个裸体人形足，以头和背支撑盘身，腹及圈足饰窃曲纹，耳饰重环纹。通高18.5、口径36.7厘米。时代在西周晚期（图3-57）。

Ⅱ式：圈足下接短长方形足。标本见山西闻喜上郭村采集青铜盘[⑤]，折沿弧腹壁，圜底，矮圈足，纹饰已不清晰。通高14.6、口径31.6厘米。时代在春秋早期（图3-58）。

C型　双鋬三足青铜盘。该型青铜盘见于战国时期。标本见保利博物馆收藏的蟠虺纹三足盘[⑥]。直口微敛，壁略鼓，下腹缓和内收，转折为平底。盘两侧各有一个较大的环耳，上方有较宽大的兽首，好像贴附在环耳之上。盘下腹壁周围分列三个环形足，足前各有一兽首，三足着地处平出。盘壁布满细密的花纹。口沿下是三层错落有致的蟠虺纹带，之下缀以垂叶纹。通高14.6、口径50.3厘米（图3-59）。

---

① 林巳奈夫：《殷周青铜器综览》，东京吉川弘文馆，1984年。

② 信阳地区文管所等：《罗山县高店公社又发现一批春秋时期青铜器》，《中原文物》1981年第4期。

③ 文启明：《河北灵寿县西岔头村战国墓》，《文物》1986年第6期。

④ 万树瀛：《滕县后荆沟出土不嬰簋等青铜器群》，《文物》1981年第9期。

⑤ 中国青铜器全集编辑委员会：《中国青铜器全集》卷8，文物出版社，1995年，89器。

⑥ 《保利藏金》编辑委员会：《保利藏金》，岭南美术出版社，1999年。

图3-55　鋬耳盘

图3-56　鋬耳盘

图3-57　鋬耳盘

图3-58　鋬耳盘

图3-59　鋬耳盘

图3-60　者尚盘

特例：上海博物馆收藏了一件双鋬平底下接蹄足的者尚余卑盘[①]，兽首环耳，腹很浅，平底下接三个兽面蹄足。此盘仅见此一件，故附于鋬形耳盘后（图3-60）。

第五节　衔环耳盘

第五类，衔环耳青铜盘，约占商周青铜盘的20%，根据盘足不同可分为四型。

A型　衔环耳圈足青铜盘。

Ⅰ式：圆腹。衔环耳青铜盘出现的时间较早，陕西临潼零口南罗出土的西周中期的贞盘，方唇直口，浅腹，圈足有折边，腹部有对称兽首衔环耳，腹饰窃曲纹，盘内有铭文“贞作宝盘盉，共万年子子孙孙永宝用”[②]。口径39、高10厘米（图3-61）。西

① 容庚：《商周彝器通考》，哈佛燕京学社，1941年（图版叁肆）。

② 赵康民：《临潼南罗西周墓出土青铜器》，《文物》1982年第1期。

周时期这种圆腹衔环耳盘比较少见，陕西眉县杨家村青铜器窖藏出土了一件西周晚期逨盘，只是该盘除了衔环耳外还有一对附耳。

Ⅱ式：圆深腹，矮圈足呈喇叭状。山东曲阜鲁国故城M52出土春秋早期衔环耳青铜盘，敞口，上腹较直，下腹斜收，平底，上腹部有四个衔环耳（图3-62）。

Ⅲ式：折腹。标本见山东莒南大店老龙湾M1出土的衔环耳盘[①]，直口，腹较深，平底矮圈足，底饰蟠虺纹、绹纹和四鱼纹，腹饰两对称的鱼纹和龙纹，鱼纹与底部鱼纹相同。通高12、口径43.5厘米。此型盘出现时间较晚，主要流行于春秋时期，战国时期少见（图3-63）。山东济南左家洼出土的战国时期的衔环耳折腹盘亦属此式（图3-64）。

B型　衔环耳三蹄足青铜盘，根据青铜盘腹及蹄足变化又可分二亚型。

Ba型　圆腹圜底，粗蹄足。可分二式。

Ⅰ式：蹄足较直。湖北襄樊谷城县下辛店出土的青铜盘[②]，口微敛，一耳缺失，通体素面。通高8.5、口径35.7厘米。该式盘流行于春秋中晚期（图3-65）。山西侯马上马墓地M4006出土青铜盘（图3-66），安徽蚌埠出土青铜盘亦可归为本式（图3-67）。

Ⅱ式：蹄足较Ⅰ式长，中间细且外撇。见河南潢川高稻场出土的青铜盘[③]，平底下蹄足变细长，且外撇，敞口小方唇，浅腹，斜收成平底，下接三个细高蹄足，腹饰细密的蟠虺纹。通高9、口径31.6厘米。时代在春秋晚期（图3-68）。

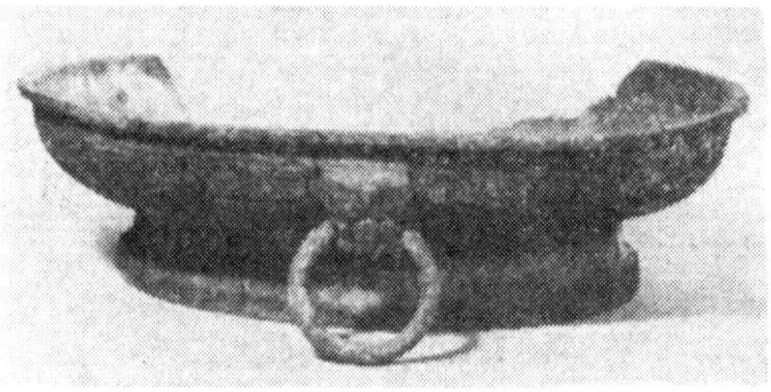

图3-61　贞盘

图3-62　衔环耳盘

图3-63　衔环耳盘

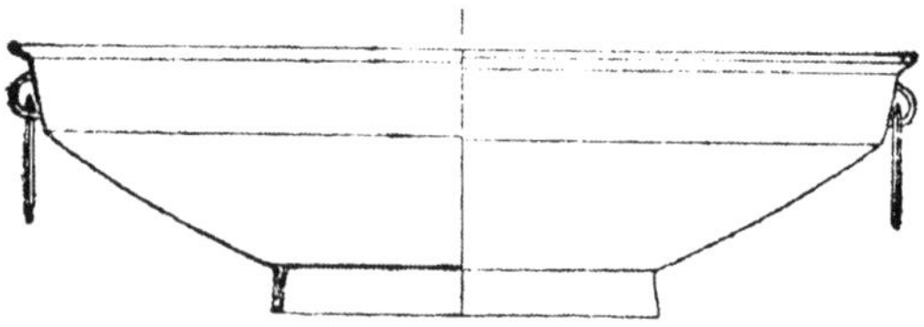

图3-64　衔环耳盘

① 山东省博物馆等：《莒南大店春秋时期莒国殉人墓》，《考古学报》1978年第3期。

② 襄樊市博物馆等：《襄樊市谷城县馆藏青铜器》，《文物》1986年第4期。

③ 信阳地区文管会等：《河南潢川县发现黄国和蔡国铜器》，《文物》1980年第1期。

图3-65　衔环耳盘

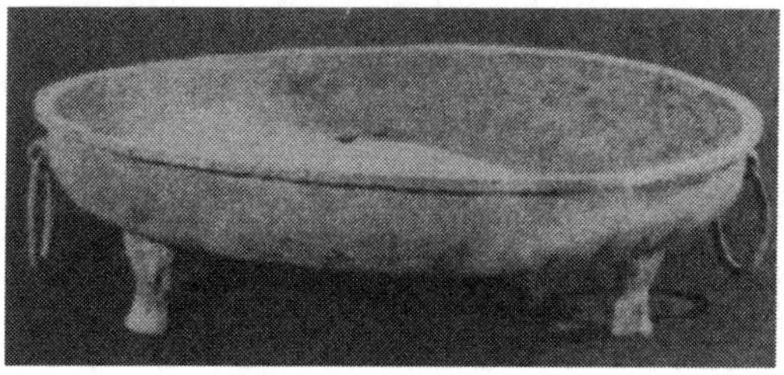

图3-66　衔环耳盘

图3-67　衔环耳盘

图3-68　衔环耳盘

Bb型　腹很浅，上腹壁较直。可细分为三式。

Ⅰ式：见湖北钟祥黄土坡M31出土青铜盘，腹壁较直，圜底下接三矮蹄足，口沿下饰弦纹，环耳缺失，盘内有铭文，残存15字①。通高5.8、口径31.8厘米。时代在春秋中期（图3-69）。

Ⅱ式：矮蹄足上部饰兽面。见湖北钟祥黄土坡M3出土青铜盘，盘腹极浅，腹饰蟠虺纹、三角纹和索状弦纹②。通高8.9、口径39.8厘米。时代在春秋晚期（图3-70）。属于此式的还有河南淅川下寺M1出土的环耳盘（图3-71）。

Ⅲ式：直壁浅腹，矮蹄足根部分饰兽面，足底外撇。标本见江苏淮阴高庄M1：98盘③，直口，方沿平折，浅腹直壁，四耳衔环，腹饰云雷纹及凸弦纹。通高5.5、口径23.2厘米。时代在战国中期（图3-72）。

C型　衔环耳环足青铜盘。根据环足变化又可分为三式。

Ⅰ式：圜底环足。标本见湖北当阳赵巷M4：51青铜盘④，平口方唇，直壁浅腹，圜底下接三个动物形环足，腹部有四个对称环耳，其中一对缺衔环，腹部饰细密的蟠虺纹，耳足饰卷云纹。通高8、口径37厘米。时代在春秋中期（图3-73）。属于该式的青铜盘还见有河南淅川下寺M36出土青铜盘（图3-74）。

Ⅱ式：青铜盘形制大体与上式接近，只是环足生出小支柱来支撑盘体。标本见湖

① 荆州博物馆等：《湖北钟祥黄土坡东周秦代墓发掘报告》，《考古学报》2009年第2期。

② 荆州博物馆等：《湖北钟祥黄土坡东周秦代墓发掘报告》，《考古学报》2009年第2期。

③ 淮阴市博物馆：《淮阴高庄战国墓》，《考古学报》1988年第2期。

④ 宜昌地区博物馆：《湖北当阳赵巷4号春秋墓发掘简报》，《文物》1990年第10期。

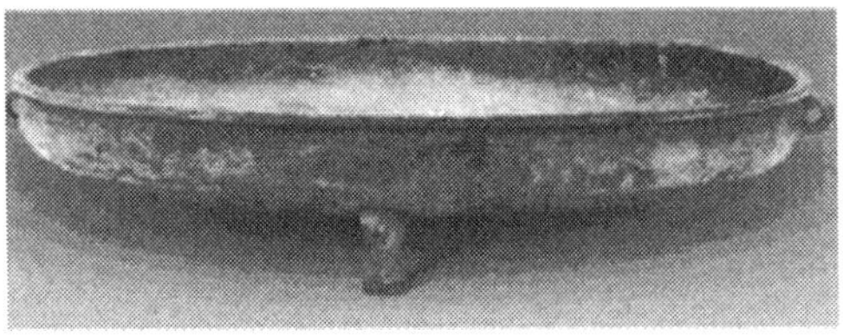

图3-69　衔环耳盘

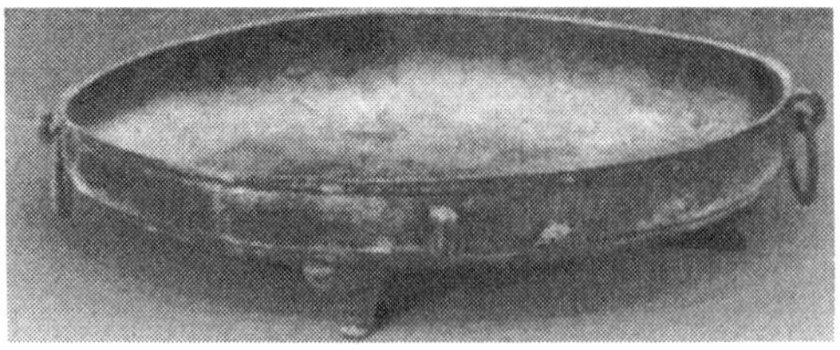

图3-70　衔环耳盘

图3-71　衔环耳盘

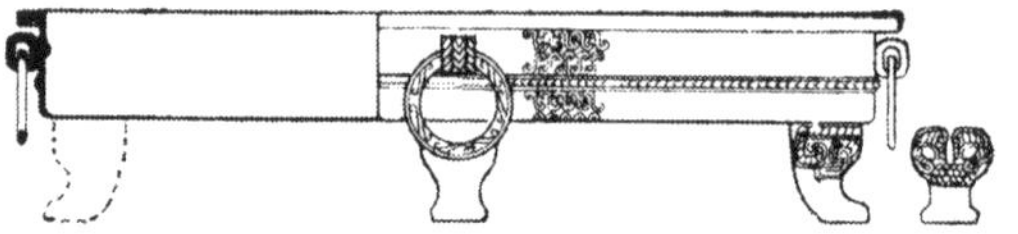

图3-72　衔环耳盘

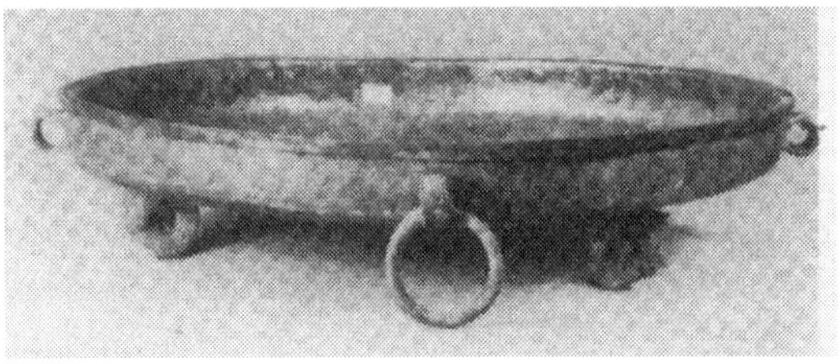

图3-73　衔环耳盘

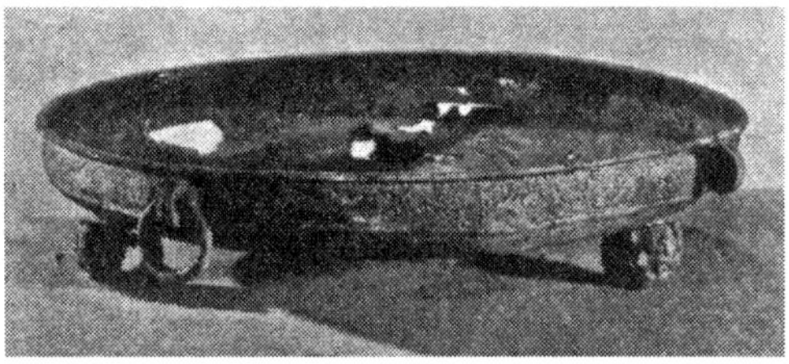

图3-74　衔环耳盘

北枝江姚家港出土青铜盘，直口方唇①，口微敛，腹微鼓，底稍圜，腹部有2个对称环耳，腹饰蟠虺纹，绹索纹一周，耳上饰绹索纹。通高8.5、口径35厘米（图3-75）。山西侯马上马墓地M1026出土青铜盘亦形同此式（图3-76）。该式盘主要见于春秋晚期。

D型　衔环耳无足青铜盘。出现时间较晚，可分二亚型。

Da型　窄沿弧腹。口微敛或较直。主要流行于战国时期的楚墓中，可能受楚文化的影响，巴蜀文化中也偶见此类青铜盘。江苏淮阴高庄战国墓M1：3号衔环耳青铜盘②，大口微敛，弧腹较深，平底，器壁上部有四个衔环，衔环先期铸就，后铆于器壁上。器壁很薄，槌打制成，内外磨光，然后在内底、腹内壁及口沿外部刻划有非常繁缛的纹饰。口径31、深5厘米。淮阴高庄战国墓出土的其他6件青铜盘也都属于Da型（图3-77）。此型盘还有如江苏镇江谏壁王家山东周墓出土青铜盘③。还见于湖北襄阳

① 宜昌地区博物馆：《湖北枝江姚家港高山庙两座春秋楚墓》，《文物》1989年第3期。

② 淮阴市博物馆：《淮阴高庄战国墓》，《考古学报》1988年第2期。

③ 镇江博物馆：《江苏镇江谏壁王家山东周墓》，《文物》1987年第12期。

山湾M19[①]、襄阳团山M1[②]、江苏吴县何山[③]等楚墓或具有楚文化因素的墓葬中。

Db型　宽沿折腹，个别为无沿折腹。湖南长沙茅亭子楚墓[④]出土青铜盘均敞口宽沿，折腹斜收成小平底，外壁有两个衔环耳，通体朴素无纹。通高4.5、口径22厘米。此式青铜盘似可以视为汉代水器洗的前身。该型盘主要流行于战国早中期（图3-78）。

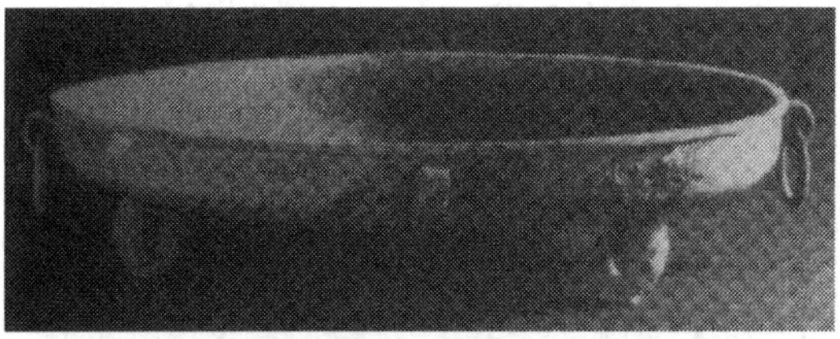

图3-75　衔环耳盘

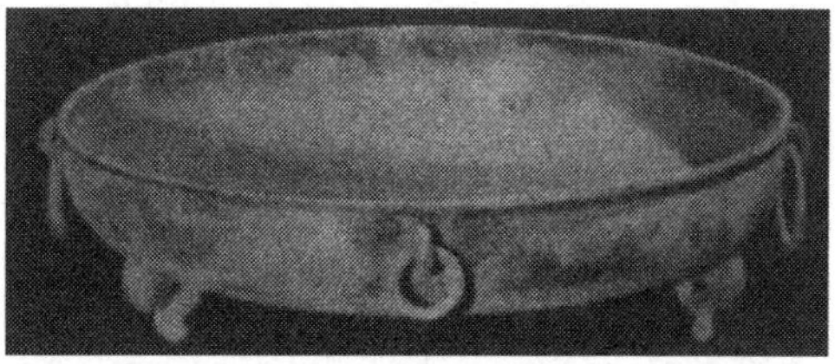

图3-76　衔环耳盘

图3-77　衔环耳盘

图3-78　衔环耳盘

第六节　半环耳盘

第六类，半环耳青铜盘，约占商周青铜盘的4%。根据盘足部变化可分二型。

A型　半环耳圈足盘。可分二式。

Ⅰ式：盘腹较浅，圈足很矮。山东招远东曲城村出土的青铜盘[⑤]，窄沿，浅腹平底，圈足很矮，腹饰一周重环纹，上腹两侧有对称半环耳，时代在西周晚期。通高6.5、口径40.6厘米（图3-79）。传世半环耳齐侯盘形同此式（图3-80）。

Ⅱ式：盘腹较深，圈足矮小。见山东长清仙人台出土青铜盘[⑥]。通高7.2、口径43.5厘米。该式盘始出现于春秋中期，战国时期也见有（图3-81）。山东滕州庄里西墓出

① 湖北省博物馆：《襄阳山湾东周墓葬发掘报告》，《江汉考古》1983年第2期。
② 襄樊市博物馆：《湖北襄阳团山东周墓》，《考古》1991年第9期。
③ 吴县文物管理委员会：《江苏吴县何山东周墓》，《文物》1984年第5期。
④ 长沙市文物考古研究所：《长沙市茅亭子楚墓的发掘》，《考古》2003年第4期。
⑤ 李步青等：《山东招远出土的青铜器》，《考古》1994年第4期。
⑥ 山东大学历史文化学院考古系：《长清仙人台五号墓发掘简报》，《文物》1998年第9期。

土青铜盘[①]及河南淇县出土半环耳盘[②]可归为此式（图3-82，图3-83）。

Ⅲ式：盘深腹，圈足较高。河南辉县琉璃阁乙墓出土的环耳盘[③]，窄口沿，口沿下有一对半环耳，方唇外折，腹壁圆曲，矮圈足，底微凸，通体素面。通高11、口径41.5厘米。时代在春秋晚期（图3-84）。山东莱芜西上崮出土的青铜盘[④]，口微敛，内折成三角唇，弧深腹，上腹部有对称半环耳，圈足较高，通体素面。时代在战国早期（图3-85）。

B型　半环耳蹄足盘。江苏淮阴高庄战国墓出土的半环耳盘[⑤]，盘颈微束，大口深腹，形制与鉴有相近之处，底接三矮蹄足，半环耳上有兽面，口径27.3厘米（图3-86）。

图3-79　半环耳盘

图3-80　齐侯盘

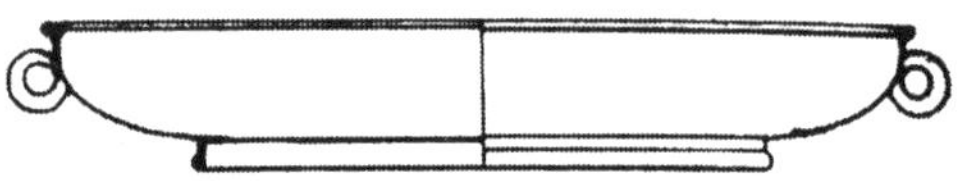

图3-81　半环耳盘

图3-82　半环耳盘

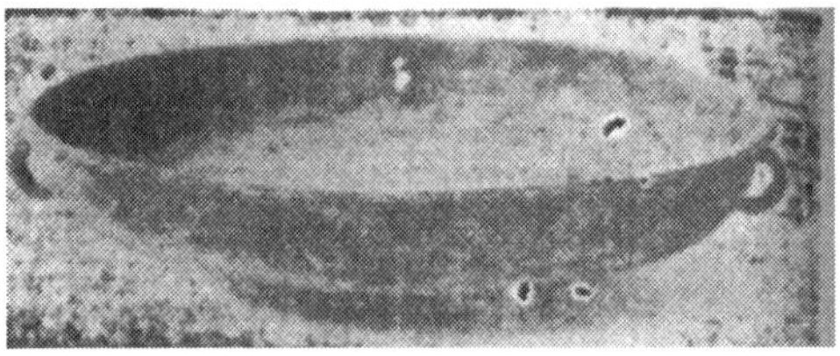

图3-83　半环耳盘

图3-84　环耳盘

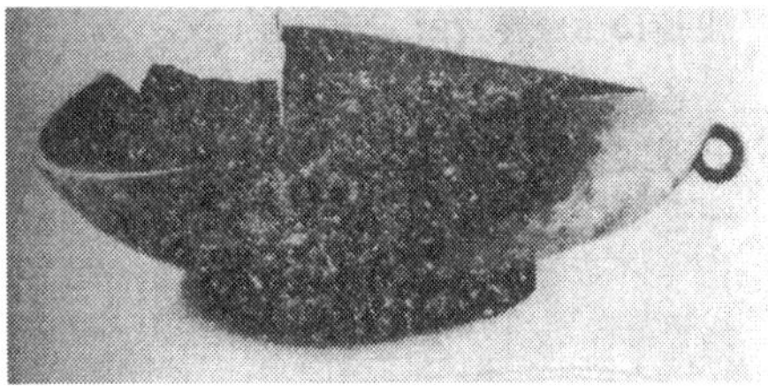

图3-85　半环耳盘

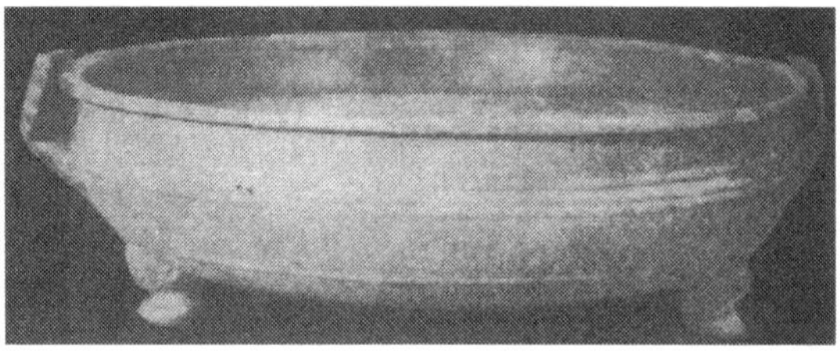

图3-86　半环耳盘

① 滕州市博物馆：《山东滕州庄里西战国墓》，《文物》2002年第6期。

② 淇县文物保管所：《淇县赵沟发现两批战国铜器》，《中原文物》1984年第2期。

③ 郭宝钧：《商周铜器群综合研究》，文物出版社，1981年。

④ 刘慧：《山东莱芜西上崮出土青铜器及双凤牙梳》，《文物》1990年第1期。

⑤ 淮阴市博物馆：《淮阴高庄战国墓》，《考古学报》1988年第2期。

第四章　分期演变

第一节　青铜盘的分期和分布

根据以上对商周青铜盘自身形制和纹饰等特征变化所做的分析，并参考与之同出器物的组合变化，可初步把商周时期青铜盘的发展演变过程划分为以下七期。

第一期，商代早期偏晚，即二里冈上层，本期出土的青铜盘数量极少，形制也比较单一，主要有第一类青铜盘中的Aa型Ⅰ式，这是目前所知时代最早的青铜盘，腹部饰宽线条夔纹，圈足上多饰弦纹，且多有四个大十字形镂孔，这种特征也多见于同时期其他青铜器上，是商代早期青铜器的主要特征。商代早期出土青铜盘的地点很少，仅在湖北黄陂盘龙城李家嘴一处。

第二期，商代中期，见Aa型Ⅱ式和Ab型Ⅰ式青铜盘。目前可以确知时代为商代中期的青铜盘有湖北盘龙城李家嘴M1、郑州白家庄M2和郑州向阳回民食品厂窖藏出土的3件。Ⅱ式宽沿青铜盘圈足与Ⅰ式宽沿青铜盘相比圈足较直，圈足径变小。窄沿青铜盘出现，圈足矮，圈足径较大，上面也有十字形镂孔。盘腹装饰纹饰有浅雕夔龙纹饰带和弦纹，盘内无纹饰。

本期青铜盘的数量仍然很少，但分布较范围较前略有扩大。除了湖北和河南郑州，北京和陕西城固两地也有少量分布，当然这也可能与更多的早期墓葬、遗址尚未发现有关。

第三期，商代晚期，还可细分为三段①。

（1）殷墟一期，相当于盘庚至武丁前期。出第一类盘中的Aa型Ⅰ式、Aa型Ⅱ式和Ab型Ⅰ式。本期青铜盘的形制虽然没有太大的变化，但一个显著特点是盘内开始出现以鱼纹、龟纹这些水族纹样为主题的装饰纹饰。安阳小屯M232出土的青铜盘内中部为一只龟纹，外环绕一周六条鱼纹，青铜盘圈足上的十字形镂孔变成小方孔，总体而言其装饰手法和铸造工艺与商代早期相比，都有所进步。

（2）殷墟二期，相当于武丁后期至文丁时期。见有第一类盘中的Aa型Ⅰ式、Ⅱ式，Ab型Ⅰ式，新出Ab型Ⅱ式盘，以安阳妇好墓出土的两件青铜盘为典型代表，青铜盘口沿出现加厚层，圈足上仍有四个小方孔，盘上较上期又出现了一些新的纹饰题

---

① 杨锡璋、杨宝成两位先生《殷代青铜礼器的分期与组合》一文，在殷墟青铜器分期的基础上把商晚期青铜盘划分为三个阶段，文章见《殷墟青铜器》，文物出版社，1985年。

材，如兽面纹、蟠龙纹、怪兽纹，且以云雷纹衬底，更重要的是盘上开始出现铭文，如“妇好”，注明了器物主人。

（3）殷墟三期。相当于帝乙、帝辛时期。见有第一类中Aa型Ⅰ式、Ⅱ式、Ab型Ⅰ式、Ⅱ式，新出Ab型Ⅲ式。青铜盘的圈足较直，并出现折边，以增加青铜盘高度。有些青铜盘的圈足上端仍有小方孔，盘上开始出现扉棱。盘腹上的纹饰有简省变形兽面纹，纹饰中心是一圆角方形目纹，左右两侧各伸出一条翅羽状纹和直线纹，直纹一末端上卷，一末端下卷。盘上铭文很少。

商代晚期青铜盘数量明显增多，作为商朝都城的安阳殷墟及其临近地区是青铜盘出土最多的地点， 在陕东北、晋西南山地这两处相邻之地也出土有与晚商文化相同或相近的青铜盘，总体来看商代青铜盘主要分布在中心文化圈的商王朝地区。

第四期，西周早期。流行甲类盘中的Aa型式、Ab型Ⅲ式，第二类盘中的A型Ⅰ式、Ⅱ式是本期新出类型。本期青铜盘最大的变化主要是出现横截面呈圆条形的附耳，但高度不超出青铜盘口沿，以延作周公盘为典型代表，从其自铭判断时代应在西周早期。蝉纹是本期青铜盘上较多见的主体纹饰，如辽宁喀左马厂沟出土的青铜盘、延作周公盘都通体装饰蝉纹，琉璃河墓地M253出土的青铜盘腹饰蝉纹，圈足上见有装饰小鸟纹，青铜盘上铭文仍很少见。

西周早期青铜盘数量虽无明显增多，但分布范围与商代相比有所扩大，北至辽宁喀左，东至山东海洋，关中地区分布在陕西泾阳、宝鸡，河南鹿邑和北京琉璃河等地也有零星出土。

第五期，西周中期。本期新出类型是第二类盘中的A型Ⅲ式，Ca型和第四类盘中的Aa型。本期青铜盘的主要特点是：①附耳呈圆条形并高出口沿。②圈足多有折边，且圈足下开始出现三足。③衔环耳盘出现，不过数量很少，仅临潼零口南罗出土的贞盘一件。④匜形盘出现。⑤流行顾龙纹、长冠分尾鸟纹，开始出现窃曲纹，如河南平顶山M84出土青铜盘，附耳略高出盘口沿，圈足外侈，腹饰顾龙纹（图4-1）。⑥青铜盘上铸有较多的长篇铭文。周原扶风庄白一号窖藏出土的史墙盘几乎集以上几个特点于一身：大口浅腹，圆条形附耳高出口沿，腹饰垂冠分尾长鸟纹，圈足加有折边，上饰窃曲纹，盘内有铭文284字，记述了西周从文王到共王各王事迹，是共王时期的标准器。

西周中期青铜盘主要分布在河南洛阳、平顶山及陕西长安、周原扶风等周人故地，山东和山西等地有少量出土。

第六期，西周晚期至春秋早期。流行第二类盘中的A型Ⅱ 、Ⅲ式，新出Ⅳ式、Ⅴ式，Cb型Ⅰ式、Ⅱ式，Cc型Ⅰ式、Ⅱ式，第四类盘Ab型，Ac型Ⅰ式，Ⅱ式，Ba型和Bb型，第三类盘A型Ⅰ式、Ⅱ式，第六类盘中的A型Ⅰ式。本期青铜盘的特点是：①本期青铜盘数量多达115件，总体上制作精良，型式也最丰富，是青铜盘发展的高峰期。②青铜盘附耳由圆条形变成宽扁条形，且多有短梗与盘口沿相接，以起到加固盘耳的作用，如西周晚期的寰盘（图4-2）、兮甲盘、中友父盘（图4-3）、荀侯盘等（图4-4）。③附耳出现外撇的形式。目前仅见眉县杨家村出土的逨盘一件，附耳外撇成“乙”字形，这种形式的附耳在春秋中期以后的青铜盘中多见。④匜形盘圈足下接兽首小足。⑤立耳盘出现。⑥半环耳盘出现。⑦出现了虢季子白盘这样的大型衔环耳方盘。⑧春秋早期的青铜盘腹壁比较直，腹很浅。⑨窃曲纹、重环纹、波带纹、垂鳞纹都很流行，夔龙纹少见，鸟纹基本上消失。⑩西周晚期长篇铭文仍旧流行，如函皇父盘（图4-5）、散氏盘（图4-6）、虢季子白盘、逨盘等，都是西周晚期长铭的代表器。此外，本期也开始出现一定数量的制作粗糙的明器青铜盘，如曲阜鲁国故城墓地M2012出土青铜盘（图4-7，图4-8）。所以本期既是青铜盘发展的鼎盛期，也是青铜盘逐渐衰落的开始。

图4-1 附耳盘

图4-2 寰盘

图4-3 中友父盘

图4-4 筍侯盘

西周晚期至春秋早期，水器盘主要分布在河南中部、南部，山东西北部比较密集，陕西关中、湖北北部次之。山西、安徽、江苏、广西、湖南、甘肃等地也出土青铜盘。春秋时期周王室衰微，王室青铜器的数量与前相比急剧减少，各诸侯国兴起，铸造了大量的青铜器，水器盘的数量增多，分布范围自然也就较前广为扩大，呈现出一定的地域特点。

第七期，春秋中期。出现第二类盘中的A型Ⅵ式、Ⅶ式，Dc型，Da型Ⅰ式、Ⅱ式，Dd型Ⅰ式，第六类盘中的A型Ⅱ式，第五类A型Ⅰ式、C型Ⅰ式。春秋中期是青铜器风格发生变化的新时期，本期青铜盘有如下几个特点：①环耳盘比较流行。②圈足盘逐渐减少，附耳蹄足盘出现（图4-9）。③附耳一般都高出口沿后外撇成“乙”字形（图4-10，

图4-5　函皇父盘

图4-6　散氏盘

图4-7　附耳盘

图4-8　附耳盘

图4-11）。④折腹盘出现。⑤蟠螭纹、蟠虺纹比较流行，窃曲纹、重环纹等极少见。⑥出现不少素面盘，或者有的仅附耳的耳面饰兽面纹。⑦长篇铭文比较少见。

长江中游的楚国，势力发展最快，大概从春秋中期开始对周围的临近地区产生影响。所以从春秋中期开始，水器盘开始较多分布在湖北及河南南部受楚文化影响强烈的地区。这一时期总体上还是河南南部较多，湖北北部次之，陕西、山东、湖南等地有少量青铜盘。地处边远地区的广西武鸣出土了一件较为精致的附耳高圈足青铜盘（图4-12）。

第八期，春秋晚期至战国早期。流行第六类盘中的A型Ⅱ式、Ⅲ式；第五类A型、B型Ⅱ式、C型Ⅱ式；第二类盘中的Da型Ⅱ式、Ⅲ式，B型，Dd型Ⅱ式。本期青铜盘的主要特点是：①附耳蹄足盘和衔环耳盘同时流行。②流行素面盘，有的盘饰有蟠螭纹或蟠虺纹（图4-13）。

春秋晚期至战国早期，青铜盘仍主要集中分布在河南南部，湖北北部、南部数量增多，陕西、山西、山东有少量分布。与河南邻近的河北地区较之前有较多数量青铜盘出土。

第九期，战国中晚期。新出第一类盘中的D型、Ca型和Cb型，第五类盘中的B型Ⅲ式、F型，第六类盘的Ba型。本期青铜盘数量少，型式也很简单，缺少变化，主要流行衔环耳折腹、弧腹无足青铜盘，器表基本上都朴素无纹，铭文极少见（图4-14）。

战国中晚期青铜盘主要分布在湖北江陵、荆门等地，河南、山东、湖南较少，四川、广东等地有零星出土（图4-15）。

图4-9 附耳蹄足盘（山东泰安黄花岭）

图4-10 附耳盘（山西侯马上马M1010）

图4-11 附耳盘（山西侯马上马M1015）

图4-12 窃曲纹盘（广西武鸣）

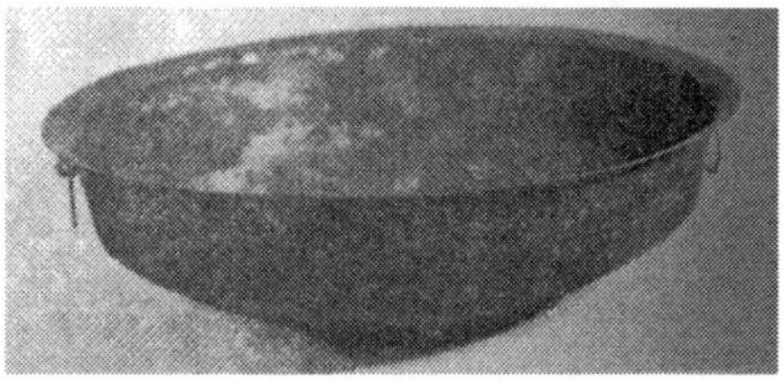

图4-13 衔环耳盘（湖北江陵藤店一号墓）

图4-14 衔环耳盘（安徽六安楚墓）

图4-15 羽纹盘（广东肇庆）

综合来看青铜盘的分布地域，位于黄河中下游的河南中南部、山东地区，地处西北的陕西关中地区和位于长江中下游的湖北北部地区是青铜盘分布相对集中的地区，甘肃、辽宁、安徽、江苏、四川等地数量相对很少。

第二节　演　　变

纵观商周青铜盘发展的整个过程，可以看出其大概的演变趋势，盘耳从无到附耳，附耳从低于口沿到高出口沿，最后发展成外撇上扬。附耳横截面从圆条形到扁条形，并有短梗与口沿相连，以起到加固盘耳的作用。期后又相继出现衔环耳、立耳、半环耳，这几种形状的盘耳自出现后曾一度同时存在，虽然时间上没有直接的先后替代关系，但从青铜盘发展演变的整个过程来看，青铜盘在衰落之前基本上都是衔环耳。盘腹从较深到很浅，再到较深，从圆腹到折腹。盘从低到高，又从高变低，圈足从有到无，从圈足到圈三足，再到盘底直接三足。青铜盘形制上的这些变化除了可能会受到其他青铜器类造型的影响求其美观之外，也应该有为了人们在使用过程中更加方便把持的因素在内。青铜盘外壁上的纹饰从简约到精美，由形象到抽象，又由繁缛到素面。纹饰种类有商晚期至西周早期较多见的弦纹、夔龙纹、蝉纹、鸟纹，西周中晚期和春秋早期常见的窃曲纹、重环纹和垂鳞纹，春秋中期后的蟠螭纹和绹索纹等这些在一定程度体现时代特征的纹饰。青铜盘内的纹饰从无到有，又从有到无，基本上都是蟠龙纹、鱼纹、蛇纹和龟纹等这类水族纹样。盘上铭文从无到有，字数由少到多，内容从族徽、庙号、器主，到记事类、某某自作器或为某人作器等。

青铜盘是青铜器中数量较多的器类之一，在自身的发展演变过程中形制也比较丰富，或多或少会与其他青铜器种如鼎、簋、盨等相互影响，甚至会产生一些新形态的器类，如由于形态相近而产生的盘形鼎，如凌源马厂沟转子山窖藏出土的95号鼎和长安新旺村出土的卫鼎，这种形制的鼎都是大口浅腹，口沿下有两附耳，最大径在口部，这些特征均与青铜盘相似，而附耳盘即是在西周早期以后出现，二者之间不能说没有一点影响。又如由于和水器匜的组合关系而产生的介于二者之间的有流盘。簋是商周时期仅次于鼎的很重要的食器，对盘的影响虽然不及对盨的深刻①，但也不能小看。早期青铜盘大口深腹圈足，在器形上与簋有相似之处。簋开始出现时和盘一样无耳，但是到了商代晚期已有不少附耳簋，西周时期簋的形式更是丰富多样。而青铜盘是在西周早期开始出现附耳，在时间上稍晚于簋，很可能就是受了变化较快的簋的影响。衔环耳簋在西周中期已较为多见，而目前所知临潼零口南罗出土的一件西周中期的衔环耳青铜盘贞盘时代也在西周中期，这不仅仅是偶然。西周早期就已经出现了方座簋，圈三足簋在西周中期相当普遍。而商代至西周早期的青铜盘目前未见有圈足下再加小足的，圈三足盘出现于西周中期，数量相对簋很少，直到西周晚期才比较流行，且小足的式样几乎都可以在同时期铜簋圈足下的小足上找到原形。例如，陕西眉县杨家村青铜器窖藏出土的西周晚期的逨盘，盘底的象鼻形小足可以在同时期的

---

① 张懋镕：《两周青铜盨研究》，《考古学报》2003年第1期。

史颂簋和师[illegible]簋等器上找到。春秋晚期有一种形制的簋为侈口、浅腹、矮圈足，外形上与青铜盘极为相似，如江苏无锡北周巷出土的几何纹簋、江苏丹阳司徒窖藏出土的交连纹簋。又如陈曼簠，此器大口浅腹，与春秋中期至战国的簠相比器腹更浅，形如盘腹，与盘近，但口沿下有一段直壁，下腹斜收，四长斜足，也具备铜簠的基本特征，器铭更是说明了二者之间的相近关系“作皇考献叔饋盘……永宝用簠”，既名盘又名簠，可见在时人的眼里这件器既像盘又像簠，介于盘簠之间而难以定论，虽然从总体形态来看还是更近似于簠，但盘簠之间的相互影响已很明显。以上这些现象表明两器在各自的轨道上发展的同时又不时影响对方，在特定的时间段会找到对方的影子。

第五章　青铜盘的区域研究

通过以上对商周青铜盘所做的分期研究，可大致看出青铜盘形制变化明显，分布地域广阔，在不同时期不同地域均表现出较为浓厚的地方特征。尤其是春秋战国时期政治上分裂割据，青铜文化却繁华绚丽，百花齐放，呈现出强烈的地域特色，因而有必要对青铜盘做进一步的分区讨论。李学勤先生在《东周与秦代文明》一书中把东周时代划分为中原文化圈、北方文化圈、齐鲁文化圈、楚文化圈、吴越文化圈、巴蜀滇文化圈和秦文化圈七个文化圈。朱凤瀚先生在《古代中国青铜器》一书《春秋青铜器》章节中，把春秋时期青铜文化圈划分了中原地区、北方地区、山东地区、汉水以北淮河流域及邻近地区、汉水流域及长江中游地区、长江下游地区、湘东桂东与岭南地区和关西地区八大区域。本节以此为参考，并结合青铜盘自身的形制演变、装饰纹饰、铭文内容及组合形式，把商周时期的青铜盘划分为以下几个区域。

第一节　中 原 地 区

中原地区，包括河南郑州、安阳殷墟为中心的河南大部分地区以及河北南部和山西南部，是商代的政治、经济、文化中心，青铜器较之周边地区发达，出土青铜盘的数量最多，青铜盘形制的变化最大，流行的时间也最长。商代青铜盘主要出土在河南郑州地区，青铜盘器形精致，纹饰精美。1955年郑州白家庄M2出土青铜盘是中原地区目前所知时代最早的青铜盘，形制为平沿外折，腹较深，无耳圈足，腹部饰粗线条夔龙纹，盘上无铭文①。墓葬同出的其他器类有食器鼎、酒器斝、爵、罍。因墓室受扰，面积不精确，但出土青铜器群包含有食器、酒器和水器，级别应该不会太低，可能属于贵族墓。1982年郑州向阳回族食品厂窖藏出土的青铜盘口沿下饰弦纹，无铭文，窖藏共出器物5鼎、2觚、2尊、1卣、1罍、1盘、1盂②。商代中期青铜盘数量很少，使用范围小，其尚未形成明确的组合形式。商代晚期主要出土在河南安阳地区。安阳小屯M232墓室面积7.9平方米，出土1鼎、2斝、2爵、2觚、1罍、1瓿、1盘；安阳小屯M5墓室面积22.4平方米，出土器物多，种类丰富，食器有31鼎、5簋、1甗等，酒器有12斝、

---

① 河南文物工作队第一队：《郑州市白家庄商代墓葬发掘简报》，《文物参考资料》1955年第10期。

② 河南省文物研究所、郑州市博物馆：《郑州新发现商代窖藏青铜器》，《文物》1983年第3期。

40爵、53觚、10尊等，水器有2盘、1盉、1缶[①]；安阳小屯M18墓室面积10.1平方米，出土3鼎、2甗、1簋、2斝、5爵、5觚、2尊、2卣、1罍、1盘[②]（图5-1）；安阳大司空村M539面积6平方米，出土1鼎、1甗、1簋、2觚、2爵、1卣、1斝、1罍、1盘等[③]（图5-2）；郭家庄M160墓室面积13.1平方米，出鼎、甗、簋、觚、尊、盘、盉等[④]。以上出土青铜盘的墓葬规格高低不一，墓室面积大小不等，有中型墓，也有小型墓，说明使用范围较前期扩大。青铜盘形制变化不大，基本还是敞口折沿，无耳，圈足较高，个别器上开始出现短铭。装饰纹样种类丰富，有兽面纹、夔龙纹、蟠龙纹、鱼纹、龟纹、鸟纹、联珠纹、目云纹、涡纹等。虽然有的墓葬也同出有盉或盂，但是否与盘构成组合使用依然不能确定。西周早期青铜盘基本延续晚商以来的形制，直到西周中期，中原地区青铜盘形制发生巨大变化，腹部出现了附耳，并且附耳高度不断增长，从口沿下加长到高出口沿。圈足或斜直或有坡形跟。西周中期圈足下又增加了三附足，首开盘下带足之风。三足有人形、兽首形、卷鼻形等。青铜盘上的纹饰也和商代青铜盘有明显区别，鸟纹、顾龙纹、重环纹、窃曲纹、斜三角云纹等常见于盘腹部及圈足，同时商代晚期常见的兽面纹、联珠纹、龟纹、鱼纹、涡纹等少见或不见。

春秋战国时期虽不再有像商王朝时的中心地位，但作为东周王室所在地，而且还有一些重要的姬姓诸侯国，其影响仍不可小觑。该地区一些墓葬出土春秋时期的附耳青铜盘的形制变化领风气之先。河南陕县上村岭虢国墓地M1052墓室面积24.7平方米，出7鼎、6鬲、1簋、2壶、1盘、1匜；M1714面积6.3平方米，出土1鼎、1盘、1匜[⑤]；洛阳中州路墓地M2729面积11平方米，出土2鼎、2豆、1盘、1匜；山西侯马

图5-1　龙鱼纹盘

图5-2　夔龙纹盘

① 中国社会科学院考古研究所：《殷墟妇好墓》，文物出版社，1980年。

② 中国社会科学院考古所安阳工作队：《安阳小屯村北的两座殷代墓》，《考古学报》1981年第4期。

③ 中国社会科学院考古所安阳工作队：《1980年河南安阳大司空村M539发掘简报》，《考古》1992年第6期。

④ 中国社会科学院考古所安阳工作队：《安阳郭家庄160号墓》，《考古》1991年第5期。

⑤ 中国科学院考古研究所：《上村岭虢国墓地》，科学出版社，1959年。

墓地M4006面积14.6平方米，出土3鼎、2豆、1盘、1匜[①]（图5-3）；河南尉氏河东周村墓出土2鼎、2簠、4簋、1壶、3舟、3甗、2盘、4匜[②]（图5-4）；山西长治分水岭M270墓室面积25.3平方米，出土10鼎、2簠、2敦、2罍、2方壶、1盉、1盘、1匜[③]（图5-5）。这时期多种型式的青铜盘共存，春秋早期的青铜盘基本延续了西周晚期以来的形制，中期以后有新的变化，青铜盘附耳外撇，有的与盘口齐平，有的上扬呈“S”形；半环耳和衔环耳盘出现；盘腹均变得很浅，流行附耳圈足青铜盘、附耳圈三足青铜盘、附耳外折圈足青铜盘、附耳蹄足青铜盘、附耳兽足青铜盘、半环耳圈足青铜盘、衔环耳蹄足青铜盘。春秋早期盘上常见蟠螭纹、窃曲纹、重环纹、鳞纹等，晚期素面青铜盘增多。盘匜组合普遍见于大中小型墓葬中，俨然已是随葬青铜器群中必不可少的一个组成部分。

西周早中期青铜盘数量较商代减少，但西周晚期直至春秋时期在一些诸侯国墓葬中水器青铜盘相当盛行。青铜盘最流行的地区往往也是其衰落最快的地区。西周晚期一些制作极为粗糙的青铜盘开始出现，如三门峡虢国墓地就出土了不少良莠不齐的青铜盘。

战国时期出青铜盘的典型墓葬有陕县后川M2144，器物组合出鼎1、豆1、壶1、盘1、匜1[④]（图5-6），河北邯郸百家村M57随葬鼎3、甗1、壶2、豆2、盘1、匜1、舟1[⑤]，山西芮城坛道村出鼎1、甗1、壶2、豆2、盘1[⑥]（图5-7）。这些墓葬规格不低，面

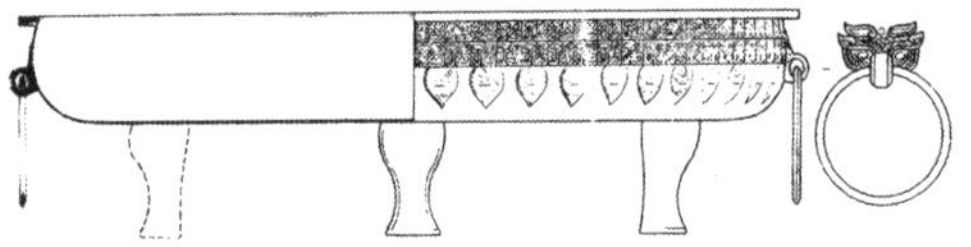

图5-3　蟠虺纹盘

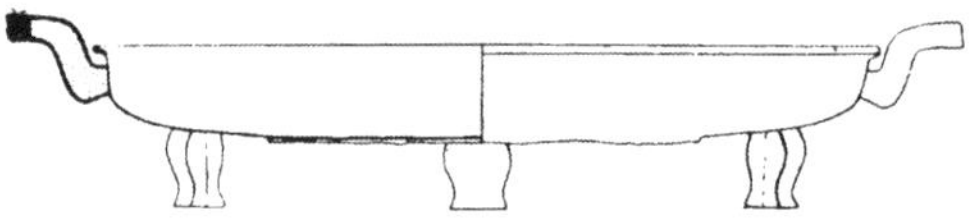

图5-4　素面盘

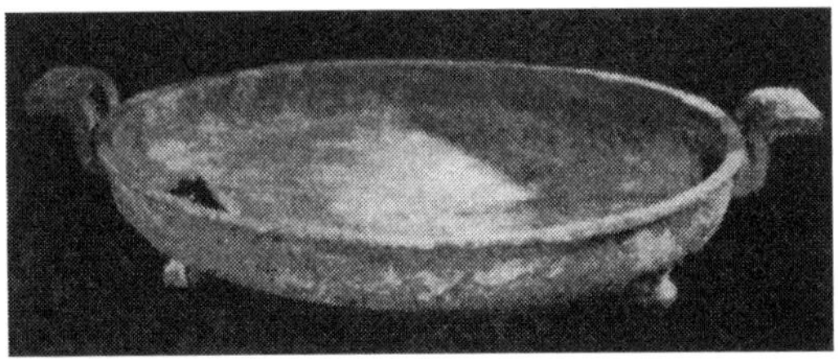

图5-5　附耳盘

图5-6　素面盘

① 山西省考古研究所：《山西侯马上马墓地发掘简报》，《文物》1989年第6期。

② 郑州市博物馆：《尉氏出土一批春秋时期铜器》，《中原文物》1982年第4期，32～35页。

③ 山西省文物工作委员会工作组、山西省长治市博物馆：《长治分水岭269、270号东周墓》，《考古学报》1974年第2期。

④ 中国社会科学院考古研究所：《陕县东周秦汉墓》，科学出版社，1994年。

⑤ 河北省文物局文物队：《邯郸百家村战国墓》，《考古》1962年第12期。

⑥ 山西省考古研究所：《山西芮城东周墓》，《文物》1987年第12期。

积在10～30平方米，且是列鼎墓，盘匜仍是一套组合。青铜盘的形制变化不是很大，除衔环耳圈足和衔环耳平底青铜盘为新见外，基本延续春秋晚期以来的形制、纹饰和组合，整体上呈现衰落趋势。

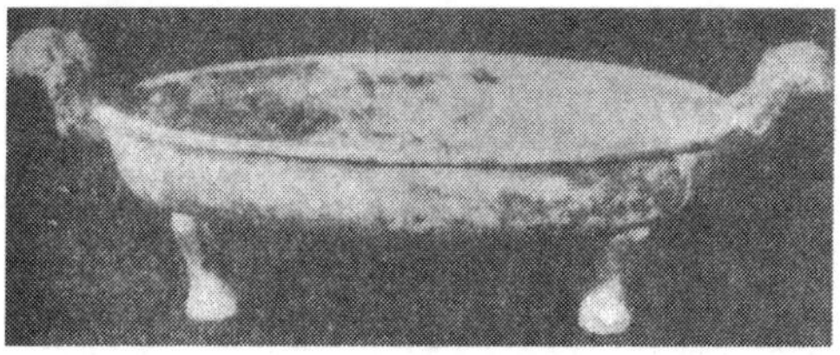

图5-7　附耳盘

第二节　关中地区

关中地区商代青铜器也出土了不少，但水器青铜盘基本不见，这是否说明在商代水器盘仅是在商人中流行使用的一类铜器，还有待进一步探讨。西周时期这一地区作为西周王朝的中心之地，是当时青铜文化的中心，所出青铜器从主流上看领时代风气之先。除了陕西长安丰镐地区和周原地区是青铜盘的重要出土地外，位于西域边陲的秦国和宝鸡㢊国两个方国也出土了较有特色的两周青铜盘。西周早期青铜盘数量较少，延续殷商时期的形制和纹饰，做无耳、大口、浅腹、圈足状。泾阳高家堡西周墓出土青铜盘形制与晚商青铜盘相近①（图5-8）。直至西周中期数量明显增多，器形有较大变化，如陕西临潼出土的贞盘腹部生出两衔环耳；陕西扶风庄白白家村出土的伯雍父盘，有流有鋬有附耳；陕西长安斗门镇花园村M17出土的青铜盘附耳与口沿齐平，口沿下饰一周蝉纹，圈足饰斜角云纹②；陕西长安马王村出土青铜盘腹饰夔纹，形制与殷商晚期青铜盘相近，唯盘腹新增两附耳，且尚未高出盘口沿③（图5-9）。宝鸡岐山董家村窖藏出土青铜盘饰重环纹，附耳已超出盘口④（图5-10）。

秦国是关中地区一个个性鲜明的重要方国，《史记》记载："秦僻在雍州，不与

图5-8　无耳盘

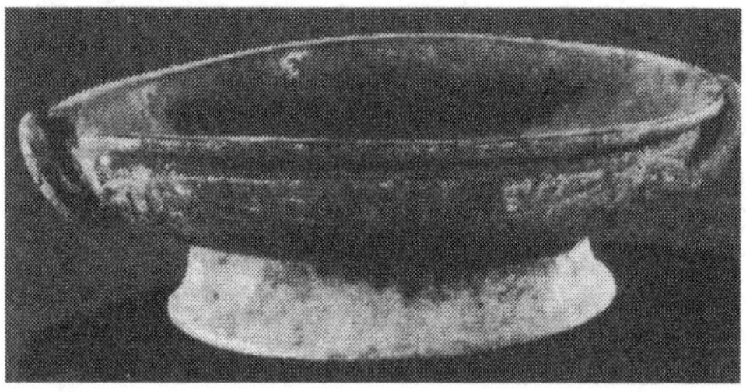

图5-9　夔纹盘

---

① 葛今：《泾阳高家堡早周墓葬发掘记》，《文物》1972年第7期。

② 陕西省文管会：《西周镐京附近部分墓葬发掘简报》，《文物》1986年第1期。

③ 西安市文物管理处：《陕西长安新旺村、马王村出土的西周铜器》，《考古》1974年第1期。

④ 岐山县文化馆、陕西省文管会：《岐山县董家村西周铜器窖穴发掘简报》，《文物》1976年第5期。

中国之会盟，夷狄遇之。”它长期雄踞于西北地区，是在与东方诸国半隔绝的状态下自行发展，逐渐形成了以独特的青铜礼器制度、形制特殊的秦式鼎以及秦式蟠螭纹和变形蟠螭纹为典型代表的极富个性的地域性青铜文化。但同时秦国又是在周人的故居上兴起，不可避免会受到周文化的影响。陕西户县宋村春秋早期墓葬随葬器物有鼎5、簋4、甗1、壶2、匜1[①]，出土的附耳圈三足青铜盘，盘身饰窃曲纹，与中原地区同时期青铜盘形制和纹饰都相近同，应该是受到了西周青铜器风格的影响。宝鸡姜城堡秦墓出土鼎3、壶2、盉1、盘1、簋2[②]，陕西陇县边家庄M5随葬鼎5、簋4、甗1、盉1、壶2、盘1[③]，出土的附耳青铜盘，浅腹直壁，高圈足有矮阶，与中原地区青铜盘形制接近（图5-11）。大致在春秋中期以后秦文化的风格才比较明显的展现出来。陕西宝鸡阳平镇秦家沟M2随葬器物鼎3、壶2、簋4、盘1、匜1[④]，出土的附耳青铜盘，器形较小，附耳紧贴盘壁，浅腹平底，腹部饰蟠虺纹，唯盘底没有圈足而是直接三个短矩形足，较为独特（图5-12）。从以上秦墓的规格来看，青铜盘似多出于三鼎和五鼎墓中。考古发掘的春秋时期秦国墓葬的水器组合有盘盉、盘匜。

图5-10　附耳盘

图5-11　附耳盘

战国时期的方形盘是秦式青铜盘一个特色，这种方盘的形制为长方形，浅腹腹壁斜直，平底。陕西凤翔高庄M48出土了鼎、簋、敦、甗、盘、匜[⑤]，凤翔八旗屯M14出鼎1、甗1、盘1、匜1、盆1，凤翔八旗屯CM9出鼎3、甗1、敦1、豆2、壶2、盘1[⑥]。从这些墓葬来看，方盘出在面积在10平方米或以下的1鼎和3鼎墓中，且与匜组合。但这些方盘形制微小，制作简陋，应该是明器。陕西凤翔高王寺青铜器窖藏出土

① 陕西省文管会秦墓发掘组：《陕西户县宋村春秋秦墓发掘简报》，《文物》1975年第10期。

② 王永光：《宝鸡市渭滨区姜城堡东周墓葬》，《考古》1979年第6期。

③ 陕西省考古所宝鸡工作站等：《陕西陇县边家庄五号春秋墓发掘简报》，《文物》1988年第11期。

④ 陕西省文物管理委员会：《陕西宝鸡阳平镇秦家沟村秦墓发掘记》，《考古》1965年第7期。

⑤ 吴镇烽、尚志儒：《陕西凤翔高庄秦墓地发掘简报》，《考古与文物》1981年第1期。

⑥ 陕西省雍城考古队：《陕西凤翔八旗屯秦国墓葬发掘简报》，《文物资料丛刊》第3集，文物出版社，1980年。陕西省雍城考古队：《一九八一年凤翔八旗屯墓地发掘简报》，《考古与文物》1986年第5期。

的衔环耳青铜盘[①]，直口，唇外折，直壁浅腹平底，下有三个极矮的柱足，腹饰变形蟠螭纹两周，中隔绹纹一周，下为简化蝉羽纹（图5-13）。衔环耳青铜盘是战国时期的常见形制，但这种盘底另接短柱足的青铜盘只有高王寺出的这一件，体现了秦国青铜器的又一特色。

关中地区也有通过所出青铜器自名而知其所属国别的诸侯国，如位于陕西宝鸡地区的具有独特地域特征的弜国。1974～1981年对宝鸡竹园沟、茹家庄和纸坊头发掘了27座西周墓葬，其中竹园沟3座墓葬和茹家庄两座墓葬共出土了6件青铜盘。竹园沟M4出土的𢐗季盘，敞口折沿，三棱形唇，附耳离盘腹较远，且未高出盘口，口沿下饰一周三角目雷纹，高圈足上饰两道弦纹；竹园沟M13出土的无耳青铜盘，敞口平沿，深腹高圈足，口沿及圈足均饰四瓣目纹间涡纹，内有铭文“贯父辛□”。茹家庄M1出土弜伯盘，敞口厚唇，盘腹较深，附耳高出口沿。口沿下及腹部饰一周粗线条斜三角云纹，盘内底有铭文“弜伯自作般鎣”；茹家庄M2出土青铜盘附耳微高出盘口，高圈足，盘腹饰一周粗壮弦纹。这几件青铜盘的形制纹饰与中原地区流行的同期青铜盘相比差别不大，但组合形式却很特别，是弜国独特的礼器制度的一种反映。竹园沟M13是以父辛盘配壶组成一套水器。茹家庄M1和M2所出青铜盘则分别与鎣和盂罐搭配成一套水器，这样的组合与中原同期只见有盘盉组合的状况形成鲜明对比。

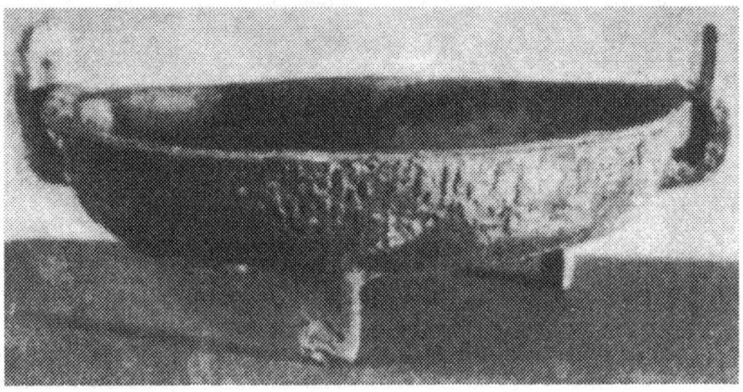

图5-12　附耳盘

图5-13　衔环耳盘

第三节　山东地区

山东地区也是出土青铜盘数量较多的地区。以齐、鲁为代表的很多诸侯国如薛国、齐国、莒国、纪国等都在这一范围内。鲁国在西周时期就是重要的诸侯国，春秋时期虽然渐趋衰落，但仍然是保留周传统文化最多的诸侯国，其存在的时间较长，直到公元前256年才被楚考烈王所灭。新中国成立后陆续在曲阜鲁国故城所做的一系列考古发掘工作，使我们对春秋时期鲁国使用的青铜器有了比较清晰的认识[②]。鲁国故城出

① 韩伟等：《陕西凤翔高王寺战国铜器窖藏》，《文物》1981年第1期。

② 山东省文物考古研究所：《曲阜鲁国故城》，齐鲁书社，1982年。

土的青铜盘形制有附耳圈足盘、附耳圈三足盘、衔环耳盘和立耳盘，青铜盘上流行装饰窃曲纹和重环纹，都和匜组合成一套水器，如鲁国故城M48、M202出土青铜盘。青铜盘形制、纹饰和组合等方面都与中原地区最为接近。薛国故城在今山东滕州市南，古薛国青铜盘状况主要是通过1978年对薛国故城9座春秋中晚期墓葬的发掘而了解的，出土有附耳圈足盘、附耳蹄足盘和附耳环足盘。其中M1出土的青铜盘附耳外折，折腹较深，圈足外侈，较有特色，与中原地区青铜盘有一些区别（图5-14）；M2、M4出土的青铜盘，附耳外折，浅腹，平底，短蹄足，是春秋中晚期中原地区常见的青铜盘形式（图5-15，图5-16）；M9出土的一件附耳青铜盘，平底，口微敛，盘底下接四个环形足。这种形制的青铜盘河南洛阳地区也见有一件①，盘底是三个环形足。

齐国都城在今山东淄博市临淄县，在故城内外有青铜盘出土，形制有附耳圈足盘和附耳圈三足盘。1984年故城东北东古城村的一座春秋墓葬出土3鼎、2簋、1壶、1盘、1匜②，青铜盘是附耳圈足，附耳与盘腹部连接在一起，高圈足外侈，下呈台阶状，口沿下及圈足均装饰重环纹，同出匜口沿下也饰一周重环纹，是一套组合使用的水器。山东邹平大省村M3出土1鼎、1舟 、1盘、1壶③，青铜盘深折腹，衔环耳，矮圈足。

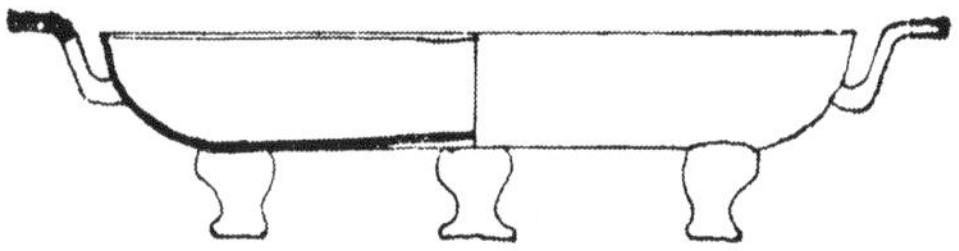

图5-14　附耳盘

图5-15　附耳盘

图5-16　附耳盘

在莒县及临近莒南沂水一带属古莒国，也出土有附耳圈足盘和衔环耳圈足盘。例如，1984年临沂东汤河乡中洽沟村一座墓中出土4鼎、1鬲、1盘、1匜④，青铜盘形制与上齐古城村出土青铜盘形制近同。莒南大店老龙湾M1出土衔环耳盘，直口，折腹较深，

① 洛阳市文物工作队：《洛阳两座东周铜器墓》，《中原文物》1983年第4期。

② 齐国故城遗址博物馆、临淄区文物管理所：《山东临淄齐国故城西周墓》，《考古》1988年第1期。

③ 山东省惠民地区文物组、邹平县图书馆：《山东邹平县大省村东周墓》，《考古》1986年第7期。

④ 临沂市博物馆：《山东临沂中洽沟发现三座周墓》，《考古》1987年第8期。

平底矮圈足，通体素面①。在山东济阳刘台子发现了古逢国墓葬②，出土的青铜盘附耳呈圆条形，刚过口沿，方唇窄沿，浅腹，底近平，下接扁钩形状的三足，腹饰凸弦纹，扁足两侧饰夔龙纹，盘底中部有铭文“夆”字，中原地区未见有此型青铜盘（图5-17）。总体而言这一地区虽出土了个别形制独特、与中原地区风格迥异的青铜盘，但数量极少，大同小异，大多数青铜盘基本上还是与中原地区保持一致的。

此外在山东临朐③（图5-18）、莱阳④（图5-19）、海洋嘴子⑤（图5-20）、平邑东阳⑥（图5-21）、归城黄县⑦（图5-22）等地点也出土了西周晚期至春秋时期的青铜盘，风格与中原地区青铜盘接近。

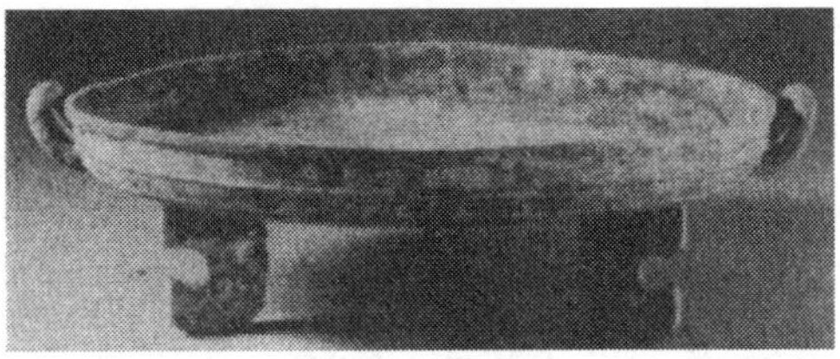

图5-17　附耳盘

图5-18　附耳盘

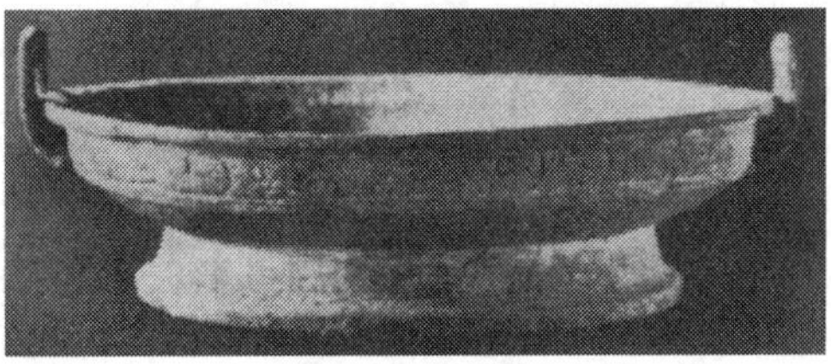

图5-19　附耳盘

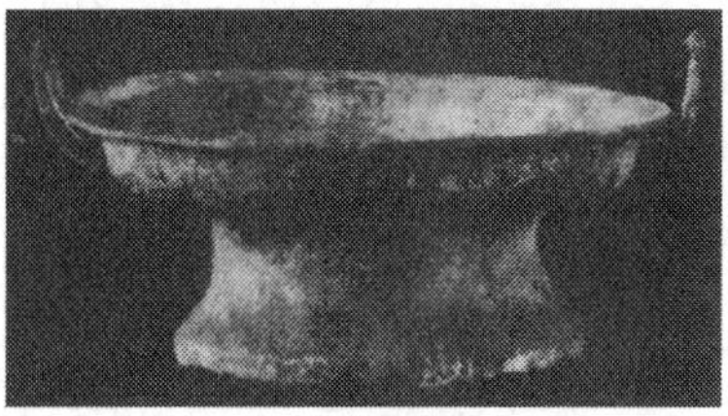

图5-20　附耳盘

图5-21　附耳盘

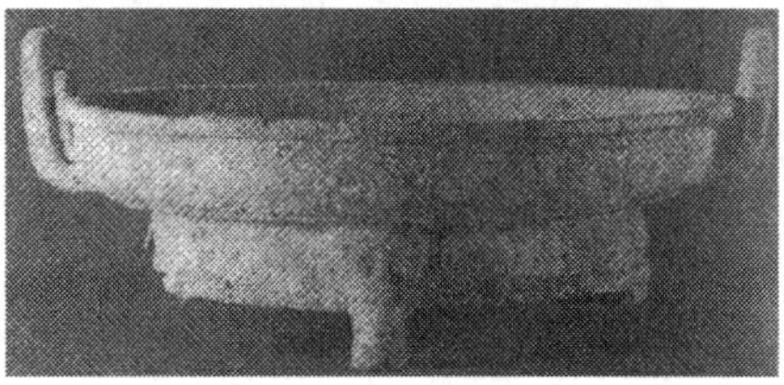

图5-22　附耳盘

① 山东省博物馆等：《莒南大店春秋时期莒国殉人墓》，《考古学报》1978年第3期。

② 山东省文物考古研究所：《山东济阳刘台子西周六号墓清理报告》，《文物》1996年第12期。

③ 临朐县文化馆、潍坊地区文管会：《山东临朐发现齐、鄩、曾诸国铜器》，《文物》1983年第12期。

④ 李步青：《山东莱阳县出土己国铜器》，《文物》1983年第12期。

⑤ 滕鸿儒、王洪明：《山东海洋嘴子前村春秋墓出土铜器》，《文物》1985年第3期。

⑥ 李常松：《平邑蔡庄出土一批青铜器》，《考古》1986年第4期。

⑦ 李步青、林仙庭：《山东黄县归城遗址的调查和发掘》，《考古》1991年第10期。

第四节　汉水流域及长江中下游地区

江汉流域有丰富的地域文化，在湖北黄陂盘龙城李家嘴M2出土了迄今发现最早的商周时期青铜盘。这座墓共出了鼎4、鬲1、簋1、甗1、斝3、爵4、觚1、盉1、罍1、盘1、小盘5等青铜器，共计63件，是目前所知规格最高的早商贵族墓[①]。地处江汉流域的盘龙城距离二里冈商文化中心地区甚远，但从出土青铜器的形制与组合形式及陶器形制看，仍具有浓厚的商文化色彩，这些青铜器器主之身份、族属尚未有资料可以确知[②]，而且青铜盘最早出现在这里而不是商文化中心地，这个问题还有待于今后新的考古发现和进一步的考察。

汉水流域及长江中游地区在东周时期以楚文化圈影响最为深远。东周时期楚国吞并了很多诸侯国，据清代顾栋高统计，春秋二百四十二年中，楚灭国凡四十二。楚式青铜器器类丰富，其中以半球形细高蹄足带盖鼎、器盖相扣成球体的敦和型式各异的尊缶、盥缶最能体现出楚器的特点。近些年有赖于考古发掘的一系列具有丰富内涵且延续时间很长的大型楚墓，使我们对东周时期的楚器有了比较深刻的认识。东周时期楚国的地理范围主要在湖北、湖南、河南和安徽四省部分地区。春秋时期出土青铜盘的楚墓主要有1978年发掘的河南淅川下寺墓地，其中M1面积70平方米，礼器组合为鼎、簋、簠、盏、缶、盘、匜；M2面积58.9平方米，出土礼器是鼎、簋、簠、缶、盘、匜；M7墓室面积35平方米，出土礼器组合有鼎、簠、盏、缶、盘、匜[③]。湖北襄阳山湾M14面积8.3平方米，出土礼器鼎、簠、缶、盘、匜（图5-23）；M33面积7平方米，出土礼器鼎、簠、敦、缶、盘、匜[④]。1969年湖北枝江百里洲八角乡出土鼎、簠、缶、方、壶、盘、匜[⑤]；1985年湖北枝江姚家港高山庙楚墓M14出土礼器鼎、簠、缶、盘、匜、斗，墓室面积8平方米[⑥]；湖北钟祥M3出土鼎、盏、缶、鉴、盘、匜，墓室面积10.4平方米[⑦]。由以上楚墓可知青铜盘在大中小型墓葬中均有出土，是楚墓中礼器的基本组成部分，足见其地位之重要，使用范围之宽泛，这些墓葬出土的青铜盘可视为楚式青铜盘发展演变的代表。这些楚式青铜盘的形制演变有一定规律，在春秋中期的附耳蹄足青铜盘逐渐被衔环耳蹄足青铜盘替代，衔环耳蹄足形盘又逐渐被衔环耳兽形

① 湖北省博物馆：《盘龙城商代二里冈期的青铜器》，《文物》1976年第2期。

② 朱凤瀚：《古代中国青铜器》，南开大学出版社，1995年。

③ 河南省文物研究所等：《淅川下寺春秋楚墓》，文物出版社，1991年。

④ 湖北省博物馆：《襄阳山湾东周墓葬发掘报告》，《江汉考古》1983年第2期。

⑤ 湖北省博物馆：《湖北枝江百里洲发现春秋铜器》，《文物》1972年第3期。

⑥ 湖北省宜昌地区博物馆：《湖北枝江姚家港高山庙两座春秋楚墓》，《文物》1989年第3期。

⑦ 荆州博物馆钟祥市博物馆：《湖北钟祥黄土坡东周秦代墓发掘报告》，《考古学报》2009年第2期。

扁环足盘取代，成为春秋晚期楚国势力范围内最常见的青铜盘形制，与此时中原地区仍然流行的附耳蹄足盘形成鲜明对比。

战国时期楚式青铜盘有较大变化，衔环耳折腹盘是此时的新形制，盘腹变得很浅，平沿或折沿，盘平底或微圜底，有对称双环耳或四衔环耳，基本以素面为主。战国时期出土青铜盘的楚墓主要有湖北江陵望山大型墓，M1出土鼎、敦、壶、盘、匜、缶、鉴、勺等，墓室面积219平方米；M2出鼎、敦、壶、盘、匜，墓室面积111.3平方米①；湖北江陵雨台山、荆门包山等地楚墓也都有青铜盘出土（图5-24）。

长江下游地区即今安徽、江西、江苏、浙江等地，历史上曾有嬴姓的徐国、姬姓的吴国、姒姓的越国，以及其他一些地方小国。伴随着楚国疆域的不断南扩，楚文化的影响逐步渗透到长江下游的广大地区，因而自春秋晚期以后这一地区出土的青铜盘很多具有类似中原地区和楚式青铜盘的风格，但在局部会显现出地方特征。例如，安徽六安、繁昌和屯溪，江苏镇江烟墩山、溧阳②出土的附耳青铜盘形制均与中原地区青铜盘一致，但盘上装饰纤细柔曲的纹饰极富地方特色。以安徽屯溪地区出土青铜盘最具典型，屯溪两座土墩墓出土青铜盘，其中M1出土2件，M3出土4件，形制为敞口，直腹，平底，直圈足，青铜盘两侧横截面呈扁平状的方形附耳高度与盘口沿齐平且紧贴盘壁是屯溪地区青铜盘的一个显著特点③（图5-25）。这与中原西周早中期的青铜盘形制多作平折沿，直腹，圈足外撇，附耳横截面均呈圆角方形，距盘壁距离较远且高出口沿的特点有明显区别。位于关中地区的陕西扶风和宝鸡茹家庄也出土有附耳不超过盘口沿的青铜盘，但附耳均离盘壁较远，没有屯溪青铜盘耳腹紧贴这样局促。屯溪出土的一件盘腹部饰细线条夔纹，夔身双钩，角首不连，首前有5根平行线条；另一件腹部饰夔纹、雷纹、几何纹、圈足饰云纹，上下均有一周圈点纹饰带，艺术构图上也反映出异于中原的特殊风格。屯溪M3还出土了一件镂空盘，浅腹平底，附耳低于盘口，直圈足台底外撇，盘壁上是一周云形镂空并有扉棱，盘内底中部饰一条龙纹，龙首前有两个变形兽纹，右侧有一鸟纹，龙纹外绕一圈云纹（图5-26）。这种镂空盘

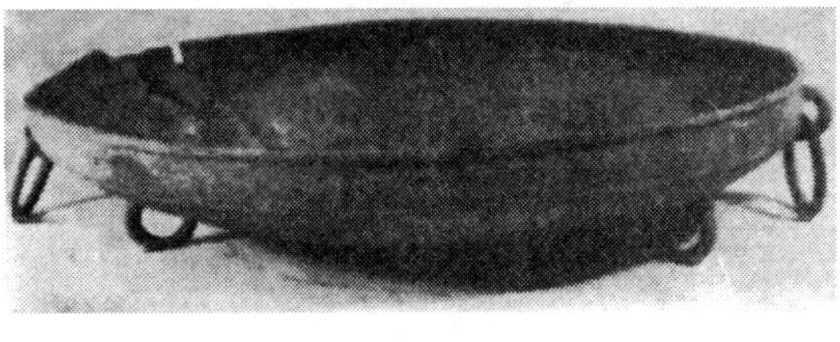

图5-23 衔环耳盘

图5-24 衔环耳盘

① 湖北省文化局文物工作队：《湖北江陵三座楚墓出土大批重要文物》，《文物》1966年第5期。

② 刘兴：《镇江地区近年出土的青铜器》，《文物资料丛刊》第5集，文物出版社，1981年。

③ 安徽省文化局文物工作队：《安徽屯溪西周墓葬发掘报告》，《考古学报》1959年第4期；殷涤非：《安徽屯溪周墓第二次发掘》，《考古》1990年第3期。

图5-25　附耳盘

图5-26　镂孔盘

不见于中原及其他地区。此外，屯溪墓中出土的青铜盘都是双数也是该地区的一大特点。

史籍记载两周时期的吴国都城位于今苏州一带，出土了为数不多的几件青铜盘。苏州虎丘乡千墩坟一座遭破坏的春秋晚期墓出土的青铜盘（简报称之为鉴）[①]，敛口，深腹，平底，四耳衔环，素面，出土时匜在盘内。江苏吴县枫桥乡何山墓葬出土的青铜盘敛口平底，腹较深，四衔环耳，较为别致[②]。江苏南京六合程桥一座墓葬出土一件吴大叔制作的青铜盘[③]，直口浅腹平底，扁兽足，风格与吴国流行的衔环耳敛口弧腹青铜盘完全不同，却与楚器中的青铜盘相像，楚文化之影响可见一斑。这些现象体现了多种文化之间的相互影响，也说明了边远地区文化的滞后性。

江苏武进淹城出土了两件形制均特别的青铜盘[④]，其中一件浅腹直壁，有短流，平底下接三蹄足，平鋬，出土时盘中放盉，应是一套水器（图5-27）。有流盘数量不多，根据目前考古发掘资料有6件，其中有4件发现在陕西境内，3件出土在长安县及临近蓝田县。长安县是自周武王始直至西周灭亡两百多年西周王朝的都城所在地，匜形盘的出现与此不无关系。陕西扶风庄白出土的西周中期的伯雍父盘，大口浅腹，矮圈足，短流较宽，腹两侧有附耳1对，腹部饰一周顾龙纹，是目前所知时代最早的有流盘。另外在陕西扶风北桥、陕西蓝田和湖北随州也各出土1件，形制大体接近，短流，兽首鋬，圈足或圈三足。江苏武进所出的这件盘平鋬，蹄足，与以上几件有流盘形制差异较大，是明显的地方产物。另1件青铜盘，独特之处在于盘下带有3个轮子，可以滚动，这种造型的青铜盘也只此1件（图5-28）。

双耳或四耳衔环是战国时期青铜盘形制最重要的特征之一。江苏淮阴高庄战国墓出土18件青铜盘，无论是形制还是纹饰均体现出较浓的地方特色，其中半环耳蹄足盘深腹，直口束颈，方沿平折，耳上饰宽大兽面，平底下接三矮蹄足，腹饰两圈绹索

① 苏州博物馆考古组：《苏州虎丘东周墓》，《文物》1981年第11期。

② 吴县文物管理委员会：《江苏吴县何山东周墓》，《文物》1984年第5期。

③ 南京市博物馆、六合县文教局：《江苏六合程桥东周三号墓》，《东南文化》1991年第1期。

④ 倪振逵：《淹城出土的铜器》，《文物》1959年第4期。

图5-27　有流盘

图5-28　带轮盘

纹，中间为卷云纹，腹部近底处饰一圈三角云纹，纹饰独特，器形也不见于中原地区[①]。衔环耳蹄足盘和衔环耳弧腹平底盘则与楚国流行青铜盘相同，明显是受之影响。青铜盘内线刻纹饰内容丰富，充分体现了战国时期南方先进的装饰工艺。

曾国、黄国和蔡国发达程度虽不及楚国，但也出土了不少东周时期的青铜盘，形制主要见有附耳圈足盘和衔环耳圈足盘。西周晚期至春秋时期出土曾国青铜盘的地点比较集中的在湖北随州及临近几个县，如随州何店乡贯庄，出土青铜器有鼎、簋、甗、鬲、壶、盘、匜，青铜盘形制是附耳圈足，盘腹较深，有折腹趋势，附耳有短梗与盘腹相连，腹饰窃曲纹，圈足是夔龙纹[②]（图5-29）。随州均川熊家老湾出土鼎、甗、簋、壶、彝、盘、匜，附耳青铜盘大口平沿，深腹高圈足，腹饰窃曲纹，圈足饰斜角云纹[③]。随县万店周家岗出土鼎、簋、鬲、壶、盘、匜，出土的附耳盘，腹壁及圈足较直，腹饰窃曲纹，圈足饰鳞纹[④]。湖北随州安居桃花坡[⑤]和京山苏家垅[⑥]也有出土（图5-30）。从器物组合看是重食器和水器的组合，均为鼎簋同出，级别不低。这些附耳圈足青铜盘的特点是腹都较深，圈足都较高，这一点似乎是与中原地区青铜盘的细小差别，但装饰的窃曲纹和鳞纹等纹饰常见于中原地区青铜盘。1996年河南潢川高稻场出土了1件半环耳蹄足盘，浅弧腹，平底四蹄形足，口沿有两个对称的兽面半环耳，足上饰兽纹，盘内刻有铭文[⑦]，器形独特，为中原地区所不见。战国时期曾国器可以湖北随州擂鼓墩出土的曾侯乙墓为代表，M1出土的附耳青铜盘直口浅腹，附耳外

① 淮阴市博物馆：《淮阴高庄战国墓》，《考古学报》1988年第2期。

② 随州市博物馆：《湖北随县新发现古代青铜器》，《考古》1982年第2期。

③ 鄂兵：《湖北随县发现曾国铜器》，《文物》1973年第5期。

④ 随州市博物馆：《湖北随县发现商周青铜器》，《考古》1984年第6期。

⑤ 随州市博物馆：《湖北随县安居出土青铜器》，《文物》1982年第12期。

⑥ 湖北省博物馆：《湖北京山发现曾国铜器》，《文物》1972年第2期。

⑦ 湖北省文物考古研究所：《曾国出土青铜器》，文物出版社，2007年。

图5-29　窃曲纹盘

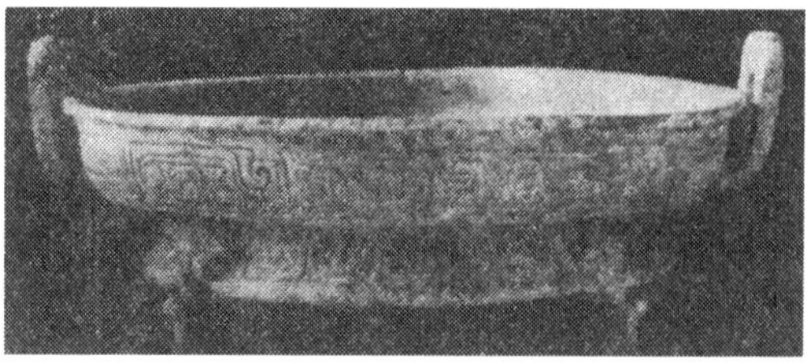

图5-30　窃曲纹盘

折，平底下接三兽形足，器口饰一字纹，盘腹部饰鸟首龙纹，是一种反映地方特点的装饰花纹（图5-31）。同墓出土的另1件著名的尊盘，形式独特，先进的铸造工艺，繁复精细的镂空纹饰实在是空前绝后，令人叹为观止。总的看来，西周晚期至春秋早期的曾国青铜器表现出从属于周文化的特征，从春秋中期以后转而表现出从属于楚文化的特征①。

黄国器有河南光山宝相寺上官岗砖瓦厂出土青铜盘，均为附耳圈足，器身饰窃曲纹，圈足饰三角云纹或垂鳞纹，与中原地区同期青铜盘风格类同。

春秋时期蔡国青铜盘的出土地点有安徽寿县蔡侯墓和河南潢川隆古乡高稻场②。蔡侯墓出土了4件青铜盘，其中1件蔡侯盘口微敛，浅腹圜底，有浮雕兽面三环形足，腹饰蟠虺纹及绹索纹，形制和纹饰均类同于河南淅川下寺M2、M3出土的青铜盘。潢川出土的青铜盘浅腹，衔环耳蹄足，腹饰变形蟠虺纹，形制与山西侯马上马村M4006出土的青铜盘接近。

汉水流域及长江中下游地区也是青铜盘出土数量较多的区域，尤其是目前所知最早的青铜盘出土于江汉流域的湖北而不是中原地区，随使该地区成为探讨青铜盘起源的关注点。该区域历史上存在的诸侯国最多，地域文化非常丰富，因而出土东周时期的青铜盘数量多，制作也很精致，有的青铜盘造型独特，为中原地区罕见甚或不见；有的青铜盘纹饰精美，极富地域特色；有的青铜盘采用失蜡法的铸造工艺，领时代之先。

图5-31　衔环耳盘

① 张昌平：《曾国青铜器简论》，《考古》2008年第1期。

② 信阳地区文管会、潢川县博物馆：《河南潢川发现黄国和蔡国铜器》，《文物》1980年第1期。

第五节　北方地区

北方地区主要是燕国封域，这里出土青铜盘的数量不多，但流行时间不短，从商代晚期一直到战国时期。北京平谷刘家河商代墓葬出土了2件青铜盘①，形制纹饰均与殷墟一期所出青铜盘相近。北京房山琉璃河燕国墓地M251出土了1件西周早期的伯矩盘②。辽宁喀左青铜器窖藏出土西周时期蝉纹青铜盘。东周时期出土青铜盘的墓葬有北京延庆军都山出土春秋时期的附耳青铜盘，腹部饰勾云纹，圈足饰垂鳞纹③。河北怀来甘子堡春秋墓出土的青铜盘，折口浅腹，双附耳，耳部饰珠纹及左右对称三线状羽纹，腹饰夔纹，圈足外侈，饰一周虎纹。盘内中部阴刻铭文④（图5-32）。河北唐山贾各庄M18⑤，墓室面积20平方米，出土青铜器有鼎、豆、敦、盘和匜，青铜盘浅腹大口，附耳高圈足，盘壁饰斜方格纹，圈足饰蟠螭纹，盘内铸互相咬尾的双兽三团，外绕龙纹4个，更外绕虎纹6个，盘口沿嵌红铜菱形纹15个。口径35.5、足径19.7、通高12.8厘米（图5-33）。河北灵寿西岔头出土青铜器有鼎、豆、瓿、盘和匜，青铜盘兽首

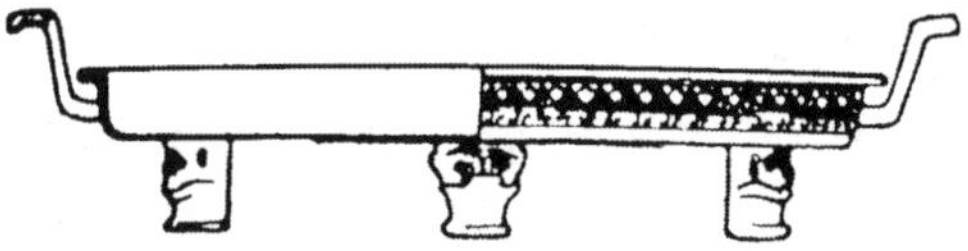

图5-32　羽纹盘

图5-33　蟠螭纹盘

环耳，盘内有7条鱼纹和6个兽纹，腹饰菱形雷纹，口沿镶嵌一周菱形红铜饰，高圈足饰两周三角云纹饰带⑥。燕下都也出土有青铜盘（图5-34）。该地区所见青铜盘数量不多，但这些墓葬的规格不低，且都出土有鼎，是重食器和水器的器物组合。燕为周王室封国，所以它的文化属于周文化的体系，

图5-34　鱼纹盘

① 北京市文物管理处：《北京平谷县发现商代墓葬》，《文物》1977年第11期。

② 北京市文物考古所：《琉璃河西周燕国墓地》，文物出版社，1995年。

③ 北京文物考古所：《北京延庆军都山东周山戎部落墓地发掘纪略》，《文物》1989年第8期。

④ 该盘现存张家口博物馆。

⑤ 安志敏：《河北省唐山市贾各庄发掘报告》，《考古学报》1953年。

⑥ 文启明：《河北灵寿县西岔头村战国墓》，《文物》1986年第6期。

同时又和北方少数民族接壤，不可避免会受到游牧民族的影响而具有一定的地方色彩。这几件青铜盘形制上与中原所出的同期青铜盘是很接近的，但青铜盘上的这种菱形纹样和鸟兽图案的装饰风格与中原文化相比别具风格，尤其是使用红铜镶嵌的装饰工艺，为该地区青铜盘的一大特色。

相比山东地区和江汉流域，北方地区出土的青铜盘从数量上明显要少，但青铜盘出现的时代却较早，流行的时间也较长，从商代到春秋战国均有发现。

第六节　巴蜀地区

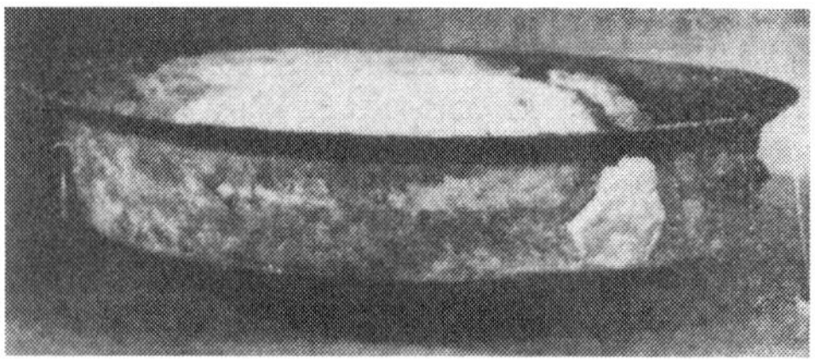

图5-35　素面盘

巴、蜀是西南地区重要的诸侯国，水器盘在该地区却并不流行，经考古发掘出土青铜盘的有四川新都九联墩大墓[①]，该墓出土的青铜器很有特色，一套以5件呈一组，一套以2件为一组，其中水器盘、匜、鉴、缶均为2件。青铜盘敞口折沿，折腹平底，腹部有对称衔环耳，形同于同期中原地区青铜盘及楚式盘，时代在战国中期（图5-35）。成都金沙巷战国晚期墓出土青铜盘，敛口，腹壁斜收成平底，口沿处有对称环耳[②]，此型盘在春秋时期吴国较多见。巴蜀地区出土的青铜盘不仅出现的时间很晚，而且数量极少，可见中原沃盥之礼在该地区影响甚微。

① 四川省博物馆、新都县文管所：《四川新都战国木椁墓》，《文物》1981年第6期。

② 成都市文物考古工作队：《成都市金沙巷战国墓清理简报》，《文物》1997年第3期。

第六章　青铜盘的组合变化

完整的礼器组合一般需包括食器、酒器、水器、乐器和兵器。所以继酒器觚爵和食器鼎之后出现的水器盘意义不小，它标志着礼器制度的逐步完善。考古发掘出土的商代早期的水器青铜盘几乎都是单独出现，可能当时古人直接在盘内洗手，也可能有其他质料的器物与其组合使用，今天已经无法知道了。虽然考古发掘出土的青铜盘有相当数量是单独出土的，但纵观其发展演变的过程，青铜盘与其他青铜器组合使用的现象也还是比较明了的，基本是从无到有，从盘盉、盘壶、盘盂鑵、盘鋬到最后比较固定的盘匜组合。

第一节　盘盉组合

在讨论这对组合之前，先来关注盉的功能，北宋吕大临在《考古图》中解释盉的功能是调味之器[①]。王国维著《说盉》，认为盉是“和水于酒之器，所以节酒之厚薄者也”[②]。之后容庚、郭宝钧、陈梦家等先生虽对盉的具体用途有异议，[③]但也都认为盉是酒器。朱凤瀚先生则倾向于认为盉是水器[④]。我们兼容以上两种观点，认为盉既可以做酒器，也可以当水器使用。

经考古发掘的二里头文化三四期的墓葬中有陶盉与陶爵或铜爵相组合的例子，二里冈下层也有青铜盉与青铜爵成组出土。与爵成组出土的还有斝，爵、斝都是酒器，与爵成组出土的青铜盉也应该属于酒器。宝鸡弪国墓地多座墓葬都随葬有漆盘，酒器集中放在漆盘上，其中竹园沟M13出土的青铜盉就与尊、卣、爵、觯、觚等酒器一同放在漆盘上[⑤]，青铜盉置于酒器之列，显然应该属于酒器。且青铜盉器身斑驳，腹底有烟炱，历经千年犹存，应是长期用来温酒熏烤所致。

---

① （宋）吕大临：《考古图》，中华书局，1987年，卷5第20器。

② 王国维：《说盉》，《观堂集林》卷三，中华书局，1959年。

③ 容庚认为盉有三足可温酒（《通论》）。郭宝钧认为盉是古时和酒温酒器（《商周铜器群综合研究》）。

④ 朱凤瀚：《古代中国青铜器》，南开大学出版社，1995年。

⑤ 卢连成、胡智生：《宝鸡弪国墓地》，文物出版社，1988年（以下宝鸡茹家庄、竹园沟墓均引自本书）。

盉也兼作水器。铭文中有见盘盉连称的现象，如函皇父盘“函皇父作琱妘盘盉尊器，鼎簋一具，自豕鼎降十又一，簋八、两罍、两壶……”（《集成》10164）。张亚初认为盘盉连称犹如西周晚期器铭所见盘匜连称，这是由于二者皆与盘在用途上相联系，常与盘成组铸作之故[①]。除了盘盉连称，也见有盉自名为盘的，如宝鸡岐山董家村窖藏出土的卫盉，形制为盉，自名却为盘，唐兰认为这是“由于盘盉都是盥洗用具，铸盘时大都也铸造盉，所以就把盘铭铸在盉上”。

根据青铜盉出土时的摆放位置以及它和水器青铜盘的纹饰铭文来判断它的功能也是一个重要的方法。水器盘在得到了较大的发展之后，盉因为有流适合注水，因而在一些特殊情况下盉与盘搭配充当注水器，体现了功能的多样化，或许正因为如此，盉的流行时间要比其他器物长。西周中期周人因实行沃盥之礼而使用盘盉组合，后将觥加以改造，创造出极佳注水器匜，使盘匜组合成为主体，但盉并未因匜的兴起而停止兼作水器的职能，从西周到春秋，它一直担负水器的职务，只不过扮演的是配角，为匜的分支[②]。自西周晚期匜出现后，盘盉组合逐渐被盘匜组合代替。春秋时期仍有少量盘盉搭配使用，数量已很少，似乎只在一定范围内流行。陕西宝鸡陇县边家庄一带墓葬出土青铜器中水器组合盘盉同出，战国时期就很少见了。综上，盉在作为酒器的同时也兼作水器。

青铜盉作为水器与青铜盘搭配使用的实例在商代很少见，北京平谷刘家河商代晚期墓葬出土有2件盘和盉，其中1件青铜盉出土时放在青铜盘内[③]，可以初步判断是一套水器组合。考古发掘的河南安阳郭家庄160号墓出土青铜盘，腹部饰鳞纹，圈足饰龙纹，有铭文“亚址”，盉饰弦纹，亦有铭文“亚址”，由于该墓同出的青铜器上普遍都铸有相同的铭文，不能从纹饰上凸显二者是一套组合。总而言之，盘盉组合在商代既不明显也不普遍。

“西周早期偏早以前，盘与盉的组合尚未形成具有铭文或纹饰一致的规范形式，这与其他器物的组合在西周早期已具有铭文和纹饰相同的比较规范的组合形式不同。”[④]到了西周早中期，随着西周礼制的发展，酒器地位急剧下降，数量明显减少，明器增多，而食器和水器受到重视，其地位不断上升。例如，宝鸡竹园沟M4、M13配套水器；茹家庄M2只出土了食器和水器，没有酒器；茹家庄M1乙出土了两套水器。盘盉组合逐渐形成较为固定的一套水器，主要出现在陕西关中和中原地区，河北和山西等地也有少量出土。西周时期最早的盘盉组合目前可能是陕西长安花园村M17出土的

---

① 张亚初：《对商周青铜盉的综合研究》，《中国考古学研究——夏鼐先生考古五十周年纪念论文集》（二），科学出版社，1986年。

② 张临生：《说盉与匜——青铜彝器中的水器》，《故宫学术季刊》1984年第2期。

③ 北京市文物管理处：《北京平谷县发现商代墓葬》，《文物》1977年第11期。

④ 周亚：《晋韦父盘与盘盉组合的相关问题》，《文物》2004年第2期。

一套盘盉，该墓出土的青铜器中只有这两器铭文为“公作宝尊彝”，字体风格相同，李学勤先生指出它们的时代应该在西周的康昭时期[①]。河北元氏西张村墓出土鼎1、簋1、甗1、尊1、爵2、卣2、盉1、盘1，1971年陕西泾阳高家堡墓出土鼎2、簋2、甗1、尊、1爵2、觯1、卣2、盉1、盘1，1975年陕西扶风庄白白家村墓出土鼎3、簋2、甗1、尊1、爵2、卣2、觯1、壶1、盉1、盘1，1975年陕西临潼零口出土鼎4、簋2、甗1、鬲1、尊1、卣1、盉1、盘1，宝鸡茹家庄M1出土鼎5、簋4、尊5、卣1、爵1、豆、罍、鋬1、盘，1974年北京琉璃河M251出土鼎6、簋1、鬲2、甗1、爵2、尊1、觯1、盘1、卣2、盘1、盉1。西周时期盘盉组合多在5鼎以下的墓中比较常见，5鼎以上的大型墓则比较少，说明这种组合在西周早期还只在中级贵族中流行。

西周中期是盘盉组合使用频率最高的时期，水器中以盘盉组合为主，成为大型墓葬中重要的器类，说明商代重酒器、西周重食器的情况有所改变，重视水器新局面的开始。西周晚期新兴的水器匜大量流行之后，盉的地位开始下降，盘盉组合呈现出衰落迹象，但并没有从水器中完全消失。有些墓虽然仍有出土，多为明器，已失去实用价值。河南鹿邑太清宫长子口墓出土青铜盘腹部饰龙纹，圈足饰兽面纹，无铭文，盉饰云雷纹，有铭文“子口”。河南平顶山M84出土青铜盘饰回首龙纹，有铭文“作兽宫彝永宝”，盉饰目云纹，有铭文“作兽宫彝永宝”。陕西扶风齐家村M19出土的盘盉，纹饰同为鸟纹。陕西扶风法门寺伯䧹墓出土的带流盘，纹饰是回首龙纹，铭文“白雍父自作用器”，同出的盉纹饰也是回首龙纹，铭文“□父作宝彝”。陕西临潼零口南罗出土的青铜器中尊和卣饰鸟纹，鼎和簋饰顾龙纹，而盘和盉装饰相同的窃曲纹，盘有铭文“贞作宝盘其万年子子孙孙永宝用”，盉无铭文。陕西扶风齐家村青铜器窖藏出土的“它”盘，口沿下饰重环纹，扁形“它”盉腹部饰一圈重环纹。山西晋侯墓地M8出土一套盘盉，纹饰不清楚，报告上指出是明器。由以上考古发掘出土的这些盘盉资料来看，有的盘盉组合铭文和纹饰完全一致，显然应该是一套水器。有的组合铭文相同，纹饰不同，有的纹饰相同，都无铭文，有的盉出土时放置在盘内，组合形式复杂多样。根据这些出土资料已有文章进行归纳，总结出了七种不同的盘盉组合形式。第一种是纹饰相同，铭文也相同。第二种是纹饰相同，但无铭文。第三种是铭文相同，但纹饰不同。第四种是纹饰相同，一器有铭，另一器无铭。第五种是纹饰不同，一器有铭文，另一器无铭。第六种是纹饰不同，铭文也不同。第七种是纹饰不同，无铭文[②]。

东周时期的盘盉组合已广泛被盘匜组合所取代，但是秦人似乎表现的要更为保守，在春秋时期的秦墓中仍有一些是以盘盉组合为一套水器，如宝鸡姜城堡墓出土鼎3、簋2、方壶2、盉1、盘1，陕西陇县边家庄M5出土鼎5、簋4、甗1、方壶2、扁盉

① 李学勤：《论长安花园村两墓青铜器》，《文物》1986年第1期，32页。

② 周亚：《晋韦父盘与盘盉组合的相关问题》，《文物》2004年第2期，66页。

1、盘1，M1出土鼎6、甗1、簋4、方壶2、盘1、扁盉1，充分体现了秦国独特的礼器制度。

盘盉组合虽然出现时间最早，而且一直都是盥洗具中重要的器类之一，即使当西周晚期盘匜组合逐渐成为青铜礼器中最主流的水器组合之后，盉仍没有完全消失，在春秋战国墓葬中，陶盉也常与陶盥缶及小口汤鼎并出，究其原因可能是因为盉的功能是多用途的，作为盥洗时加热用水是其功能之一。盉有流，方便浇注，和匜一样，但盉有足可以加温的功能却是匜所缺乏的[①]。

第二节　盘鎣组合

鎣出现的时间比盉晚，其形制与盉非常接近，只是足部呈袋状，形体上比盉低一些，因而显得矮胖，西周中期的师转盉自铭为鎣，器形为盉，西周晚期的季良父鎣形为鎣，却自铭为盉，鎣盉关系之密切由此可见。其功能也应该相同或者相似，或者说鎣就是盉的一种，所以才会出现鎣盉互见的情况[②]。我们可以认为鎣是盉发展到西周中晚期的一种特例，一种异形，其形体较之盉变小。鎣属于盉类且数量不多，然而却有自己的专名，这在其他青铜器中是不多见的。鉴于此，我们觉得把盘鎣组合单独列为一组比较合适。

陕西宝鸡茹家庄M1乙是目前所知出土盘鎣组合的唯一一座出土状况比较清楚的墓葬，出土的㢭伯盘和㢭伯鎣两器装饰风格相同。㢭伯盘口沿及下腹均饰一周粗线条斜三角云雷纹，㢭伯鎣盖面装饰两周宽带斜三角云雷纹，颈饰一周斜三角云雷纹。两器铭文内容也完全相同，均为“㢭白自乍般鎣”，尤其是盘鎣连称，既说明鎣与盘功能相似，是作为水器与青铜盘组合使用，也说明两器是墓主人生前一次铸成的一套水器，属于规范的组合形式。此墓一起出土的立耳铜鼎腹已倾垂，酒器尊、卣等器都装饰垂冠分尾凤鸟纹，因此时代在西周中期偏早。这座墓葬面积44.2平方米，出土的礼器组合是鼎8、簋5、豆4、鬲2、罍1、尊5、爵2、卣1、鎣1，包含了食器、酒器、水器和乐器等。该墓葬面积较大，出土的青铜礼器组合也比较完备，规格不低，是否可以判断鎣只有在中高级别的贵族中使用，目前看来论据还不足，还很难看出使用盘鎣组合的阶层范围。盘鎣组合的例子还有陕西长安张家坡青铜器窖藏，其中一件伯百父盘出土时正压在伯百父鎣上，推测伯百父鎣应放在伯百父盘内，两器铭文内容相同，为“伯百父乍孟姬媵盘”，字体一致，如出自一人手笔，也应该是伯百父生前使用的一

① 陈昭容：《从古文字材料谈古代的盥洗用具及其相关问题》，《“中央”研究院历史语言研究所集刊》，1999年，875页。

② 陈昭容：《从古文字材料谈古代的盥洗用具及其相关问题》，《“中央”研究院历史语言研究所集刊》，1999年，875页。

组水器，时代在西周晚期，属比较规范的组合形式。岐山董家村青铜器窖藏也同时出土有匜、盉和鋬这几件器物，但匜饰弦纹和窃曲纹，盉饰弦纹和分尾鸟纹，只有鋬和盘装饰相同的重环纹，且都没有铭文，据此推测可能是一套水器。

盘鋬组合使用的实例并不多见，这几组盘鋬出土地点在岐周、宗周及地域上与之相邻的强国，流行范围和使用的阶层都很有限，不久便退出历史舞台便是很自然的事了。

第三节　盘壶组合

商周时期的青铜壶主要是用作盛酒器，特别是随着一些传统酒器如觚、爵、斝、觯、尊等的逐渐消失，使得青铜壶成为地位比较重要的一类酒器。春秋战国时期的墓葬出土的礼器大部分都是鼎豆壶或鼎敦壶的基本组合，壶几乎已经成为绝大多数墓葬青铜礼器组合不可或缺的重要组成部分。《诗经·大雅》有“清酒百壶”的记载，春秋早期的殳季良父壶铭“用盛旨酒”①。

壶作为容器用来盛放酒，水也是液体，那么在某些特殊情况下用来盛水也是完全有可能的。春秋时期的匽君壶自名“盥壶”②。1974年山东莱阳前河村出土的壶铭“己侯作铸壶，使小臣以汲，永宝用”③。1963年山东临朐出土的公子土斧壶铭“公子土斧作子仲姜𩰫之般（盘）壶”④，盘壶连称，同于前述盘鋬、盘匜连称，可知盘壶功能相近，公子土斧同时做了一套水器盘壶。由以上引文及青铜壶自铭可知，壶除了用作盛酒之外，也可以用来汲水，还可以用作盥洗器。这种一器身兼多种功能的情形在青铜器中是比较常见的。盘与壶组合使用目前所知最早出现于西周早期，宝鸡竹园沟M4出土的酒器集中放在二层台上的漆盘上，二层台右下放饪食器，盘和壶单独放在二层台中部，且壶出土时就放在盘内⑤。盘口沿及腹部饰一周窄斜三角云雷纹间目纹饰带，圈足饰两道弦纹；壶盖饰一周窄细云雷纹，颈部饰一周窄细小饕餮纹，圈足饰两道弦纹，两器装饰风格完全相同，应为一套水器。宝鸡竹园沟M13随葬礼器也是酒器觚、爵、尊、盉等集中放在一件漆盘上，而壶和盘却相邻放在一起⑥。壶盖和颈、圈足都装饰完全相同的双首夔龙纹宽带，壶底有铭文“父己”二字。青铜盘口沿下及圈足都饰有相同的圆涡纹间四瓣目纹宽带，盘内有铭文“贯父辛□”四字。从日名来看，两器

① 中国社会科学院考古研究所：《殷周金文集成》第16册9713，中华书局，1994年。

② 中国社会科学院考古研究所：《殷周金文集成》第16册9680，中华书局，1994年。

③ 李步青：《山东莱阳县出土己国铜器》，《文物》1983年第12期。

④ 齐文涛：《概述近年来山东出土的商周青铜器》，《文物》1972年第5期。

⑤ 卢连成、胡智生：《宝鸡強国墓地》，文物出版社，1988年。

⑥ 卢连成、胡智生：《宝鸡強国墓地》，文物出版社，1988年。

不是同一人所铸之器，至于哪一个是墓主本人的就至少有两种可能，这种现象在两周时期是比较常见的，对此已有专文做了很好的分析论证[①]，这里不赘述。这套盘壶所饰纹饰种类也不同，但从出土时的摆放位置判断它们应是临时组成的一套水器，属于不规范的一种组合形式。壶出现的时间比较早，流行的时间也比较长，从商代中期到春秋战国时期，甚至汉代壶都一直是重要的一类青铜器，但墓葬中盘壶成套同出的实例很少，这或许是壶自身的形制使得二者的组合受到一定限制，壶没有流，没有把手，不及盉、匜相比浇注方便。

第四节　盘和盂鑵组合使用

宝鸡茹家庄M2的附耳盘出土时压在井姬盂鑵上，推测下葬时盂鑵应放在盘内，这与张家坡窖藏伯百父盘和伯百父鎣的出土情形是一样的。盂鑵呈羊体，背有方形尊口，吻部突出，顶端有方形流口，臀部卷尾，呈半环形，便于手握持。所以盘和盂鑵完全有可能组成一套水器搭配使用。此墓面积12.8平方米，出土的青铜器组合为鼎6、簋5、鬲3、甗1、盘1、盂鑵1，不见酒器，是重食器和水器的表现，出土的青铜鼎下腹已倾垂，腹部的夔龙纹已经分解变体，是西周中晚期流行的窃曲纹的雏形，因此器物时代可能在西周中期偏早。盘和盂鑵组合的实例目前所知仅此一例。在《宝鸡強国墓地》报告中作者认为这种组合可能是西周中期以后盘匜组合的滥觞。商周青铜器中自名为盂鑵的也仅知此一件，其形与商代的鸟兽尊相像，却又具有匜特有的流，可以注水，是強国人对兽形尊进行改造创新并命名的一种地方产物。強国墓地出土如此有特点的一件器物与盘组合，一方面体现了強国铜器虽吸收外来因素但同时也保持了自己独具特色的地域文化，另一方面也反映了水器在強国青铜礼器中的重要地位。

第五节　盘 匜 组 合

盘匜组合使用文献中有明确记载，《仪礼 · 既夕礼》：“盘匜，匜实于盘中，南流。”《国语 · 吴语》：“一介嫡男奉盘匜以随诸御。”《礼记》和《左传》上也有记载。经考古发掘出土的大量盘匜组合也证实了史书的记载。

匜出现的时间较晚，目前所知时代最早的是岐山董家村青铜器窖藏出土的倂匜[②]，

① 曹玮：《试论西周时期的赗赙制度》，《周原遗址与西周铜器研究》，科学出版社，2004年。

② 岐山县文化馆等：《陕西省岐山县董家村西周铜器窖穴发掘简报》，《文物》1976年第5期。

时代在西周晚期。陕西蓝田指甲湾出土的宗仲盘口沿和圈足都饰重环纹[①]，腹饰瓦棱纹，盘底有铭文“宗仲作尹姞 盘”。同出的宗仲匜口沿下饰一周重环纹，腹饰瓦棱纹，腹底有铭文“宗仲作尹姞 盉”。从铭文和纹饰完全相同看，应是宗仲生前使用的一套水器，时代大概在西周晚期，这大概是目前所知明确搭配使用最早的一套盘匜组合。周人对殷商文化采取的是继承与摈弃并行的态度，一改商人重酒器的风尚，将酒器觥的形制加以改造，变身成水器匜。匜最早出现在岐周，盘匜组合又在临近宗周的地方出现，这也是周文化有别于殷商的一种体现。

整个东周时期政治上尽管充满了战乱和分裂，但在混乱的政局中诸侯国为增强国力大都进行了一系列改革，促进了经济和文化的发展。作为商周文化典范代表的青铜器的第二个高峰期也正出现在春秋晚期。西周晚期以后盘匜组合开始普遍流行起来，不仅数量显著增多，使用的阶层复杂，流行的区域也更广。山东邹县七家峪出土的伯驷父盘和匜纹饰风格接近[②]，出土时匜的流口向着盘内，和盘紧靠并列放置在一起。河南淅川下寺M2和M3匜出土时放在盘内[③]，两器铭文纹饰风格相同；山东曲阜鲁故城M48出鲁司徒仲齐盘和匜[④]，纹饰、铭文相同；山东临淄齐故城村出土的盘匜纹饰完全相同[⑤]；湖北随州何店贯庄出土盘匜的装饰风格完全相同[⑥]；三门峡上村岭M1601礼器也只出土了盘和匜[⑦]，主体纹饰都是窃曲纹；随州擂鼓墩M2出土的盘匜都是素朴无纹，匜出土时放在盘内。这种情形很多，这里不一一列举。

考古发掘的东周时期墓葬出土的青铜器群中一般都有水器，而且基本上有盘必配有匜，有些墓葬甚至只出土水器盘匜，说明盘匜已经成为青铜礼器群中不可或缺的一部分。出土盘匜的墓室面积大小不等，从考古发掘的资料来看以10～30平方米最多，其中5鼎以下（包含5鼎）墓葬如山东沂源西周晚期墓室面积28平方米，陕西户县宋村春秋早期墓葬出土盘匜的墓室面积23.4平方米，河南陕县上村岭虢国M1705墓室面积7.2平方米、M1706墓室面积14.52平方米，山西侯马墓地M4078墓室面积15平方米，1976年山东日照出土盘匜，墓室面积9.57平方米，1982年山东临朐出盘匜的墓室面积12平方米，1986年湖南岳阳出土盘匜的墓室面积15.3平方米。5鼎以上墓葬如山东薛国故城M1墓室面积36.2平方米，M2面积30.4平方米，河南淅川下寺M1、M2面积59平方米，湖北江陵望山M1墓室面积竟达219平方米。

盘与匜在组合使用的同时，器形上也相互影响。匜在西周晚期出现后至春秋早期基本上是鋬形耳，附耳盘也是自西周早期出现以后是最常见青铜盘形制，但当与匜开

---

① 吴镇烽等：《陕西永寿、蓝田出土西周青铜器》，《考古》1979年第2期。

② 王轩：《邹县七家峪村出土的西周铜器》，《考古》1965年第11期。

③ 河南省文物研究所等：《淅川下寺春秋楚墓》，文物出版社，1991年。

④ 山东省文物考古研究所等：《曲阜鲁国故城》，齐鲁书社，1982年。

⑤ 齐国故城遗址博物馆等：《山东临淄齐国故城西周墓》，《考古》1988年第1期。

⑥ 随州市博物馆：《湖北随县新发现古代青铜器》，《考古》1982年第2期。

⑦ 中国社会科学院考古研究所：《上村岭虢国墓地》，科学出版社，1959年。

始构成组合时青铜盘的附耳有的也变成了鋬耳，如宗中盘和山东滕县后荆沟M1出土的一套盘匜都是一模一样的卷尾兽首鋬①，陕西扶风北桥②和湖北随州安居桃花坡一号墓③出土的青铜盘更是有流有鋬。春秋中晚期至战国早期是半环耳青铜盘比较流行的时期，春秋中期半环耳匜就比较多见了，而且一套盘匜都是半环耳的也有不少。到了战国时期，衔环耳无足又成了盘匜最常见的组合形式。除了表明是一套组合的同时，也说明二者的确在纹饰和器形发面相互影响。有流盘数量少，流行时间短，出现于西周中期，主要流行于西周晚期，个别器时代晚到春秋时期，与匜的出现时间也比较接近。与匜在形制上有明显的共同之处，模仿自匜不言而喻。虽然匜的出现时间目前看来晚于有流盘，但二者之间有某种关系则是可以肯定的。匜似乎就是为了与盘搭配使用而产生的，其形制与酒器觥接近，在水器不断发展的情况下改造成注水器专门和盘搭配使用。

以上组合无论是从数量还是从流行时间长短来看，盉、壶、鎣、盂鑵与盘所构成的组合都无法与匜相比。它们集中出土在宝鸡強国墓地，带有强烈的地方色彩和偶然性；存在的时间也很短暂，仅在西周中期使用，它们只是与盘并行发展过程中的匆匆过客。匜之所以能后来者居上，逐渐取代了盉、鎣、壶、盂鑵，与青铜盘组合成最稳固的一套水器，原因之一可能在于这些青铜器主要是作为酒器使用，主要功能并不是用来盥洗，只是在专门的注水器匜尚未出现时的空当期兼作水器。原因之二可能在于匜自身的形制特征最适于注水。匜基本上都是敞口深腹，无盖，便于放水，前有宽流便于注水，后有鋬便于手执。另外匜的功能单一，只用作水器，也就不易被其他青铜器替代。相比之下，壶只有一口，不如其他几类器注水方便。盂鑵形制奇特，造型复杂，不适合用来做日常水器，它应是属于強国青铜器中的一个特例。盉、鎣虽有管状流可注水，但口小腹大不易放水。或许正因为这些因素逐渐被匜取代了，由此可见器物功能的单一化和多样化是对立统一的。

从西周晚期之后墓葬中水器基本上是施行盘匜组合，一般而言凡盘盉同出即无匜，而盘匜同出者即无盉，若盉匜同出则配以二盘④。但也有例外，东周时期有一些墓中见有盘、盉、匜三者同出，甚至盘、盉、匜、壶四者共出的现象，如1983年河南信阳一处墓葬出土鼎2、鬲2、豆2、壶2、盉1、匜1、盘1；1966年湖北京山春秋早期墓葬出土鼎9、鬲9、甗1、簋7、豆2、盉1、匜1、盘1；1978年山东沂水刘家庄春秋中期墓葬出土鼎16、簋7、鬲9、盆2、盉1、壶7、匜1、盘1；1998年甘肃礼县圆顶山M1出土鼎6、簋2、盘1、盉1、壶1、匜1、铆1。仅从墓葬出土的鼎数及器物种类来看这些墓葬

① 万树瀛：《滕县后荆沟出土不□簋等青铜器群》，《文物》1981年第9期。
② 罗西章：《陕西扶风县北桥出土的一批西周青铜器》，《文物》1974年第11期。
③ 随州市博物馆：《湖北随县安居出土青铜器》，《文物》1982年第12期。
④ 张临生：《说盉与匜——青铜彝器中的水器》，《故宫季刊》第17卷1期。

规格都不低，这种情况一般来讲盘匜应是一套水器组合，而壶盉则担当酒器的功能，以构成食器、酒器、水器比较完备的礼器组合。

湖北随州曾侯乙墓出土了一套尊盘组合，报告中说这对组合中以容酒的尊为主，应称为盘尊，但自出土后至今学界已经习惯称为方尊盘。这对尊盘的出土位置在两套鉴的西侧，出土时尊置于盘中。尊和盘的艺术风格一致，尊口沿为镂空变形蟠虺纹，颈部饰蕉叶纹和浅浮雕变形蟠螭纹，又有四条立体圆雕龙置于尊体上，圈足上也是以蟠螭纹和龙搭配装饰。在尊颈部一处蕉叶纹的两侧刻有“曾侯乙作持用终”七字铭文。青铜盘口沿也是镂空的变形蟠虺纹，耳部的透雕饰件和尊口沿的完全一样，均系用失蜡法铸造工艺作成。盘腹部为浅浮雕的简化蟠螭纹，两侧有两条透雕的类似龙形装饰于盘体，盘底有铭文“曾侯乙作持用终”七字铭文。从两件器物的纹饰、铭文和出土情况判断，很明显是一套组合，铸造工艺极其精巧，已经超出了实用器的功能，可能是墓主人为了显示豪富仅供欣赏陈设的工艺品抑或是在举行礼仪活动时的陈设器。报告认为尊盘合而为一件器物，有着统一的艺术风格，不应是水器，其用途与同出的鉴缶相同，是冰酒之器。李先登先生认为此处盘是承托酒器中之裸器的鬶、盉、尊等之承盘，与鬶、盉、尊等酒器组成用于祭祀的器物，应归入酒器①。我们在前文中所说，某类器物的功能不是绝对不变的，在某一阶段会转化作其他用途，并且有时这种功能的转变是交替进行的，正如盉、壶最初是做酒器使用，西周中期做水器，而到东周时期又重新以酒器的身份出现在器物组合中。《仪礼·士冠礼》记载：“尊于房户之间，两甒有禁。”郑玄注：“禁，承尊之器也，名之为禁者，因为酒戒也。”显然这件承尊之青铜盘是担当了禁的角色，据此可知青铜盘除了用作盥洗用器和食器外，在特殊情况下偶也可以当酒器使用。

① 李先登：《试论青铜盘》，《陕西历史博物馆馆刊》第15辑，三秦出版社，2008年。

第七章　青铜盘上的纹饰和文字

第一节　纹　　饰

商周青铜器的装饰纹样继承和发展了我国新石器时代的彩陶图案，它仍取材于自然界和人类社会，在彩陶图案和原始绘画的基础上，根据青铜器的功能造型特点和奴隶主贵族的需要，创造出丰富多彩的青铜器装饰纹样①。我们知道，并不是所有的青铜器上都有铭文，商代早期的青铜器上尚未见有明确的铭文，商代晚期青铜器发展到了第一个高峰，而铭文依然相对较少，但是大部分的青铜器上都装饰有纹饰，即便是素面，也是一种艺术形态，因而成为与器形和铭文共同构成研究青铜器自身的三个重要因素。青铜器上装饰的这些纹饰代表了当时艺术表现形式与技法的高度水平，代表着当时艺术发展的水平，有着丰富的人文内涵，是研究当时政治意识、早期宗教与审美观的重要资料②。

对中国青铜器纹饰的关注研究是一个渐进的过程。早在宋代就有《考古图》《博古图录》等青铜器著作出现，对所收录的青铜盘有大小尺寸容量的描述，或者是对器物铭文的考释，较少涉及青铜盘上装饰的纹饰，若有也仅局限于个别纹饰的定名和考证，这种情况一直延续到明清时期。直到1934年郭沫若先生撰写《彝器形象学试探》一文，把中国青铜器时代分为滥觞期、勃古期、开放期和新式期四个时期，并且认为铭辞史实自述其年代，年代既明，形制与纹缋遂自呈其条贯也，又进一步在《两周金文辞大系图录考释》一书特别设《图编》，这部分专辑有青铜盘图像，把青铜盘的形制、纹饰和铭文结合起来，进行分期断代研究，开青铜器形制纹饰与铭文综合研究之先河。之后容庚先生在《商周彝器通考》一书中首次系统地阐述了青铜器上纹饰的各种类别及其时代特点，对青铜盘上出现的弦纹、鱼纹等纹饰的特征、流行时段等均有较为详细的描述。自此对商周青铜器纹饰的研究遂成为学界关注的重要课题之一，在以后的各种考古发掘报告、发掘简报和有关中国古代青铜器的研究专著中都有对器物纹饰的详尽描述和分析，全面而系统的研究青铜器纹

---

① 吴镇烽：《商周青铜器装饰艺术》，《考古与文物》1983年第5期。

② 李先登：《浅析商周青铜器动物纹饰的社会功能——以晚商周初兽面纹为例》，《中原文物》2009年第5期。

饰的论文和专著也逐渐增多。由上海博物馆青铜器组编的《商周青铜器纹饰》[①]是第一部关于中国古代青铜器纹饰的研究专著，广泛收集了当时所能见到的青铜器纹饰，书中对收录了一些商周青铜盘上常见的纹饰如涡纹、蟠龙纹、鱼纹，并对这些纹饰做了有新意的解释。日本赤冢仲曾对青铜盘上的纹饰做过研究，他认为青铜盘上的图像代表鲧和禹，是水之神，盘上的鸟、走兽与鱼象征着天、地、水，而数者结合在一起，意味着理想的天国[②]。

商周时期青铜盘上的纹饰题材和类型是比较丰富的，有各种几何纹饰、植物纹饰和多种动物纹饰，其中各种动物纹饰基本作为青铜盘的主题纹饰，几何纹样除了少量在商代作为主题纹饰外，大部分都是辅助纹饰，这些纹饰位于主题纹饰的周围，起到分割、补白和突显的作用。

几何纹饰是最原始的纹饰，是以单纯的点、线、圆形、方形、三角形等为基本要素，按照美的法则构成各种图案。几何纹在新石器时代仰韶文化的彩陶器上普遍可见，在龙山文化的陶器上，凹凸状的弦纹是最常见的一种几何纹。商周青铜盘上比较常见的几何纹有弦纹、联珠纹、雷纹、圆涡纹，而且基本上都是作为主题纹样的陪衬出现。

1. 几何纹

（1）弦纹，是最简单的几何纹，也是最早出现在青铜盘器表上的几何纹饰之一。商代早期的青铜盘腹部就出现了弦纹，也有见于青铜盘圈足上的。青铜盘上的弦纹有一弦、两弦、三弦和多弦不等，主要是与联珠纹等其他纹饰组合作为辅助纹饰装饰在青铜盘腹部，如陕西城固龙头村出土的青铜盘口沿下有三道弦纹，中间填饰联珠纹，圈足饰一周弦纹。也有少量青铜盘器表仅装饰弦纹，如黄陂盘龙城李家嘴M1出土的青铜盘口沿下饰两道弦纹。宝鸡茹家庄M2出土青铜盘上腹部饰一周凸弦纹（图7-1）。河南郑州安阳小屯M232出土的青铜盘口沿下就仅装饰有三道弦纹。弦纹构图简洁大方，在不经意间把人们的注意力吸引到青铜盘的腹部，而这个部位也正是人们通常视觉关注的聚点，纹饰效应可谓发挥到了最大极限。1976年江苏丹阳司徒窖藏出土的春秋早期青铜盘通体装饰凸弦纹，纹饰疏朗，简洁朴素，很有地方特色（图7-2）。总体来看装饰弦纹的青铜盘数量不多，可能是因为简单，所以很快被舍弃，在商代早期至春秋早期的青铜盘上一直被陆续使用。

（2）联珠纹，是由若干个小圆圈连续排列而成，根据装饰器物部位成排状或成圆形。联珠纹出现的时间很早，在二里头文化时期就有一件爵的腹部装饰有填实的联珠纹。商代早期的青铜盘上也已出现联珠纹，流行于商代晚期至西周早期的青铜盘上，

① 上海博物馆青铜器研究组：《商周青铜器纹饰》，文物出版社，1984年。

② 转引自杨晓能：《另一种古史》，生活·读书·新知三联书店，2009年。

不过，联珠纹常常是空心的小圆圈，装饰在青铜盘内底或盘外壁。青铜盘内的联珠纹每个圆圈通常要比盘外壁上的联珠纹个体大一些，而且盘内的联珠纹几乎都是环绕在盘内底涡纹外一周，或与涡纹组合填充在盘内龟纹的背部。1977年北京平谷刘家河商墓出土的青铜盘内线刻龟纹，龟背部有一圈由小到大的联珠纹。青铜盘外壁上的联珠纹通常都是作为主体纹饰带的上下边框，如1997年河南鹿邑出土西周早期兽面纹青铜盘腹部装饰夔龙纹，上下边框为联珠纹。作为主题纹饰装饰青铜盘的联珠纹很少，1981年陕西城固龙头村出土的商代早期青铜盘口沿下有两圈大小相同均匀分布的空心联珠纹，有很强的视觉效果，可以视为该盘的主题纹饰（图7-3）。一般来讲如果青铜盘内装饰涡纹或龟纹，联珠纹就有可能与之共出。尚未见联珠纹单独装饰在青铜盘内的，而青铜盘外壁上联珠纹作为主题纹饰也仅城固龙头村出土的这一件。西周早期以后青铜盘上的联珠纹比较少见了，只偶见于春秋早期的个别青铜盘的外腹上。

（3）圆涡纹，也叫涡纹，顾名思义，这种纹样的特征就是外呈圆形，沿内边伸出若干弧线做核心运动，恰是一个旋转的水涡。现在也有人称其为“火纹”，但仍有可商榷的地方，所以文中我们仍沿用旧称，称之为圆涡纹。在新石器时代晚期的屈家岭文化中的陶纺轮上就有两条宽而平的弧线，中心有圆圈，弧线条虽少，但与商周时期的涡纹基本形制大体无异。在仰韶文化郑州大河村遗址出土的陶片上也见有，只是中心无圈，形制已经和商周时期的圆涡纹很接近了。有无中心圆圈或圆孔就新石器时代的陶器而言，可能与其自身的实用功能有关。随着生产力的发展，青铜时代的到来，圆涡纹逐渐作为一种固定的装饰纹样流行起来，青铜器上的圆涡纹或许就是古人对原

图7-1　弦纹盘

图7-2　弦纹盘

图7-3　连珠纹盘

图7-4　涡纹盘

始彩陶图案规范化、定型化的产物。圆涡纹形制简单，不像兽面纹、龙纹和鸟纹这些商周时期非常流行的纹饰那样引人注目，但却是水器盘上比较多见的一类纹饰。

圆涡纹出现在青铜器上时间不但早，而且装饰的青铜器类也较其他纹饰丰富。商代早期就出现在青铜器上，只是数量少，器类单一，主要是酒器斝腹部和爵的菌状柱上装饰圆涡纹。商代晚期是圆涡纹的流行时期，装饰圆涡纹的青铜器类涵盖了食器、酒器、水器和兵器等；数量显著增多，据不完全统计商周时期装饰圆涡纹的200多件青铜器中属于商代晚期的就有84件，约占总数的41%；圆涡纹流行的地域扩大，早期圆涡纹仅见于河南郑州和湖北黄陂盘龙城，商代晚期范围扩大到辽宁、山东、山西、陕西、江西、湖南等地。青铜盘上的圆涡纹通常与联珠纹、龟纹和鱼纹等搭配在一起规范地阴刻于青铜盘内，这可能与盘内面积较大有一定关系。圆涡纹在与联珠纹和鱼纹搭配时，圆涡纹的位置均位于图案中心，之外环绕一周联珠纹或鱼纹，而与龟纹组合时则往往作为龟体的一部分填充在龟的背部。有时这几种纹样经常会组合在一起同时出现在一件盘底，如1977年北京平谷出土的青铜盘腹部装饰两道弦纹，盘内腹三条小鱼，盘底中心是圆涡纹，联珠纹环绕圆涡纹一圈。陕西城固出土的商代青铜盘内底圆涡纹的7条弧线很长，等距离绕中心圆圈旋转，外有一圈联珠纹。陕北清涧出土的鱼纹盘底刻划有蛙纹，蛙背中央填饰圆涡纹，6条弧线很长，等距离旋转，外绕一圈联珠纹。西周早期以后圆涡纹在青铜盘内底极少见到，只和四瓣目纹组合在一起出现在青铜盘腹部和圈足，是出于铸造工艺的考虑还是审美观念的改变不得而知。有的盘圈足上铸有逆时针旋转的五条弧线圆涡纹和龙纹（图7-4）。宝鸡竹园沟M13出土的父辛盘口沿下和圈足均饰有一周四组逆时针方向旋转的圆涡纹间四瓣目纹（图7-5）。

青铜器上装饰圆涡纹始于商代，又在商晚期发展到顶峰，应是商文化的一种体现。西周时期有的青铜盘上虽仍装饰圆涡纹，也只是文化上的一种继承和发展。

图7-5　涡纹盘

图7-6　绹索纹盘

图7-7　绹索纹盘

图7-8　绹索纹盘

（4）绹索纹，《尔雅》“绹，绞也”，注“纠绞绳索”。主要是作为辅助纹饰用来隔离或凸显其他主题纹样。大概在春秋中期的青铜盘上就已出现，流行于春秋晚期至战国早期的部分青铜盘上。河南淅川下寺春秋晚期墓葬群出土的7件青铜盘口沿下均饰有细密的蟠虺纹，紧接腹部饰一圈凸起的绹索纹作为蟠虺纹饰带的边框。有的青铜盘上腹部饰蟠虺纹，下腹部饰一周蝉羽纹，两种纹饰之间用绹索纹装饰起到分隔圈定的作用（图7-6～图7-8）。

2. 目纹

（1）斜角云雷纹，见于商代早期至西周中期的部分青铜盘上。陕西城固宝山出土的一件商代早期青铜盘内饰圆涡纹和联珠纹，外腹中部饰一周窄条形斜角云纹（图7-9）。宝鸡茹家庄一号墓出土的2件青铜盘口沿下及下腹部均饰两周粗线条斜角云雷纹饰带（图7-10）。守宫盘腹部饰窃曲纹，圈足上饰卷云纹和斜三角云纹（图7-11）。有时斜角云雷纹也与目纹组合，如宝鸡竹园沟四号墓盘口沿下饰一周很窄的斜角云雷纹和目纹相间的纹饰带（图7-12）。陕西长安花园村M17出土的青铜盘圈足上饰一周目云纹饰带。

（2）四瓣目纹，由目纹和四个尖圆状叶瓣组成，目纹居中，周围是四片叶瓣，出现于商代的青铜器上，常与圆涡纹、夔龙纹组合。到了西周早期青铜盘上也出现了四瓣目纹，基本上是和圆涡纹组合，装饰在青铜盘口沿或圈足一周，如宝鸡竹园沟M13出土青铜盘（图7-5）。

图7-9　斜角云纹盘

图7-10　斜角云纹盘

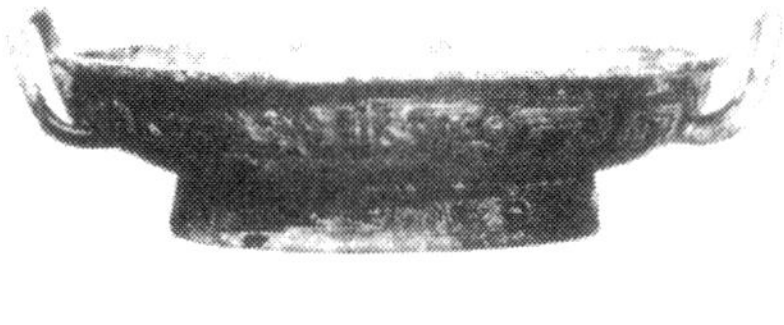

图7-11　守宫盘

图7-12　斜角云纹盘

3. 动物类纹饰

动物类纹饰是商周时期青铜盘上数量最多的一类，在商代青铜盘上常见的装饰动物纹有鱼纹、龟纹、蛙纹和蟠龙纹等，西周中期以后青铜盘上则普遍饰着变形和抽象的动物图案，如窃曲纹、夔龙纹、重环纹等。这些纹饰究竟只是一种单纯的装饰，还是承载着某种特殊含义目前学界观点不一。但是像涡纹、鱼纹、蟠龙纹、龟纹这些动物纹饰都属于水族类，多见于青铜盘内，而鲜见于其他青铜器上，恐怕与青铜盘的功能不无关系。

（1）鱼纹。自古鱼就被认为是一种吉祥之物。《易·中孚》有“豚鱼吉”之语；《诗经·小雅》有“南有嘉鱼”的篇章。鱼在古代文明中具有非常重要的意义。用鱼纹来装饰器物的历史很悠久，西安半坡村遗址中出土的彩陶盆上就饰有生动活泼的墨线鱼纹。在仰韶文化彩陶里，鱼是能带来复活和再生的神物，其后也作为富饶和生命力的象征，一直是重要的图案要素①。鱼种类繁多，又多产，所以在注重生育的古代，鱼还被视为生殖崇拜的对象，寓意着古人祈福子孙昌盛，多子多福的美好愿望。虽然商代早期的青铜盘上就已经出现鱼纹，但只一件，到了商代晚期才是鱼纹使用的高峰期，数量明显增多，约有33件，而且比较集中的出在河南安阳和陕北地区，西周以后又急剧减少，只在山东、安徽、河北、山西等地有零星出土。青铜盘上的鱼纹均装饰在盘内，首尾相连绕盘一周。偶有盘内出现一条鱼形（《集成》10018），此处可能是一种图像铭文。

商代青铜盘内的纹饰搭配似乎因地区不同而呈现出一些差异。陕北清涧出土的青铜盘内的鱼纹多与龟纹搭配，安阳出土的青铜盘上的鱼纹则多与蟠龙纹共存，也有与鸟纹、虎纹、涡纹共同出现在盘内的。鱼的形状有的做侧视形，脊上用短斜线表示脊鳍，以波纹表示鱼鳞，构图很简要。鱼纹的表现形式以线刻最多见，也有浅浮雕状的如旅盘内鱼纹、虎纹和鸟纹间隔环盘内一圈，盘中心是龟纹，鱼纹和鸟纹是浅浮雕状，虎纹是线刻形式，富有层次感，视觉差的运用使得这件旅盘格外引人注目。春秋战国时期的鱼纹有的形体活泼，写实性强；有的线条粗犷简明，图案性很强，如故宫旧藏的龟鱼纹盘（图7-13）和三门峡出土青铜盘（图7-14）。

（2）龙纹，是水族纹样中数量最多，出现时间最早，流行时间最长的一类。盘底装饰蟠龙纹的历史悠久，早在龙山晚期的山西襄汾陶寺遗址大型墓中出土的陶盘内就出现了蟠龙纹，龙体上的鳞纹与青铜盘内部的龙鳞纹几乎一模一样。

青铜盘上所见的龙纹有直体龙纹和卷体龙纹两种表现形式，青铜盘外壁和圈足上常见夔龙纹即直体龙纹，湖北盘龙城李家咀出土商代早期青铜盘口沿下就装饰有夔龙纹饰带，这种纹饰一直流行至春秋时期，到了战国时期比较少看到了。青铜盘内部常

---

① 金秉骏：《汉墓画像石题材间的有机联系——以桥上交战图为中心》，《艺术史研究》第9辑，中山大学出版社，2007年。

图7-13 龟鱼纹盘

图7-14 鱼纹盘

饰阴线卷体龙纹即蟠龙纹，始见于商代晚期青铜盘，出土地主要集中在河南安阳。蟠龙纹是身躯以呈正面或侧面的龙首为中心蟠卷成圆形填满整个盘底面积，有时在蟠龙身躯周围常填充一些小形龙纹、鱼纹或鸟纹等动物纹样，形状一般都很小，与蟠龙有鲜明的主次之分，有起到补白的作用。例如，殷墟妇好墓出土了两件青铜盘，其中一件盘内蟠龙首做正面，顺时针绕一周；另一件龙首呈侧面逆时针盘绕，龙首旁空白处填饰鱼纹、龙纹。浙江温岭琛山出土的青铜盘内蟠龙首部分呈高浮雕状[①]，高高昂起，超出盘口十厘米，龙口大张，露出尖状牙齿，面目十分恐怖。这件青铜盘高26、口径61.6厘米（图7-15）。试想古人在举行祭祀等礼仪活动时使用此盘会产生多么威严的效果。故宫旧藏有一件商代晚期青铜盘内由盘底沿内壁向口沿方向刻三条龙纹，龙首浮在口沿上，做浮雕状，龙体填饰菱形纹。

龙纹西周时期见于山东海洋地区出土青铜盘，春秋早期在河南三门峡、潢川、山东、安徽、江苏等地出土的青铜盘内也见有，流行区域较前有所增大，但数量远不及商代。这时的蟠龙纹图案性增强，如河南洛阳市润阳广场出土的春秋早期青铜盘，盘内饰蟠龙纹，龙首简化，躯体绕龙首三匝，紧贴盘口下有三条鱼纹[②]（图7-16）。战国

图7-15 蟠龙纹盘

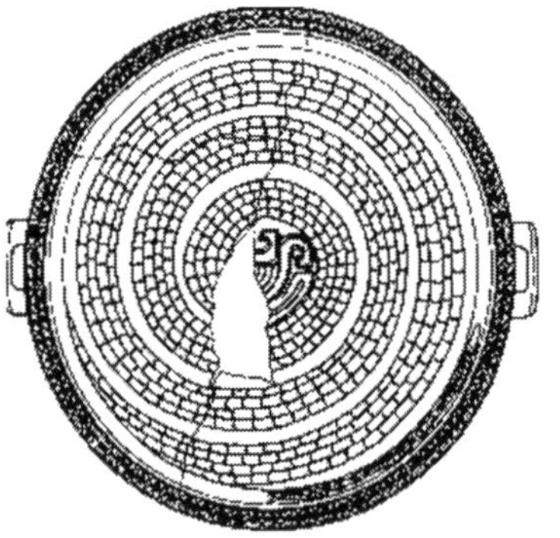

图7-16 蟠龙纹盘

① 李一等：《浙江温岭出土西周铜盘》，《考古》1991年第3期。

② 洛阳市文物工作队：《河南洛阳市润阳广场C1M9950号东周墓葬的发掘》，《考古》2009年第12期。

时期的青铜盘内已罕见。

在商代晚期至西周中期一些青铜盘的外底也见有卷体龙纹。这些卷体龙纹均由阳线雕成，龙首亦均呈侧面，躯体或顺或逆时针盘绕，大小几乎占满青铜盘整个外底面积。它们位置隐蔽，在青铜盘正常放置时很难被人发现，不能起到装饰青铜盘的作用，况且这些青铜盘器表均装饰有纹样，如美国范季融藏的一件商代晚期青铜盘腹部圈足饰夔龙纹；美国赛克勒美术馆藏的西周早期青铜盘器腹和圈足均饰兽面纹；日本西宫辰马悦旧藏西周早期青铜盘口沿下有联珠纹和蝉纹，圈足饰兽面纹；陕西泾阳高家堡出土的西周早期青铜盘，口沿下饰一周兽面纹，圈足为圆涡纹间四瓣目纹；北京保利艺术博物馆藏的西周早期夷曰盘，口沿下饰一圈浅浮雕蛇纹；山西曲村M6081墓出土青铜盘，口沿及圈足均饰一周蝉纹。以联珠纹为纹饰带的边栏，现藏于英国剑桥大学菲茨威廉博物馆的守宫盘，口沿下饰一周顾龙纹，圈足饰斜角云纹。这些青铜盘器表纹饰与外底龙纹风格和铸造工艺有明显不同，足以说明盘外底所铸龙纹是一种兼具铭文效用与纹饰外表的独特的视觉载体，可称之为“图像铭文”，它具有纹饰的外表，又有铭文的功能，与器表纹饰分担了史前纹饰的不同职责，主要承担了象征和铭文的功能①。除了上述卷体龙纹，青铜盘外底还会见到一些“十”字形和折线状等几何图案，它们均来源于商周青铜器器身纹样，与“图像铭文”有明显不同之处，可能主要是出于铸造工艺的考虑，帮助排气②。

（3）龟纹。龟是水族，存活的时间很长，在古代被认为是具有灵性的神物。龟甲壳被用来进行占卜，是商人非常珍贵的占卜原料，龟与蛇相配称作玄武，与青龙、白虎、朱雀构成古代的四灵，是汉代至隋唐时期墓室及墓志盖上常见的装饰题材之一。青铜盘上的龟纹流行于商代晚期，和鱼纹近同，龟纹似乎也主要出土在陕北、北京和河南安阳，而且总与鱼纹共同装饰在青铜盘内底。龟形往往不完全写实，只做出外壳表示龟的形象，龟的背部常常填饰圆涡纹或圆圈纹，有的边缘还绕一周云纹。西周以后的青铜盘几乎不见龟纹，可能与周人不再以龟甲作为主要材料占卜有关。龟纹也偶见于青铜盘外底，如上海博物馆藏的1件商代晚期青铜盘，与盘外底铸造的卷体龙纹一样具有纹饰和图形文字的双重特征。

（4）鸟纹。青铜器上出现鸟纹始于商代，形体都比较小，主要是作为辅助纹样填充在蟠龙纹、兽面纹的空白处。青铜盘上的鸟纹形体也都比较小巧，以三种形式出现在青铜盘上，一种是圆雕的形式伫立在盘口沿上，见有两只、四只和六只者。1977年北京平谷刘家河出土的商代晚期鱼纹青铜盘口沿上立有两只鸟形柱（图7-17）。1930年江苏仪征破山口出土了1件附耳盘，造型奇特，盘口沿呈椭圆形，盘高20.4、最大口径84厘米，是目前所知形制最为宏大的青铜盘，在靠近盘附耳处的口沿上立有四只小鸟，鸟高5.4厘米（图7-18）。传河南安阳出土，现藏于日本白鹤美术馆的商代晚期蟠

---

① 〔美〕杨晓能著、唐际根等译：《另一种古史》，生活·读书·新知三联书店，2009年。

② 张懋镕等：《商周青铜容器底部刻划初探》，《中原文物》2002年第2期。

图7-17　鸟柱盘

图7-18　四鸟盘

图7-19　旅盘

龙纹盘口沿上等距离立有六只圆雕立鸟，长喙翘尾。传世的旅盘口沿上也立有六只小鸟，短喙垂尾，显得精巧可爱（图7-19）。试想如果盘内盛水，口沿上的立鸟犹如在岸边，岂不颇有趣味？一种是作为辅助纹样和鱼纹、龙纹组合出现在青铜盘内，因为面积所限，基本呈尖喙短尾状。旅盘内的鸟纹与口沿上的立鸟形状类似，而上述蟠龙纹盘内的鸟纹则与其口沿上的立鸟形象相去较远，鸟纹已经有较长的花冠，身体细长，爪子锋利，尾巴也长，且有分尾的迹象。妇好盘内也装饰有鸟纹。再一种是装饰在青铜盘外腹或圈足上。《劫掠》收录的一件青铜盘上几处都有鸟纹，不同部位，鸟纹形状也不一样，盘口沿下的鸟纹只用简练的笔画勾出鸟的侧面形象，圈足上的鸟纹则以写实的手法展现鸟喙、鸟冠、羽翼和灵动的鸟尾。著名的西周墙盘腹部装饰一周花冠分尾凤鸟纹。总体而言，商代青铜盘主要是在盘内装饰鸟纹，而西周时期鸟纹则较多见于青铜盘外腹部。

上述蟠龙纹、夔龙纹、鱼纹、鸟纹、几何纹也会同时装饰在一件青铜盘上，如北京平谷刘家河出土的青铜盘，口沿上有两只立鸟形柱，盘内中心是一只龟纹，龟背由圆涡纹和联珠纹构成，龟纹外环绕一周鱼纹，圈足上饰一周斜角云纹。河南安阳小屯M259出土青铜盘内中心是阴刻圆涡纹，盘内壁上是一周鱼纹（图7-20）。传河南安阳出土，现在藏于美国弗利尔美术馆的一件蟠龙纹青铜盘，整器高12.3、口径32.4厘米，形制为敞口，折沿浅腹，口沿下饰一周龙纹带，其下又饰一圈倒三角形纹饰，圈足上为一周龙纹，盘中心饰带双角的蟠龙纹，龙首居中，身体蜷曲，龙身由连续方格菱纹和三角纹搭配组成，盘内沿饰三组鱼纹、龙纹和鸟纹。整器被装饰得精美绝伦，繁缛细密，以至于给人一种窒息的感觉，我们不得不为古人高超的工艺和巧妙的构思而感慨万分。妇好盘上腹部饰夔龙纹，龙体上下装点圈点纹，圈足饰顾龙纹，盘内饰卷体龙纹，龙体填充雷纹，卷体空白处填饰小型夔龙纹，内沿下是三组鸟纹、鱼纹和虎纹，近十种不同种类的纹饰和谐共处，相映增辉，把一件青铜盘装饰的满满当当（图

7-21）。类似的例子还有小屯M18出土青铜盘，盘内蟠龙纹龙首正面居中，躯干顺时针绕龙首一匝，中间填饰多重三角形、联珠纹及菱形图案，龙躯干外是一周三组龙纹、鸟纹和鱼纹（图7-22）。像这样多种纹饰共存的构图虽有比较鲜明的主次之分，但无排他现象，蟠龙纹外形最大，居于盘中，属主角动物纹，占据整个盘内面积，其他纹饰则作为配角填饰在龙体空白处或环绕在蟠龙周围。这种将多种纹饰置于一器的装饰风格是商周时期青铜器装饰的流行风格。

图7-20　鱼纹盘

图7-21　妇好盘

这些现实生活中存在的普通动物以及幻想中的龙，除了具有修饰美化器物本身的价值外，在“国之大事，在祀与戎”的商周时期还被赋予超自然的力量而具有了神性，在贵族祭祀鬼神时充当着沟通人神、人鬼的媒介作用，这也许是商周青铜器上纹饰最重要的作用。张光直也认为商周青铜器上的动物纹样可以协助巫觋沟通天地之用。《礼记》有文：“夏人遵命，事鬼敬神而远之，殷人遵神，率民以事神。”

图7-22　蟠龙纹盘

（5）蝉纹。商周时期的青铜盘上所见蝉纹都是以连贯一圈的形式装饰在盘口沿或圈足部位，后来文学上所用的“蝉联”一词或许与此有一点关系。《荀子·大略》“饮而不食者蝉也”，蝉因这种高洁品质向来是文人骚客所赞颂的对象。陆机《寒蝉赋·序》对蝉的评价“夫头上有緌，则其文也；含气饮露，则其清也……君子则其操，可以事君，可以立身，岂非至德之虫哉”。蝉的雏形为爬虫，生活在泥沼之中，

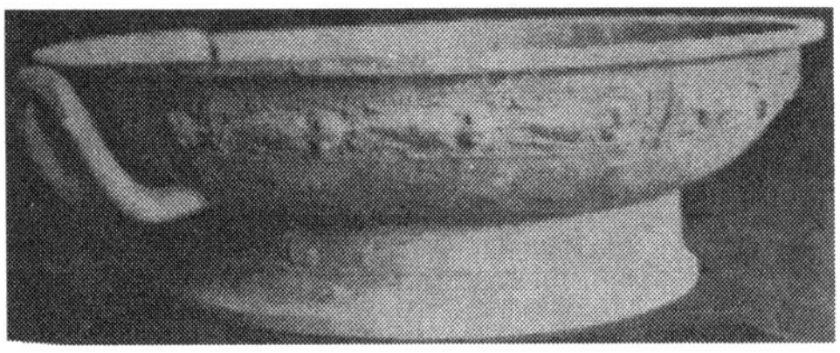
图7-23　蝉纹盘

却能脱壳生羽，在古人看来无疑是件神奇之事。“对统治者、权贵而言，它象征着权力与财富的永世传递，寄托着古人对死后重生永恒的梦想。”青铜盘上的蝉纹出现在西周早期，都是作为主题纹饰横向依次绕盘口沿或圈足排列一圈。例如，陕西长安花园村M17出土青铜盘口沿下饰一圈呈浅浮雕状的蝉纹①（图7-23）；1955年辽宁喀左马厂沟出土的青铜盘②和山西曲村出土的戈盘，口沿下和圈足上均饰一周浅浮雕蝉纹，戈盘上的蝉纹一组四个，以兽首隔开，两两相对，上下还有联珠纹作边栏。蝉纹形体短小，青铜盘腹部及圈足面积窄长，比较适合装饰蝉纹。

（6）兽面纹。1976年河南安阳小屯十八号墓出土的龙鱼纹盘的高圈足上装饰兽面纹三组，鼻梁窄细，椭圆形双目凸出器表，卷云纹构成细长的肢体躯干。山西石楼桃花坡出土青铜盘圈足上饰兽面纹。但总体来看青铜盘上的兽面纹数量相对很少，在我们所搜集的几百件青铜盘上，装饰兽面纹的青铜盘数量不到1/10，这与青铜盘的器形特征、时人的审美观念有关。兽面纹是整个殷商乃至西周早期最常见最盛行的纹饰，作为主题纹样装饰于商代绝大部分青铜器上，在器表上占的尺寸最大，如果和其他纹饰共存，总是位于纹饰的最中心位置。它凝重甚至狰狞的面目最能体现商文化浓厚的宗教气氛，需要像青铜鼎腹部这样有相对较大的平面，才能完全展示出兽面纹，平视就可以充分观看到的器类。在商代的爵、尊、方壶、彝、鬲等腹部面积较大的器物上也会经常装饰三组或四组占满腹部面积的兽面纹。相比之下青铜盘很显然不是装饰兽面纹的最佳对象，盘腹面积相对太小，又斜收而下，人们目光直视的焦点面积不大，更适合装饰窄条形的纹饰带。另外，青铜盘作为水器的特征明显，除了兽面纹以外可供选择的其他装饰纹样种类相对较多。

（7）窃曲纹。《吕氏春秋 · 适威篇》有“周鼎有窃曲，状甚长，上下皆曲，以见极之败也”的记载，随之沿用至今。张光直称之为“龙源几何形纹”。它是龙形的变体，躯干拉成带状，首尾卷曲，单独或与重环纹、环带纹、斜角云纹、垂鳞纹等同时装饰青铜盘，搭配形式一般都是青铜盘腹部饰窃曲纹，圈足则为垂鳞或环带纹，如鲁伯愈父盘、鲁伯者父盘、毳盘等（图7-24～图7-26）。西周中期青铜盘腹部就出现了窃曲纹，但并不多见，陕西临潼零口出土的衔环耳青铜盘口沿下有一周窃曲纹饰带。西周晚期至春秋早期是青铜盘口沿下最常见的纹饰之一，这时期青铜盘腹部变浅，目光环视盘外腹呈带状，窃曲纹很适合装饰在盘腹部目光焦点处。所以这时期流行的窃

① 陕西省文管会：《西周镐京附近部分墓葬发掘简报》，《文物》1986年第1期。

② 热河省博物馆筹备组：《热河凌源县海岛营子村发现的古代青铜器》，《文物参考资料》1955年第8期。

图7-24　鲁伯愈父盘

图7-25　鲁伯者父盘

图7-26　䵼盘

曲纹多被装饰在这个所谓的重点部位。西周中期是凤鸟纹的流行时期，故墙盘腹部饰鸟纹，圈足则饰窃曲纹。

（8）重环纹，是以类似龙蛇躯体上的鳞片纹组成的图案，容庚《殷周青铜器通论》中称之为“方形环”，其形状与上述之鳞纹相比有共同的特征，所以在有的文章中直接把重环纹划归为鳞纹一类。与窃曲纹一样重环纹也流行于西周晚期至春秋时期附耳青铜盘上，但数量远不及窃曲纹。半环耳和鋬耳盘上偶见。重环纹也装饰在盘口沿下和圈足上，青铜盘口沿下的重环纹均是横向封闭排列一周，而圈足上的重环纹一般则呈纵向半开放排列，习惯上称之为鳞纹，如扶风庄白青铜器窖藏出土青铜盘口沿下一周重环纹（图7-27）。还有像“它”盘口沿下的重环纹是一个小圆形和一个稍大的圆角方形两种重环纹间隔排列的，这种组合在青铜盘圈足上似很少见。上海博物馆收藏的郑伯盘造型独具匠心，圈足上的镂空状鳞纹，一虚一实的构造为青铜盘造型增色不少，除了装饰效果上的考虑外，在铸造工艺上可能也是为了节约铜料（图7-28）。西周晚期至春秋早期是重环纹最流行的时期，常与鳞纹、弦纹同时装饰青铜盘，通常重环纹装饰部位在青铜盘口沿下，鳞纹和弦纹则装饰在圈足上。窃曲纹、重环纹和鳞纹自西周中晚期出现后就被大量的装饰在西周晚期至春秋早期的多种青铜器上，是周文化在青铜器上的重要体现。

图7-27　重环纹盘

图7-28　郑伯盘

4. 人物画像类纹饰

春秋战国时期是文化史上繁华绚丽的黄金时期，青铜器上的纹饰开始逐渐摆脱图案化的规律，趋向活泼形象地描述日常生活中的事物。装饰工艺的发展促生了一种全新的人物画像类纹饰出现，这类纹饰内容新颖活泼，令人耳目一新，目前见于槌制的青铜盘和青铜匜底部。由于铜有较强的可塑性，可以在加热到一定温度后锻打成器皿，所以到了春秋晚期至战国中期随着青铜器的铸造和加工工艺的不断发展，出现了一类槌制青铜器。这类青铜器器壁极薄，厚度一般不超过1毫米，故出土时多残破。整个画面的内容非常丰富，有人物手持弓箭射猎飞鸟的日常生产生活场景，有宾主飨饮画面，表现为仆佣手捧盛满食物的豆献给端坐的主人，也有人物手持矛戈和人头的战争场面。这种纹饰是利用锐利的刻刀，在盘底錾凿出一个个呈头粗尾细的楔形小点，连接为线条而构成的。所刻人物栩栩如生、惟妙惟肖，刀法之高超，技艺之精湛，令人叹为观止。需要指出的是，在古代像宴饮、狩猎、祭祀等活动都被认为是贵族生活中重要的礼仪活动。《左传 · 桓公十一年》"夫民，神之主也，是以圣王先成民而后致力于神。"

江苏淮阴高庄战国墓出土的7件线刻人物画像衔环耳青铜盘，均残破，复原了三件。其中1∶3盘内壁线刻山林、神人异兽，上下以绹索纹作为边框，紧连着是重三角形纹，盘底线刻纹饰分三区，以绹索纹相间隔，最外为一周十条相互缠绕的蛇纹，中间为五条首尾相随的龙纹，中心线刻轮环纹。1∶27盘残片内壁线刻纹饰有宫殿式楼宇，楼外树梢间有红日，屋前有奔兽，兽前放置一瓶，悬二磬，磬下有一人做击打状。楼宇内的人皆戴高冠，着窄袖袍服，各执一瓶，有的面相向，有的同一方向，内容可能是一个宴饮场面。1∶48盘底也是蛇纹，但盘壁有多处人牵马及执瓶跪拜内容，或许正是古人举行祭祀的一个写实场面。1∶0144和0145青铜盘残片线刻内容为赶鸭和插禾苗的场景。1∶0146青铜盘残片外壁口沿下绹索纹和三角形纹之间刻划异兽，一人两手各执一条蛇。内壁刻划多种动物，神人和树木，盘底纹饰与前述青铜盘相类似，主要是龙纹、蛇纹及龟纹水族动物纹样（图7-29，图7-30）。同出的匜、盆、箅上也有各种刻划图案。这类青铜盘主要出土在江苏地区，淮阴高庄墓地一次出土数量如此之多，刻划内容如此丰富的战国青铜盘实属罕见，反映出较为浓厚的地域特色。江苏镇江出土1件环耳盘内中心是互相缠绕的蛇纹和环状图案，外围刻画鱼、鸟、兽形象及亭台宴乐、狩猎、劳耕场景（图7-31）。在河南陕县后川东周墓出土的一件碎为若干残片的环耳盘内壁上也刻有此类图案，由于残损严重，构图难以连贯，图案意图亦不甚明了①，仅从残片上可见的图案内容有树木、鸟兽以及捕猎场面，有悬挂编钟编磬的台榭式重楼建筑和持豆向鼎、抚琴起舞的宴饮场面，刻纹线条细如毫发，刀工熟练，放大观察，某些线条不连贯，是由一刀一段连续刻成的。

---

① 中国社会科学院考古研究所：《陕县东周秦汉墓》，科学出版社，1994年。

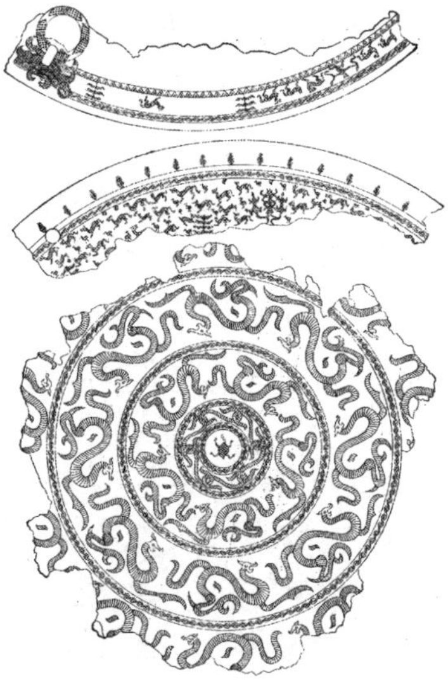

图7-29　人物画像纹

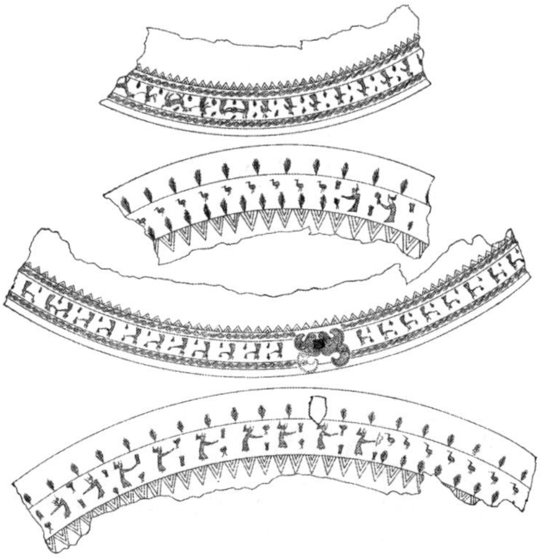

图7-30　人物画像纹

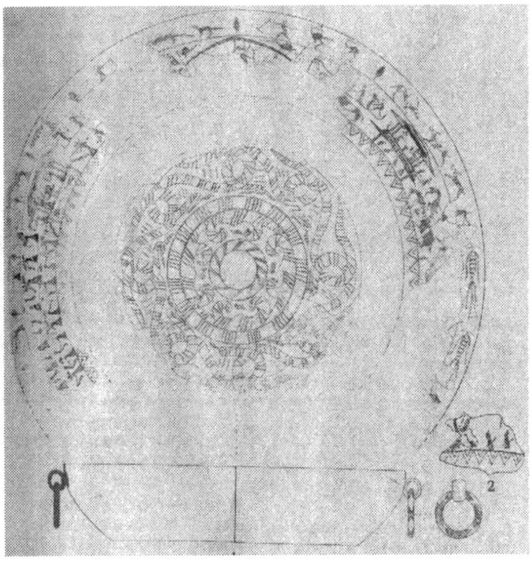

图7-31　人物画像纹

虽然现存资料并没有丰富到足以对青铜盘上具体的纹饰给出确切的含义解释，但通过以上所做的简单考察，发现青铜盘上的纹饰还是体现出一定的特点。例如，纹饰种类一般在两种或两种以上，有些青铜盘甚至会共存5～10种装饰纹样，如山西石楼桃花庄出土青铜盘上有五种纹样，腹部为很窄的目雷纹饰带，上下有联珠纹作为边框，圈足饰兽面纹，盘内底阴刻圆涡纹，外环绕一周鱼纹①。小屯M259出土青铜盘上装饰有联珠纹、夔龙纹、兽面纹、圆涡纹和鱼纹五种纹样②。北京平谷刘家河出土的一件青铜盘外壁饰弦纹，内饰鱼纹、圆圈纹和圆涡纹四种纹样③。安阳小屯妇好墓出土青铜盘上则有不同形状的龙纹、鸟纹、鱼纹和几何纹等近十种纹样。由于青铜盘作为水器的属性及其器形特征，商代尤其是商代晚期的青铜盘内部比较流行装饰鱼纹、龟纹和蟠龙纹等可以呈环状排列或团状布置的水族动物纹

① 谢青山、杨绍舜：《山西吕梁县石楼镇又发现铜器》，《文物》1960年第7期。

② 中国社会科学院考古研究所安阳队：《殷墟259、260号墓发掘简报》，《考古学报》1987年第1期。

③ 北京市文物管理处：《北京市平谷县发现商代墓葬》，《文物》1977年第11期。

饰，而外壁和圈足上则多饰以呈环带状的弦纹和斜云纹。即便是需要较大面积的兽面纹，为了适应青铜盘器形特征也做了较大改变而简省变形成窄条形出现在盘口沿下或圈足上，从而使纹饰和青铜盘器形保持一定程度的和谐，达到形制美和纹饰美的完美统一。西周时期特别是西周中期以后青铜盘内水族纹饰明显少见，而铭文逐渐多见，但在山东、河南、江苏等地出土的少量春秋早期青铜盘内部还见有水族纹饰。这一时期青铜盘外表以窃曲纹、鳞纹和重环纹最为常见，这三种纹饰两两组合，常同时出现在一件青铜盘上；春秋早期以后青铜盘上窃曲纹和重环纹有减少的趋势，蟠螭纹和蟠虺纹逐渐增多；战国时期的青铜盘则以素面为主流。

图7-32　无耳盘

当然，青铜盘上的纹饰绝不仅仅只有以上所记几种，还有蛇纹、虎纹和一些不易命名的纹饰，因其数量较少及不可考等原因而在本节中省略，如河南安阳侯家庄西北冈M1400出土青铜盘腹部饰一周由短线纹、勾纹和类似重环纹的纹饰组成的纹饰带，比较独特（图7-32）。

第二节　铭　　文

古代贵族在青铜器上铸刻铭文有明确的功利目的，主要是显扬祖先，以体现子孙孝心。《墨子 · 非命》“书之竹帛，镂之金石，琢之盘盂”，《战国策 · 赵策》“三分赵国，壤地著于盘盂”，《吕氏春秋》有“功名铸于盘盂”的记载，《墨子 · 鲁问》：“攻其邻国、杀其民人，以为铭于钟鼎，传遗后世子孙。”大凡对上帝的崇拜、建国的功烈、诸侯的分封、拜官赐命、征伐纪功、献俘大典等皆铸之于铭文，以荣耀于当世，传之于子孙，作为世家宠荣的护身符。尽管如此，青铜盘上的铭文并不是自盘一出现就伴其左右，而是体现出从无到有，由少到多，又由多到少的变化轨迹和一定的时代特点。

虽然青铜盘出现的很早，但商代早中期的青铜盘上至今尚未见有铭文，直至商代晚期青铜盘上始出现数量少，篇幅短，通常1～4字不等的铭文。我们在《殷周金文集成》中收录的168件有铭青铜盘的基础上做了简单统计，商代有30件，只占到总数的1/10。其中1字铭文有9件，2字的13件，3字的7件，4字的1件。西周早期有铭青铜盘数量有所增多，但不明显。西周中期以后是青铜盘上铭文的大发展期，长篇铭文大量出现，传世的如虢季子白盘111字、散氏盘357字，考古发掘出土的西周时期著名的史墙盘276字，特别是2003年陕西眉县杨家村窖藏出土的逨盘洋洋洒洒372字，篇幅字数仅次于清代出土的毛公鼎，成为新中国成立以来发现的铭文最长的西周青铜器。这都是商代青铜盘上铭文远不能比的，即便整个东周时期的青铜盘上也没有见到铭文篇幅超过西周的。《殷周金文集成》中收录铭文字数在20字以上的西周中期青铜盘有6件，西周晚期青铜盘有12件，整个春秋时期的青铜盘有19件，战国时期青铜盘1件，其中50字以上青铜盘总共有5件，西周就占了4件，其中中期3件，西周晚期1件，而春秋晚期只有1件。

与其他水器比较而言青铜盘上铭文相对较多，而且铭文大多位于青铜盘腹内，少见于口沿内外、圈足内外壁等其他位置。如果腹内没有纹饰则铭文一般位于盘内正中，若盘内底有纹饰，二三字数的铭文的位置则多嵌在纹饰中的空白处，与纹饰合为一体。这种情形主要见于商代青铜盘，如妇好盘、旅盘等（图7-33）。安阳大司空村M539出土的青铜盘铭文在外底是个特例[①]。西周青铜盘上的铭文则很少出现此种布局。盘上铭文绝大部分都是遵循从右至左行文顺序，如休盘（图7-34），也有少数铭文行文是从左至右的起始顺序，如西周晚期的汤叔盘（《集成》10155）、春秋时期的曾子伯𧧊盘（《集成》10156）。还见有番君盘（《集成》10136）可谓独具匠心，铭文是依次环绕盘龙躯体一周，巧妙地处理了纹饰和铭文之间的分配关系（图7-35）。个别时代较晚青铜盘上的铭文会出现在青铜盘的其他位置，如战国晚期的楚王酓忎盘铭文分两部分，一部分刻在盘口沿上，另一部分则刻在盘外腹上。

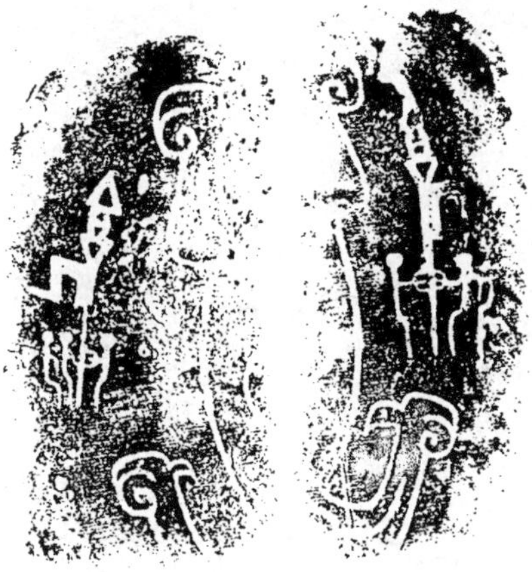

图7-33　旅盘铭文

图7-34　休盘

图7-35　番君盘铭文

商代至西周早期部分盘上铭文的行次排

① 中国社会科学院考古研究所安阳工作队：《1980年河南安阳大司空村M539发掘简报》，《考古》1992年第6期。

列不够规整，基本是竖成列而横不成排，字体大小也不均匀。西周中期盘上铭文总体上显现出一种规范整洁的风貌，笔画向线条化发展，字体质朴端庄，字划无波折，两端平齐如圆箸，可称为标准的“玉箸体”，以史墙盘铭文为代表（图7-36，图7-37）。西周晚期盘上铭文布局工整，字形大小相近，笔道秀劲有力，字体呈长方形，如虢季子白盘铭文（图7-38），行次宽松，字迹刚劲，字划匀称，结体竖长，结构工稳，字体呈现出崭新的艺术风格，章法上纵横成行列，无可挑剔，这种风格一直延续到春秋时期[①]。与已知的春秋时期秦国文字有某些共同特征，成为探寻秦国文字形体来源的重要资料[②]。春秋战国时期的青铜盘很多是由各诸侯国贵族制作，铭文自然就会呈现出一定的地域特色。曹公盘铭文（《集成》10144），字形典雅，行列整齐，整篇文字显得端庄凝重。蔡侯盘铭文字形颀长，笔画细劲，笔端或蜿蜒状，具有较强的装饰性。楚

图7-36　墙盘

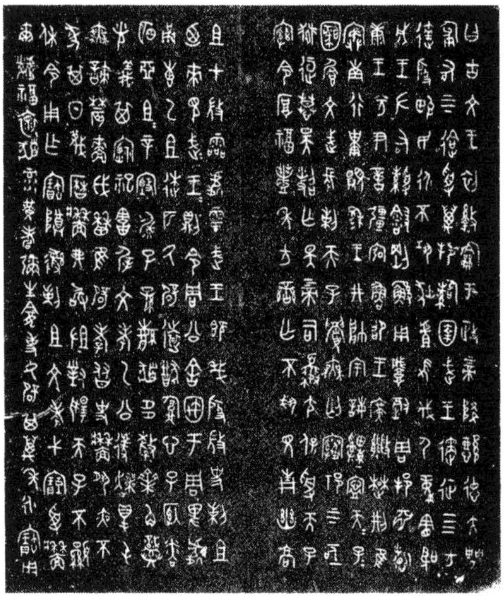

图7-37　墙盘铭文

图7-38　虢季子白盘铭文

① 周晓陆：《汉字艺术》，贵州人民出版社，1997年。

② 朱凤瀚：《古代中国青铜器》，南开大学出版社，1995年。

王禽忐盘铭文（《集成》10158）形体扁平，笔画较短且多弧笔，显得松散草率。

商代晚期青铜盘上的铭文内容简单，主要是器主名、日名或族徽，如父甲盘（《集成》10038）是族徽“举”与日名“父甲”结合的形式。舟盘（《集成》10017）上“舟”字和鱼盘（《集成》10018）上“鱼”字及◇癸盘（《集成》10032）上的“◇癸”都是以图形文字的形式体现出的族徽。类似的还有亚址盘和鼓寝盘等（图7-39）。妇好盘内位于蟠龙纹龙首两侧的图形文字是起到一种标识器主的作用。西周早期仍继续商代这种篇幅短小内容精简的特点，中期以后铭文内容逐渐丰富起来，“有为自作者，有为父作者，有为妇作者，有纪伐玁狁之功而作者，有纪正疆界而作者，有为战获兵铜而作者，有锡金而作者，有为锡卤而作者，有锡衣市等而作者”①，除了以上几种外，还有“女自作者，子为母作者，母为女作者，父为女作者”②。“母为女作者”和“父为女作者”的青铜盘都是为女儿陪嫁而作。春秋时期王室衰微，诸侯之间为了巩固势力，常用联姻来拉拢关系，故盘上铭文内容简单，以联姻最为多见，如鲁伯者父盘铭“鲁伯者父作孟姬嫞媵盘”。也有自作器的如鲁司徒仲齐盘铭文“鲁司徒仲齐肇作盘，其万年永宝用享”（图7-40）。

图7-39　亚址盘和鼓寝盘内铭文

商代早期青铜盘腹内多被蟠龙纹、鱼纹、圆涡纹等水族纹饰占据，商代晚期即便有铭文的青铜盘也多以陪衬的形式出现在盘内纹饰的空隙处，二者相比，在青铜盘上装饰各种纹饰似乎要比铸刻铭文重要得多。西周中期以后，周文化形成，与商人不同，周人朴实尚文，青铜盘上的纹饰一改商代的神秘诡异，纹饰日益抽象规范简省，与此同时，青铜盘上流行铸造长篇铭文。在周人的眼中，铭文的重要性大约超过它的艺术欣赏价值，所以有些长篇铭文的青铜器是不饰或少饰纹饰的③。孔子也曾说过“郁郁乎文哉，

① 容庚：《商周彝器通考》，燕京出版社，1941年。

② 陈昭容：《从古文字材料谈古代的盥洗用具及其相关问题》，《“中央”研究院历史语言研究所集刊》，1999年。

③ 李学勤：《中国青铜器全集·序》，文物出版社，1993年。

图7-40　鲁司徒仲齐盘铭文

吾从周”，周人尚文的特点或许也是西周以后盘上铭文多见的一个原因。

青铜盘上长篇铭文多见与青铜盘自身的形制变化抑或有一定关系。商代青铜盘的形制都是圆腹斜收成平底或圜底，盘底面积较小。西周中期后青铜盘腹逐渐变的较浅，腹壁较直，盘底平阔，面积较前增大，最适合铸造长篇铭文。像墙盘、逨盘、兮甲盘等这些长铭青铜盘都出现在西周中晚期。青铜盘较小的外表面积虽然使腹部的装饰受到一些限制，但它宽敞平缓的内表面积却为铭文的铸造提供了极好的条件，而且字铸好后也便于阅读。据笔者不完全统计，商周时期的有铭青铜盘约占青铜盘总数的38%，且几乎都在盘内，说明古人正是利用了青铜盘的这一优点。

一般来讲，有铭文的青铜器都是器主生前相当重视或珍爱之物，在形制纹饰方面要明显比其他青铜器精致。像逨盘器形宏大，器通高20.4、口径52.6厘米，腹部四耳比较独特，除了一对附耳外，还有一双兽首衔环耳，耳上纹饰刻划得也非常精细。

此外，青铜盘上多见铭文也和水器盘在所出青铜礼器群中的地位较高有关。从出土青铜盘统计表来看，出土有铭青铜盘的墓室面积一般都在10平方米以上，随葬器物组合也都比较完整。例如，宝鸡強国墓地茹家庄M1、竹园沟M4和M13食器、酒器、水器俱全；茹家庄M2出土的青铜盘虽无铭文，但此墓也无酒器，而是以食器和水器为主，可以看出在传统酒器日趋衰落的同时，水器的地位，尤其是青铜盘大大提高，成为礼器组合中非常重要的一部分。仅就水器而言，包括盘、匜、鉴、盆等，青铜盘出现的时间最早，流行的时间最长，衰落的过程最慢，历经数代变迁，成为水器中的核心分子。综上所述，青铜盘上较多见铭文也就是很自然的事了。但是我们必须注意到没有铭文的青铜盘还是要比有铭文的青铜盘数量多得多。

第八章　青铜盘的成分分析及铸造工艺

第一节　青铜盘的成分分析

铜的熔点是1083℃，在铜中加入适量的锡，可以降低熔点、增强硬度。青铜器可以分为类青铜（或称为纯铜或类纯铜）、锡青铜（或称为铜锡二元合金）、铅青铜（或称为铜铅二元合金）、铅锡青铜（或称为铜锡铅三元合金）四种。

早在春秋年间，齐国的官书《考古记》中，就有一段关于青铜器合金成分的记载："金有六齐：六分其金而锡居一，谓之钟鼎之齐。"[①]齐即剂，是指量的多少，钟鼎之器，就是指青铜乐器与容器，也包括了盘这种容器。从科技角度对青铜器合金成分的分析，始于20世纪20年代。1928～1929年殷墟遗址第1～3次发掘时，曾出土少数小件青铜器，李济就曾请人对青铜器成分进行过分析[②]。20世纪70年代之后，有关青铜器成分测定的研究逐渐增多，目前已经积累了一定的资料，虽然涉及青铜盘成分的分析相对较少，但是对于我们认识商周时期青铜盘的成分，已经提供了相当重要的资料。以下我们将逐一梳理现有的研究成果。

一、商　　代

青铜盘自商代早期开始出现，有关青铜盘的合金成分的测试研究较少，仅河南郑州向阳回族食品厂、湖北黄陂盘龙城、四川广汉三星堆遗址出土的3件青铜盘经过成分测定，其成分分析如表8-1所示。

---

① 现代学者对这段话的理解并不一致，有些人认为是指青铜合金六等分，铜占五分，锡占一分，铜锡之比为5∶1（梁津：《周代合金成分考》，《科学》1925年第10期）。有些人认为是指将青铜合金分为七等分，铜占六分而锡占一分，铜锡之比为6∶1（陈梦家：《殷代铜器》，《考古学报》1954年第7期；郭宝钧：《中国青铜器时代》，三联书店，1963年）。也有一些人从科技角度对《考工记》进行研究，（吴来明：《"六齐"、商周青铜器化学成分及其演变的研究》，《文物》1986年第11期）。关于"六齐"的研究很多，可以参考苏荣誉等：《中国上古冶金技术》292～307页；朱凤瀚：《中国青铜器综论》730～743页的相关综述。

② 李济：《殷墟铜器五种及其相关问题》，《庆祝蔡元培先生六十五岁论文集》，中央研究院历史语言研究所，1933年。

表8-1　郑州向阳回族食品厂、盘龙城、三星堆3件青铜盘成分测定

序号	遗址	器物号	取样部位	含量（%）			年代	备注
				铜	锡	铅		
1	向阳食品厂①	素面盘H1：7	不详	86.37	10.91	0.69	早商	残重7.5千克
2	盘龙城②	M2：1	不详	86.8	13.1	0.1	早商	
3	三星堆③		不详	67.3	中等或低	高	晚商	

向阳食品厂和盘龙城遗址出土的青铜盘属于含锡量中等的锡青铜盘；三星堆遗址出土的青铜盘则是高铅、含锡量中等或较低的铅锡青铜，这件青铜盘也是三星堆祭祀坑所测试的7件铜容器中唯一一件高铅的铅锡青铜。

二、西周时期

西周时期经过成分分析的青铜盘共有5件，成分如表8-2所示。

表8-2　西周时期5件青铜器成分分析

序号	遗址	器物号	取样部位	含量（%）			年代	备注
				铜	锡	铅		
1	竹园沟	BZM13：25	圈足底沿内侧	74.2	10	15.3	西周早期	
2	茹家庄	𢐗伯盘BRM1乙：1	圈足底沿	79	15.6	/	西周中期	
3	茹家庄	BRM2：15	圈足底部残片	81.6	11	2.5	西周中期	
4	天马曲村④	M5150：5				43.54	西周中期偏早	
5	弗利尔博物馆收藏⑤	11.35	圈足	71.6	9.20	23.8	西周晚期	属中原系统

---

① 河南省文物研究所、郑州市博物馆：《郑州新发现商代窖藏青铜器》，《文物》1983年第3期；河南省文物考古研究所等：《郑州商代铜器窖藏》，科学出版社，2006年。

② 湖北省文物考古研究所：《盘龙城——1963~1994年考古发掘报告》附录一，文物出版社，2001年。

③ 金正耀等：《广汉三星堆祭祀坑青铜器的化学组成和铅同位素比值研究》，《三星堆祭祀坑》“拾. 附录”，文物出版社，1999年。

④ 北京大学考古系等：《天马—曲村（1980~1989）》，科学出版社，2000年。

⑤ The Freer Chinese Bronzes VOL.1. Washington ,1967. 转引自商志𫐐：《苏南地区青铜器合金成分的特色及相关问题》，《文物》1990年第9期；苏荣誉等：《中国上古金属技术》，山东科学技术出版社，1995年。

在上述5件青铜盘中，锡青铜1件，即強伯盘BRM1乙：1；铅青铜1件，天马曲村的M5150：5。其余3件青铜盘均为铅锡青铜。竹园沟M1325盘、弗利尔博物馆收藏的11.35，都属于含锡量中等、含铅量高的铅锡青铜；茹家庄BRM2：15是一件含锡量中等、含铅量较低的铅锡青铜。

铜中加入铅主要是为了降低合金熔点，增强熔化的青铜液的流动性，以达到器表光洁、纹饰细腻的效果。但研究也表明，当铅的比例超过10%或15%后，会因为铅在铸件中分布不均匀，影响青铜器的质量①，造成青铜器色泽变得白洁，而且趋于脆软。而含铅量过大的器皿，也对人体有危害。竹园沟的BZM13：25盘和弗利尔博物馆收藏的青铜盘，铅的含量就有些过高。而天马—曲村的M5150：5盘铅含量高达43.54%，应该是明器而非实用器。

青铜器高铅的原因，有人解释为因为锡料匮乏，为了节省锡料而添加高量的铅，也有人认为是出于铸造精细纹饰的需要②。

三、东周时期

东周时期的青铜盘，经过成分分析的如表8-3所示。

表8-3　东周时期青铜盘成分分析

序号	遗址	器物号	取样部位	含量（%）			年代	备注
				铜	锡	铅		
1	虢国墓地③	M2008：9	腰部靠上	不详	12.9	6.8	春秋早期	
2	虢国墓地	M2013：6	腹部	不详	4.7	13.7	春秋早期	
3	淅川下寺④	M7：2	足	68.1	11.86	20.1	春秋中期	楚墓
4	淅川下寺	M10：41	足	74.51	13.81	7.78	春秋晚期	楚墓
5	淅川下寺	M11：6	不详	84.93	12.67	2.23	春秋晚期	楚墓
6	镇江谏壁镇王家山⑤	36号	不详	68.3	17.51	13.5	春秋晚期	
7	陕县后川⑥	M2040：7	不详	77.95	8.60	8.15	东周	
8	陕县后川	M2040：76		83.03	13.50	1.84	东周	
9	曾侯乙墓⑦	C．38	透空附饰	83.1	0.1．	16.7	战国早期	

① 朱凤瀚：《中国青铜器综论》，上海古籍出版社，2009年。

② 马承源：《中国青铜器》，上海古籍出版社，1988年。

③ 河南省文物考古研究所等：《三门峡虢国墓》（第一卷），文物出版社，1999年。

④ 李敏生：《淅川下寺春秋楚墓部分金属成分测定》，《淅川下寺春秋楚墓》附录三，文物出版社，1991年。

⑤ 镇江博物馆：《江苏镇江谏壁王家山东周墓葬》，《文物》1987年第12期；曾琳等：《苏南地区古代青铜器合金成分的测定》，《文物》1990年第9期。

⑥ 李敏生：《先秦用铅的历史概况》，《文物》1984年第10期。

⑦ 湖北省博物馆：《曾侯乙墓》，文物出版社，1989年。

此外，2006年罗武干等发表了对荆门市沙洋县五里铺镇左冢楚墓出土青铜器之合金配方所做测定的结果，墓葬年代在战国中期晚段。被测定的8件青铜容器中，有一件盘，属于高锡的三元青铜[①]。

以上经过成分分析的9件青铜盘中，陕县后川M2040：76是锡青铜，曾侯乙墓C.38是铅青铜，其余8件均为铅锡青铜。在这8件青铜盘中，高锡的青铜盘有2件，即王家山36号、左冢楚墓的青铜盘；高铅的青铜盘有1件，即下寺M7：2盘。其余铅锡青铜盘中，铅锡的比值相差不大。

至此，我们可以将商代到东周铅锡青铜盘比例表示如图8-4。

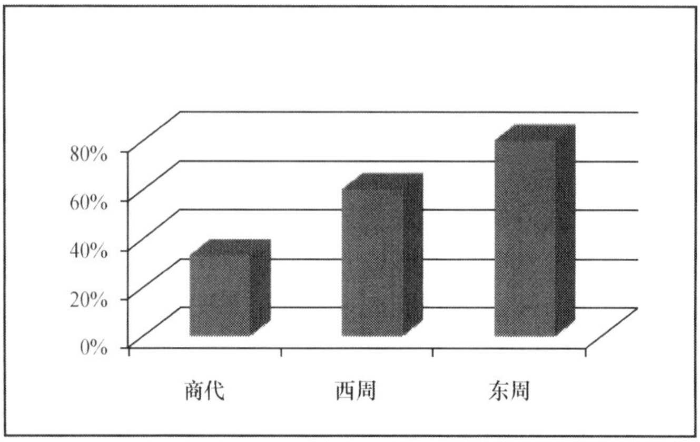

图8-4　不同时期铅锡青铜的比例

尽管目前做过成分测试的青铜盘只有17件，因样本过少，统计的结果还有一定局限性，但是仍然可以看出，从商代到东周青铜盘成分最大的变化，就是铅锡青铜盘比例的持续增高。

第二节　青铜器的铸造工艺

中国青铜器铸造工艺的研究，始于20世纪20～30年代。截至目前，关于铸造工艺的研究已经相当多，但专门涉及青铜盘铸造的研究则比较少，多是分散在相关的论著中。现将相关的资料梳理如下。

---

① 罗武干等：《湖北荆门左冢楚墓群出土金属器研究》，《江汉考古》2006年第4期。

一、商　　代

商周时期青铜器的铸造有两种基本的方法，即块范法和失蜡法[①]。在块范法铸造工艺中，又因具体差别分为几种不同的铸造方法，比较重要的有浑铸法和分铸法。

安阳殷墟妇好墓出土的青铜盘（M1∶853），经过研究，认为是采用浑铸法制成的，由圈足端部立浇而成[②]。商代中期似乎就已经采用焊接技术，如北京平谷1977年发掘的1件青铜盘，盘沿左右对立的鸟形柱，似乎就是焊接而成的[③]。

二、西周时期

在《宝鸡弓鱼国墓地》中，苏荣誉等学者对宝鸡弓鱼国墓地出土的一批青铜的铸造工艺进行过较为深入的研究，其中包括4件青铜盘。青铜盘均被认为是浑铸而成，并采用了芯撑等设施。报告的附录二的表九中，将这4件青铜盘的铸造工艺总结如表8-4所示[④]。

表8-4　弓鱼国墓地4件青铜盘铸造工艺

器号	铸造方法	铸造工艺				备注
		制范数	制芯数	浇铸位置	芯撑设置	
季作盘 BZM4∶7	浑铸	4；两耳外范还各含一耳与腹间活块范	腹1；圈足1	圈足底沿倒浇	腹下回折处有四对称分布铜芯撑，带纹上亦有四铜芯撑	盘底与圈足相接处，有四个小三角形加强筋，一耳下部有一大气孔。底有很浅的菱形阳纹
BZM13∶25	浑铸	3	腹1；圈足1	圈足底沿倒浇	盘下腹回折处有铜芯设置	底有阳网纹
BRM2∶15	浑铸	4；两耳外范还各含一耳与腹间活块范	腹1；圈足1	圈足底沿倒浇	不详	底中心有一长条形凸扉，原本是冒口，突起约0.5厘米
弓鱼伯盘 BRM1乙∶1	浑铸		腹1；圈足1	圈足底沿倒浇	不详	双耳下都有大气孔
弓鱼伯盘 BRM1乙∶2	浑铸		腹1；圈足1	圈足底沿倒浇	不详	底与圈足相接处设有加强筋，底有阳网纹

① 朱凤瀚：《中国青铜器综论》，上海古籍出版社，2009年。

② 华觉明等：《妇好墓青铜器群铸造技术的研究》，《考古学集刊》第1集，中国社会科学出版社，1981年。

③ 北京市文物管理处：《北京市平谷县发现商代墓葬》，《文物》1977年第11期。

④ 本文对表九稍做了删减。

因为強国墓地的出土的青铜礼器很多腹部或底部有刻划，所以报告中还专门讨论了这些刻划的功能。报告中认为，这些刻划具有减少夹渣、憋气、气孔的功能，排气功能或装饰的作用。诸如盘BRM1乙：2腹底部的刻划，突起很浅或阴阳模糊，既起不了加强筋的作用，也起不了排气、集渣以减少缺陷的效果，可能只是纯装饰性划纹。但张懋镕等学者则认为，如果仅仅是装饰性的图案，隐蔽在器底是不便于欣赏的，因此他认为这些刻划主要还是出于铸造工艺的考虑，是用来帮助排气的①。

报告中还研究了強国墓地青铜器的铸造缺陷。认为主要缺陷之一是浇不足。浇不足这种缺陷，有时会严重影响或稍稍影响重要礼器的外观效果，则必须加以补铸，如盘BZM13：25的腹部就有补铸痕迹。強国墓地青铜器的另一个缺陷是气孔，如強伯盘BRM1乙：2附耳根部。这类气孔多是排气系统考虑不周而造成的。

三、东周时期

东周时期青铜器的铸造技术有了进一步提高。除了浑铸法外，分铸焊接法、失蜡法等技术也开始运用到青铜盘的铸造上。

《三门峡虢国墓地》报告中，对75件青铜器的铸造工艺进行过研究，其中涉及3件青铜盘，即M2006：58、M2010：21、SG060。报告中认为，3件圆盘都是用浑铸法铸成的，并将“S”形窃曲纹盘M2006：58的铸造工艺复原如下：

“先做出盘腹内芯，倒放在平板范上，将四块腹外范套合在内芯外侧，其间放置铜垫片，控制盘壁厚度。再把两侧附耳的单元范嵌入腹外范内。盘底为一圆形范，与腹内芯平底组成，其间用铜垫片支撑并控制铸件壁厚。最后将浇口范放上，使圆形浇口与圈足对应，各块范与芯定位后，再加固干燥，采用圈足浇口倒浇铸造②。”

分铸焊接法是东周时期较常使用的技术，又分为铜焊、铅锡合金焊接等多种③。东周时期，盘有时分别铸成器身和圈足，然后用合金焊接，如洛阳中州路M2717：80盘，在盘底留一小孔，在圈足范土的中心留中空的铸口，以便灌注合金使两部分接合；M115：35，盘底留有凸出的钉状物，圈足上没有铸口，可能是附加焊接剂以后，再行挤紧以接合在一起④。

失蜡法又称为熔模制造法，是冶铸史上的重大突破。1978年发掘的曾侯乙墓中，出土了一套尊盘，两件器物修饰风格一致，口沿均有多层套合的透空附饰，构造极其细微。一些学者认为，曾侯乙墓中出土的盘，大多数部件都有用组合陶范的可能，但

① 张懋镕等：《商周青铜容器底部刻划初探》，《中原文物》2002年第2期。

② 河南省文物考古研究所等：《三门峡虢国墓》（第一卷），文物出版社，1999年。

③ 中国社会科学院考古研究所：《中国考古学 · 两周卷》，中国社会科学出版社，2004年。

④ 中国科学院考古研究所：《洛阳中州路（西工段）》，科学出版社，1959年。

是器颈透空附饰必须使用熔模[①]，因此认为这两件器物的透空附饰是失蜡法铸件。一些学者还对曾侯乙墓出土的青铜盘铸造过程进行过复原[②]。

但是到目前为止，对于中国在东周时代是否存在失蜡法工艺、中国的失蜡法工艺是外来的还是本土起源的等一些问题，还存在很大的争议。一些学者认为，曾侯乙墓中盘、尊口沿的镂空附饰，并非是用失蜡法制造的，而是由16个独立的小纹饰区组合构成的[③]。

另外，东周时期还见有少量槌制青铜盘，与范铸青铜盘相比，槌制青铜盘数量很少，出土地点有江苏六合程桥、江苏淮阴高庄、河南陕县后川、河南辉县赵固村，这些槌制青铜盘的厚度一般均不超过1毫米，故出土时几乎都残破不全，盘内也都有用锐利的刻刀刻出的纹饰，内容有写实的人物狩猎、农耕、宴飨、祭祀场景，也有神人瑞兽等图案。

① 华觉明：《中国古代金属技术——铜和铁造就的文明》，大象出版社，1999年。

② 华觉明：《中国古代金属技术——铜和铁造就的文明》，大象出版社，1999年。

③ 周卫荣等：《中国青铜时代不存在失蜡法铸造工艺》，《江汉考古》2006年第2期。

第九章　青铜盘的起源和衰落——兼谈陶盘与青铜盘的关系

通过前面章节对商周青铜盘演变规律的分析，可以看出青铜盘在商周时期经历了一个发展、繁荣直至衰落的过程。目前考古发现时代最早的青铜盘属二里冈上层期，数量少、形制单一、作风古朴、具有一定的原始性，但其器形规整、花纹细腻、铸造技术成熟，还不是最原始的青铜盘，在其之前应该还有一段更原始的发展阶段。

几乎所有的商代早中期青铜器形制都是模仿同类陶器而来，如鼎、簋、爵、盉等，最雏形的青铜盘的造型也应该是继承于陶盘而来。早在河南龙山文化晚期较多遗址中就出土有陶盘，如河南禹县崔庄出土的大圈足陶盘①，敞口圆唇，底较平，大圈足，腹饰凸弦纹一周，制作精良，商代早期的青铜盘与之很像。二里头文化一期也有陶盘，其出现时间远比青铜盘早。

第一节　新石器时代——二里头文化的陶盘

中国新石器时代早期发现的陶容器较少，目前尚未见到有陶盘。陶盘从新石器时代中期开始出现，主要集中分布在长江流域，其他区域的考古学文化中，很少出现陶盘。例如，在黄河流域新石器时代中期的大地湾文化、裴李岗文化、后李文化中，均未见到陶盘。只有分布于河北南部地区的磁山文化中，发现有平底盘，如河北武安磁山遗址就出土过3件平底圆口或方口的陶盘②，约占该遗址出土陶容器的3%。此外，华南地区的甑皮岩五期类文化中，有带镂空和划纹装饰的圈足盘③（图9-1）。

长江流域出土的陶盘很多，而且以圈足盘居多。在分布于湖南省北部洞庭湖周围的彭头山文化中，发现的主要是圜底和平底盘④，两类盘的形制相近，只是底部有圜、平之分。彭头山文化之后的皂市下层文化，出土的主要是圈足盘，圈足盘的数量

---

① 河南省文物研究所等：《河南禹县颍河两岸考古调查与试掘》，《考古》1991年第2期。

② 河北省文物管理处、邯郸市文物保管所：《河北武安磁山遗址》，《考古学报》1981年第3期。原报告报道有 4件陶盘，但其中圜底的1件（G3：2），应该是陶钵而非陶盘。

③ 中国社会科学院考古研究所等：《桂林甑皮岩》，文物出版社，2003年。

④ 湖南省文物考古研究所、澧县文物管理所：《湖南澧县彭头山新石器时代早期遗址发掘简报》，《文物》1990年第8期。

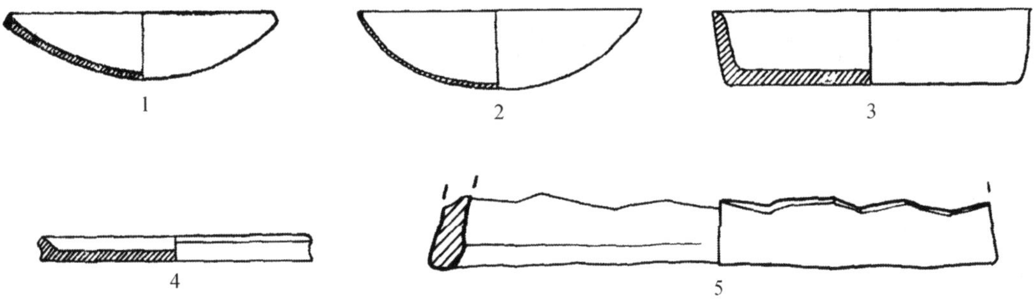

图9-1　新石器时代中期黄河流域、华南地区出土的陶盘

1. 裴李岗文化　2～4. 磁山文化　5. 甑皮岩五期类文化

较多，是皂市下层文化的主要陶器类型之一，在皂市下层[①]和胡家屋场[②]遗址中，圈足盘分别占到陶器总数的26%、25%。圈足盘多为泥质红陶与褐红陶，器表打磨光滑，也有少量夹砂或夹碳陶。绝大部分圈足盘为高圈足，并饰有透雕镂孔。分布于长江三峡至江汉平原之间的长江沿岸的城背溪文化中，圈足盘也是陶器的主要器类之一，它的形制与皂市下层文化的圈足盘的形态及饰有透雕镂孔的装饰风格极为相似。位于长江下游地区的跨湖桥文化中，圈足盘也是主要器形之一，在跨湖桥遗址中，圈足盘占陶容器总数的18%，是数量仅次于陶釜的主要器类[③]。跨湖桥遗址的陶盘有折腹和弧腹两种，口部有敞口和折敛口两种。圈足饰镂孔和放射线的组合装饰，有的放射线采用厚彩图绘。跨湖桥文化的圈足盘的形态及装饰风格与皂市下层文化、城背溪文化很相似（图9-2）。

到新石器时代晚期，陶盘依然集中分布在长江流域。黄河流域这一时期的10余种考古学文化中，除了下王岗文化、西王村文化中发现有少量圈足盘外，其他众多考古学文化都很少见到陶盘。下王岗文化位于汉水中游地区，因此陶盘可能是和长江流域的屈家岭文化交流的产物。西王村文化发现有浅腹盘，这种盘常为双腹盘，而且盘中有涂抹白彩的现象（图9-3）。

新石器时代晚期在内蒙古中南部、晋冀、陕北北部等地、燕山南北和东北地区，仅辽东半岛的小珠山下层文化中，有很少量的陶盘。华南地区的咸头岭文化中[④]，陶盘的数量仅次于陶釜，以平底盘居多。彩陶的圈足盘虽然数量不多，但极富特色，器表一般用赭红彩组构各种图案，圈足上还有圆形或横八字形镂孔。白陶圈足盘也是咸头

① 湖南省博物馆：《湖南石门县皂市下层新石器遗存》，《考古》1986年第1期。1977年、1981年第一、二次发掘皂市遗址，下层新石器时代遗存中，陶器883件，其中圈足盘就有226件之多。

② 湖南省文物考古研究所：《湖南临澧县胡家屋场新石器时代遗址》，《考古学报》1993年第2期。

③ 浙江省文物考古研究所、萧山博物馆：《跨湖桥》，文物出版社，2004年。

④ 深圳市博物馆、中山大学人类学系：《深圳市大鹏咸头岭沙丘遗址发掘简报》，《文物》1990年第11期。

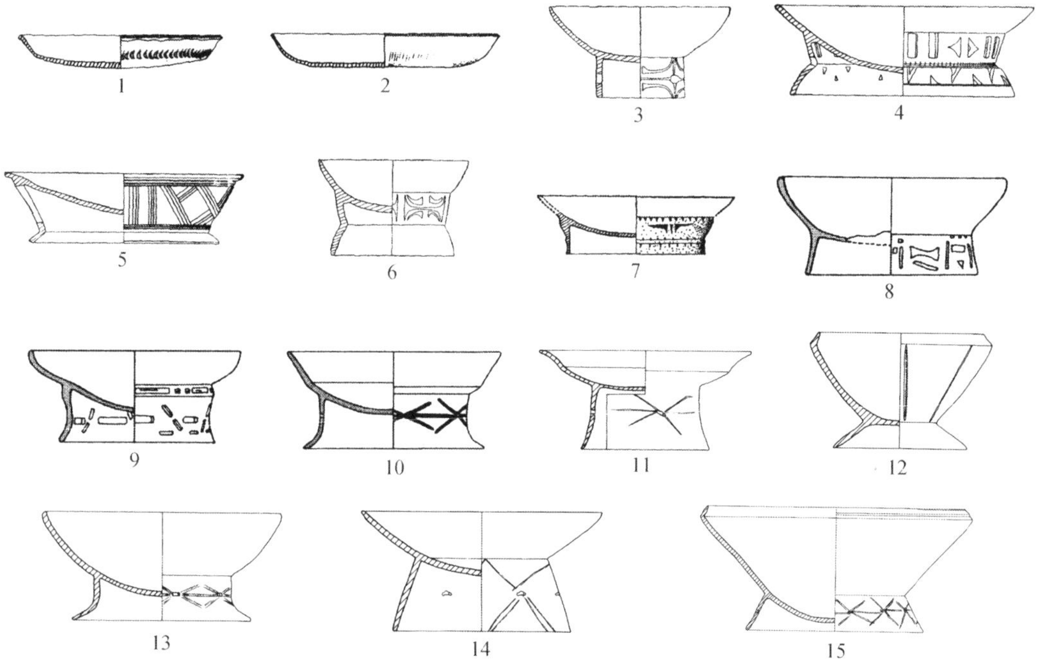

图9-2　新石器时代中期长江流域出土的陶盘

1、2. 彭头山文化　3～7. 皂市下层文化　8、9. 城背溪文化　10～15. 跨湖桥文化

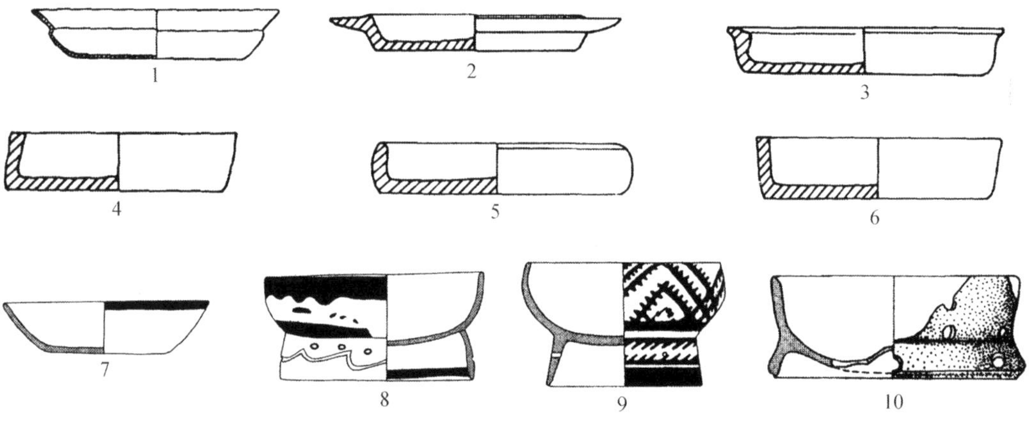

图9-3　新石器时代晚期黄河流域、华南地区出土的陶盘

1～6. 西王村文化　7～9. 咸头岭文化　10. 壳坵头文化

岭文化中颇具特征的器物之一。分布于福建沿海的壳坵头文化中，也发现有敞口浅腹矮圈足盘[①]，盘身及圈足上镂有圆孔，但盘的数量较少，不属于常见器物。

新石器时代晚期的陶盘，还是集中在长江流域的中游、长江三角洲地区，陶盘是

① 福建省博物馆：《福建平潭壳坵头遗址发掘简报》，《考古》1991年第7期。

这些地区考古学文化中的主要器形。长江中游的大溪文化发现有圈足盘，圈足盘上还有刻划符号。后续的屈家岭文化中，既有双腹圈足盘，也有平底盘。在雕龙碑三期类文化遗存中，盘有圈足和三足两种，以圈足盘最为常见（图9-4）。

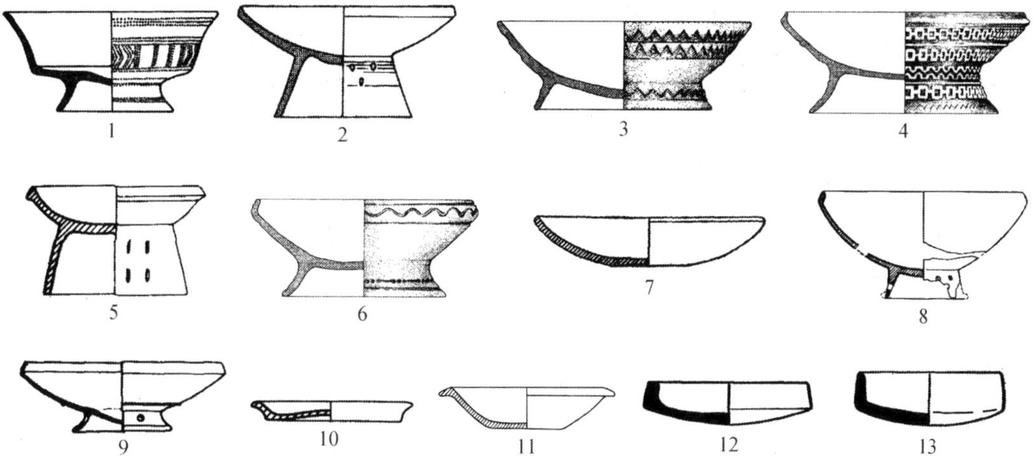

图9-4 新石器时代晚期长江流域出土的陶盘

1～6. 大溪文化 7～9. 屈家岭文化 10、11. 河姆渡文化 12、13. 崧泽文化

长江三角洲地区有承继关系的河姆渡文化、马家浜文化、崧泽文化中，盘都是主要器形。河姆渡文化早期，陶盘的数量仅次于陶釜和陶罐，有平底和圈足两种，以平底盘占绝大多数，有些刻划有连环叶纹或贝齿纹图案。中晚期则只见平底盘①。马家浜文化中的盘，有外折的宽沿，常作多边形。崧泽文化的陶盘数量明显减少，如在崧泽遗址中②，陶盘仅占陶器总数的0.4%。除了圜底盘外，崧泽文化中的三宽扁矮足的盘很具有特色。在马家浜文化和崧泽文化中，还发现有陶匜，但陶匜在墓葬中并不和陶盘共出。

在长江下游西部地区，北阴阳营文化中极少见到陶盘③，薛家岗文化中有圈足盘，但数量很少。凌家滩类文化中，陶盘的数量也非常少，如在凌家滩遗址的44座墓葬中，仅3座墓随葬有陶盘，其中2件为三足盘，1件为平底盘④。

到了新石器时代末期，黄河上游、蒙新地区和辽东半岛、云贵地区、西藏地区的诸考古学文化中，基本不见陶盘。唯一例外的是石寨山类型中，有凹底弦纹浅盘和弦纹平底盘。与新石器时代晚期不同的是，在新石器时代末期的前段的庙底沟二期文化等中，尚很难见到陶盘，但到了龙山时期诸文化中，黄河中下游地区的王湾三期文

① 浙江省文物考古研究所：《河姆渡》，文物出版社，2003年。

② 上海市文物保管委员会：《崧泽》，文物出版社，1987年。

③ 南京博物院：《北阴阳营》，文物出版社，1993年。

④ 安徽省文物考古研究所：《凌家滩》，文物出版社，2006年。

化[①]、三里桥文化、下王岗类遗存、后冈二期文化、王油坊类文化遗存、陶寺文化、客省庄文化中，都出土有陶盘，而且在一些考古学文化中，还成了常见器型。

王湾三期文化、三里桥文化中主要是圈足盘，但数量极少。后冈二期文化、王油坊类文化遗存、下王岗类遗存中，陶盘是常见器形，有圈足和平底、三足几种。客省庄文化中的盘以平底盘居多。陶寺文化中有圈足盘和平底盘，该文化中最不同的是，有一部分用于随葬的彩绘或朱绘盘龙纹的陶盘，明显具有礼器的性质。黄河下游龙山文化的陶盘种类较丰富，有圈足盘、三足盘、环足盘等。盘沿一般较浅，个体较大（图9-5）。

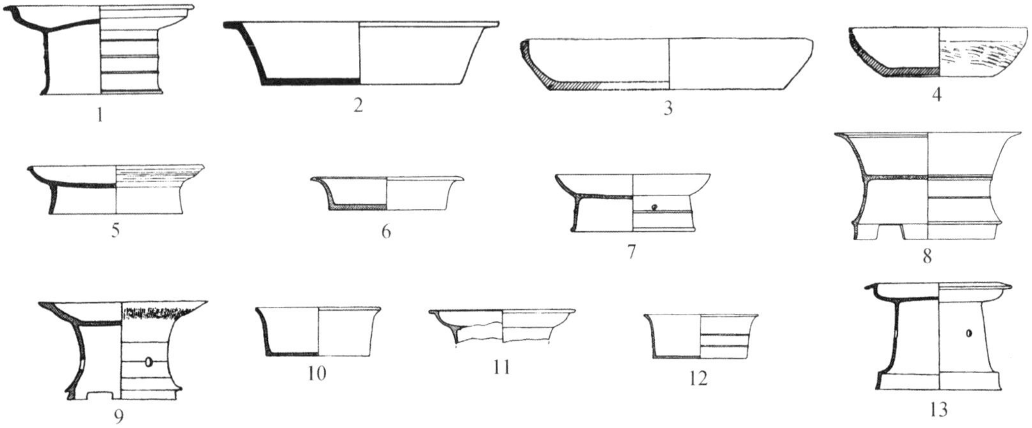

图9-5　新石器时代末期黄河流域出土的陶盘

1、2. 后冈二期文化　3、4. 客省庄文化　5～8. 王湾三期文化　9. 陶寺文化　10～13. 王油坊类文化

新石器时代末期，在四川和峡江地区的宝墩文化、礼州文化，赣、鄱流域的樊城堆文化，陶盘都很少见，长江流域的盘主要集中在中游和长江三角洲地带。长江中游的石家河文化中，陶盘的数量稍多，基本都是矮圈足或高圈足的盘，圈足上多装饰有镂孔和弦纹[②]。长江三角洲地区的良渚文化中[③]，陶盘有圈足盘、直圈足盘，平底盘等几种，有的陶盘还带有盖，陶盘的数量不多，并不是墓葬中常见的陶器（图9-6）。

在华南地区，分布于广东的石峡文化中，盘是数量最多的陶器，在石峡遗址中[④]，

① 北京大学考古文博学院：《洛阳王湾》，北京大学出版社，2002年；韩建业、杨新改：《王湾三期文化研究》，《考古学报》1997年第1期。

② 湖北省荆州博物馆等：《肖家屋脊》，文物出版社，1999年；湖北省文物考古研究所等：《邓家湾》，文物出版社，2003年。

③ 浙江省文物考古研究所：《瑶山》，文物出版社，2003年；浙江省文物考古研究所：《反山》，文物出版社，2005年；浙江省文物考古研究所：《良渚遗址群》，文物出版社，2005年；浙江省文物考古研究所：《庙前》，文物出版社，2005年。

④ 广东省博物馆、曲江县文物局：《广东曲江石峡墓葬发掘简报》，《文物》1978年第7期。

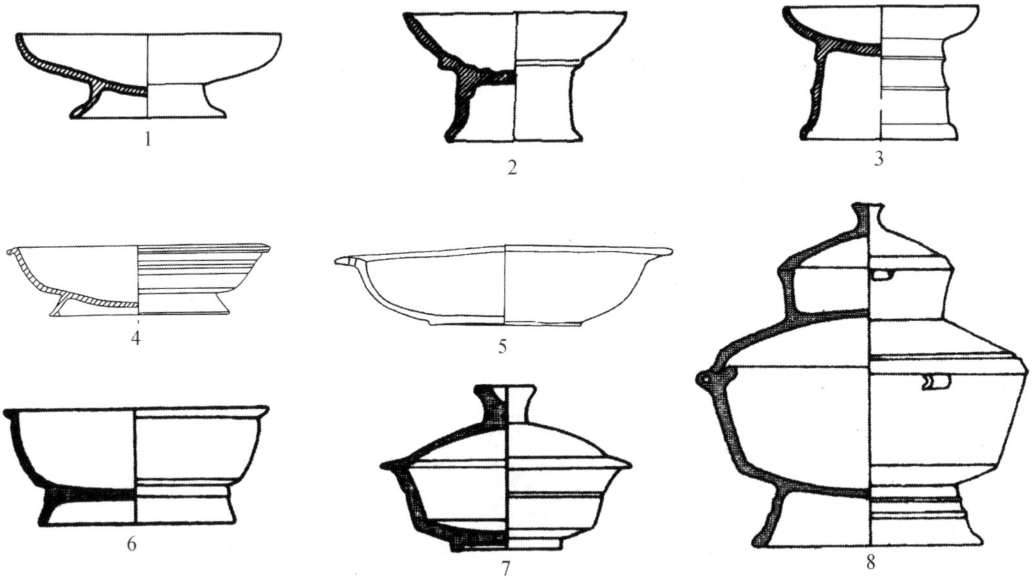

图9-6　新石器时代末期长江流域出土的陶盘

1～3. 石家河文化　4～8. 良渚文化

陶盘占到陶容器数量的28%，有三足盘、圈足盘两种，数量基本相当。三足盘的足形制多样，有瓦形、联裆梯形、联裆三角形等多种，圈足盘上多有镂孔。在石峡文化的墓葬中，有不少陶豆覆盖在陶盘上，或许陶豆还兼有陶盘器盖的功能。福建的昙石山文化、牛鼻山文化中，盘均为主要器类。昙石山文化中陶盘的数量不多，多为圈足带镂孔的盘①。牛鼻山文化的陶盘数量也较少，在牛鼻山遗址中，陶盘仅占陶器总数的2.5%，目前所发现的均为三足盘，盘足呈扁宽状舌形，有的墓葬中随葬2件陶盘②（图9-7）。

从以上对新石器时代各考古学文化出土陶盘的概述可以看出，陶盘自新石器时代中期开始出现，主要集中在长江中下游地区，且多为圈足盘，华南地区也有陶盘，但数量不如长江地区，也以圈足盘为主。到了新石器时代晚期，陶盘的分布情况与前一

① 华东文物工作队福建文物管理委员会：《闽侯昙石山新石器时代遗址探掘报告》，《考古学报》第十册，1955年；福建省文物管理委员会、厦门大学人类学博物馆：《闽侯昙石山新石器时代遗址第二至四次发掘简报》，《考古》1961年第12期；福建省文物管理委员会、厦门大学考古实习队：《福建闽侯昙石山新石器时代遗址第五次发掘简报》，《考古》1964年第12期；福建省博物馆：《闽侯昙石山第六次发掘报告》，《考古学报》1976年第1期；福建省博物馆：《福建闽侯县昙石山遗址发掘新收获》，《考古》1983年第12期；福建博物馆：《闽侯昙石山遗址第八次发掘报告》，科学出版社，2004年；

② 福建省博物馆：《福建浦城县牛鼻山新石器时代遗址第一、二次发掘》，《考古学报》1996年第2期。

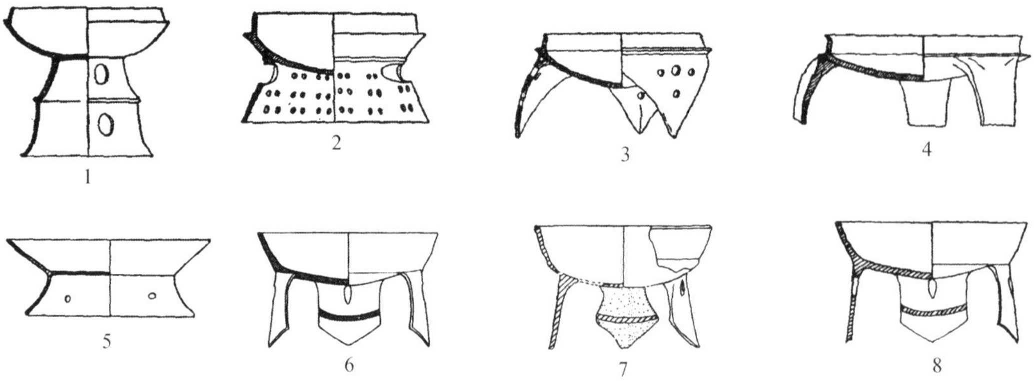

图9-7　新石器时代末期华南地区出土的陶盘

1～4. 石峡文化　5. 昙石山文化　6～8. 牛鼻山文化

时期相似，只是在长江中下游地区，除了占主流的圈足盘外，在崧泽文化等中间，新出现有三足盘。到了新石器时代末期，最大的一点不同是，中原地区在龙山时代开始出现有盘，盘为圈足或平底，黄河下游还有三足盘。长江中下游圈足盘兴盛的势态并未改变，而华南地区也有一部分考古学文化中有陶盘，并且是主要器类。

二里头文化中，陶盘是一种较为常见的典型器物，有圈足盘、平底盘和（瓦足）三足盘、四足盘等几种①。其中虽然二里头文化是继承王湾三期文化而来的，但王湾三期文化中盘的数量很少，因此二里头文化中圈足盘和三足盘，被认为是源于山东龙山文化②。平底盘数量较少，圈足盘流行于二里头文化第一、二期，但数量也较少。三足盘数量较圈足盘多，出现于二里头文化第一期③，在二里头文化二、三期的墓葬中，三足盘成为重要的随葬器物。二里头文化第二期时，三足盘主要和罐、盆、豆、觚或盆、爵组合出现。二里头文化第三期时，三足盘主要和豆、盉或罐、盆组合出现④。到了二里头文化第四期，基本不见三足盘。二里头文化的墓葬中，每座墓葬中一般随葬一件三足盘（四足）或平底盘，墓葬中出土的陶盘和居址出土的陶盘一样，都是生活中使用的实用器，基本不见明器化的陶盘（图9-8）。

---

① 有些文章或报告中，将三足盘称为三足皿。此外，还有极少数的四足盘。

② 邹衡：《试论夏文化》，《夏商周考古学论文集》，文物出版社，1980年；李伯谦：《二里头类型的文化形制与族属问题》，《文物》1986年第6期。

③ 中国社会科学院考古研究所：《偃师二里头：1959～1978年考古发掘报告》，中国大百科全书出版社，1999年。

④ 郑若葵：《论二里头文化类型墓葬》，《华夏考古》1994年第4期。

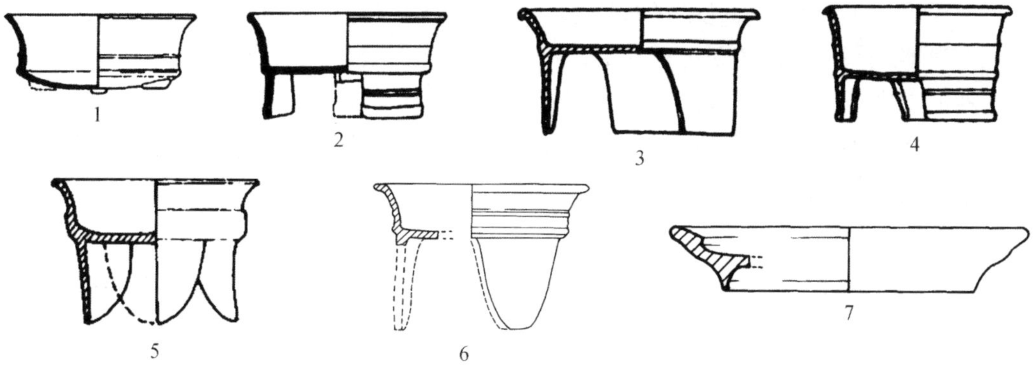

图9-8　新砦期、二里头文化出土的陶盘

1、2. 新砦期　3～7. 二里头文化

第二节　商周时期陶盘和青铜盘的关系

在商文化中，陶盘始见于中商文化晚期，在中商文化的曹演庄类型、盘龙城类型、北村类型中，都发现有陶盘。陶盘主要有平底、圈足、圜底三种，其中平底盘和圈足盘的形态特征接近，区别仅在于有无圈足。晚商文化中，陶盘在居址中较少见，但殷墟第四期开始，陶盘在墓葬中取代了陶豆，变成了一种常见的随葬品，如安阳殷墟郭家庄晚商有随葬品的137座墓葬中，共出土陶器425件，其中54座墓葬出土有56件陶盘，占总数的13%，陶盘在数量上仅次于陶觚、爵、簋。殷墟第四期前段的陶盘较大，晚期都较小①，但除了一部分形体过小的陶盘可能属于明器外，大部分陶盘都是实用器。此外，在晚商有四条墓道的苏埠屯M1、带一条墓道的前掌大M3中，还出土有三足盘，在带两条墓道的武官村大墓M1中，还出土有白陶盘。

晚商墓葬随葬品的特点之一是，无论是随葬铜礼器的大墓，还是一般的小墓，他们随葬的非礼器陶器是相同的②。晚商出土陶盘的墓葬，既出于殷墟M1400这样四条墓道的大墓，也见于一般的小型墓葬中。一座墓中通常随葬一件陶盘，极少数墓葬中随葬有两件陶盘。陶盘与青铜盘很少共出，如在殷墟遗址晚商墓葬中，陶盘与青铜盘共出的仅有M539③与M1713④这两座墓葬。

一般认为，商代早期的青铜礼器，多数器种可能都仿自商代早期常见的同类陶器

① 胡进驻：《殷墟晚商墓葬研究》，北京师范大学出版社，2010年。

② 胡进驻：《殷墟晚商墓葬研究》，北京师范大学出版社，2010年。

③ 中国社会科学院考古研究所安阳工作队：《1980年河南安阳大司空村M539发掘简报》，《考古》1992年第6期。

④ 中国社会科学院考古研究所安阳工作队：《安阳殷墟西区一七一三号墓的发掘》，《考古》1986年第8期。

或比较珍贵的硬陶和原始瓷器的形态[①]。但是已有的研究也表明，并非所有同类的陶器和青铜器，都是晚期的模仿早期的，不同质地的同类器物，也有可能各有渊源。例如，有些学者认为，春秋晚期出现的陶尊缶，其初始形态与铜尊缶的差异十分大，可能不是模仿自铜尊缶，而是以春秋早中期流行于鄂北豫南地区的青铜圆壶为原型，模仿改制而成的[②]。根据目前的考古资料，发现的最早的青铜盘年代在商代早期，陶盘则是商代中期晚段才出现的，先商文化中基本未见陶盘，二里头文化晚期很少见到陶盘，二里头文化早中期的三足陶盘，又与最早的圈足青铜盘形态相差较大，因此就现有的考古资料，我们还很难认定最早的青铜盘形态是否仿制同时期或稍早时期陶盘。但是早商文化中圈足豆却是常见的典型陶器之一，早商文化早期的陶豆[③]，如郑州二里冈遗址的H17：13豆，圈足上带有对称的两个十字形镂孔，并饰有凸弦纹四周[④]，形态与最早的青铜盘在形态、纹饰特征上十分接近。圈足陶盘和陶豆本身在形态、功能上就有诸多相近之处，因此，就目前的资料而言，也不能排除早期的青铜盘模仿自陶豆的可能。随着今后考古资料的增多，或许能发现年代更早的青铜盘，那时就有可能对青铜盘的渊源有更加清楚地认识了。

综观商代的陶盘和青铜盘，两者之间存在相互影响，但似乎这种影响关系又不大。商代中期青铜盘和青铜盉偶然在墓葬中共出，可能存在组合关系，而在苏埠屯M1等墓葬中，也有陶盘和陶盉共出的现象[⑤]。晚商墓葬中，陶盘和陶觚、爵、簋的组合最为常见，而青铜盘在墓葬中也经常和觚、爵、簋共出。在形态上，商代的青铜盘和陶盘也都多为圈足盘。这些都说明青铜盘和陶盘之间是有着相互影响的。但是，晚商时期开始出现仿铜陶礼器，种类包括有觚、甗、簋、尊、觯、鼎、簋、斝、觚、爵、卣等，却没有仿铜陶盘，似乎又说明，青铜盘对陶盘的影响还是有限的（图9-9）。

西周早期的陶盘多为圈足盘，因为先周文化中基本未见陶盘[⑥]，西周早期的圈足陶盘又与商代晚期的陶盘形态极为相似，因此西周早期陶盘，更多的是因袭了商文化的因素。西周中期以后还出现三足盘（有些有盖）[⑦]，在长安张家坡墓地[⑧]、洛阳北窑

---

① 王立新：《早商文化研究》，高等教育出版社，1999年。

② 王乐文：《江北地区楚墓研究》，吉林大学博士学位论文，2010年。

③ 关于早商文化的分期，见王立新：《早商文化研究》第77～79页及第94页的分期图。

④ 河南省文物局文物工作队：《郑州二里冈》，科学出版社，1959年。

⑤ 山东省博物馆：《山东益都苏埠屯第一号奴隶殉葬墓》，《文物》1972年第8期。

⑥ 雷兴山：《先周文化探索》，科学出版社，2010年。此外，可以参见谢尧亭《晋南地区西周墓葬研究》（吉林大学博士学位论文，2010年）对先周墓葬中陶器组合的统计。

⑦ 洛阳博物馆：《洛阳北窑村西周遗址1974年度发掘简报》，《文物》1981年第7期；叶万松、余扶危：《洛阳北窑西周遗址陶器的分期研究》，《考古》1985年第9期。

⑧ 中国社会科学院考古研究所：《张家坡西周墓地》，中国大百科全书出版社，1999年。

居址中[①]，都能见到这种扁凿足的三足盘。不过总的来说，鬲、簋、豆、盂、罐、瓮才是西周时期最流行的器皿[②]，陶盘并非西周文化的主要陶器，在诸如张家坡[③]、少陵原[④]、北窑[⑤]等西周文化的主要墓地或居址中，陶盘的数量都十分有限（图9-10）。

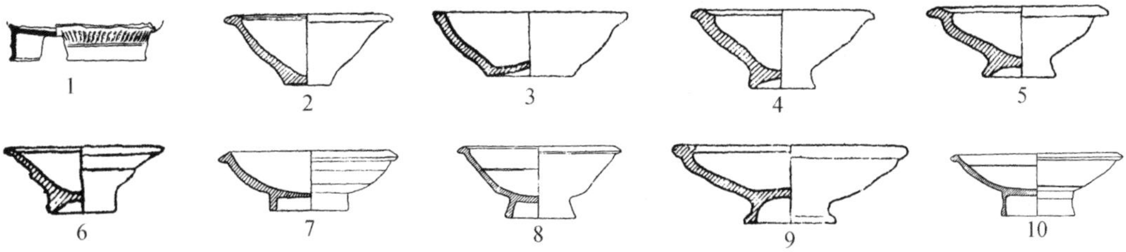

图9-9　先商文化、商文化出土的陶盘

1. 先商文化　2～10. 商文化

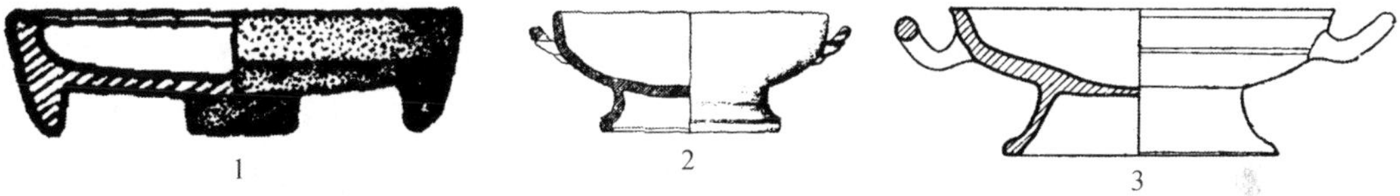

图9-10　西周文化出土的陶盘

1. 三足盘　2、3. 仿铜陶盘

西周时期，青铜盘的组合及形制，都对陶盘产生了重要影响。与商代相比，西周文化中陶盘的一个重大变化是，自西周中期开始，出现了仿铜陶盘，虽然绝对数量有限，但是在西周文化已发现的陶盘中，占了很大比例。仿铜陶盘基本出自墓葬中，一般烧制的火候较低，有的制作也比较粗糙，具有明显的明器形制。目前已发现的仿铜

① 洛阳博物馆：《洛阳北窑村西周遗址1974年度发掘简报》，《文物》1981年第7期；叶万松、余扶危：《洛阳北窑西周遗址陶器的分期研究》，《考古》1985年第9期。

② 胡谦盈：《三代都城考古纪实——丰、镐周都的发掘与研究》，中国社会科学出版社，2009年。

③ 如1955～1957年发掘的张家坡和客省庄西周墓地中，有随葬品的127座墓葬中，共出土陶器412件，但仅出土陶盘1件；在张家坡居址中，早期未发现陶盘，晚期发现陶盘仅1件，客省庄遗址的居址中，没有出土陶盘。1983～1986在张家坡发掘的390座西周墓葬中，共出土439件陶器，仅发现3座墓葬中随葬有陶盘。

④ 陕西省考古研究所：《少陵原西周墓地》（上、下），科学出版社，2009年。少陵原墓地共发掘西周墓葬429座，出土陶器458件，未发现陶盘。

⑤ 洛阳北窑348座西周早、中晚不同时期的墓葬中，均未出土陶盘。

陶盘基本只集中在关中地区，主要见于张家坡[①]、齐家[②]、沣西[③]等地（表9-1）。与仿铜陶盘伴出的一般还有陶盉，这明显是仿制了青铜盘的组合。多数墓葬中只随葬一套仿铜陶盘盉，个别墓葬中还随葬一套青铜盘盉。出土仿铜陶盘的墓葬属于西周时期中型墓葬，对比文献中关于西周礼制的记载，出土仿铜陶盘的墓主身份可能是士[④]。

西周时期，长江中游也出土少量陶盘，如在蕲春毛家咀遗址中，出土3件陶盘[⑤]，而在长江下游的土墩墓中，陶盘则是一种重要的随葬陶器。在宁镇地区的句容浮山园1号土墩墓中，共出土陶器155件，而陶盘就有66件，占到43%，是数量最多的随葬陶器[⑥]。土墩墓中出土的平底陶盘和三足陶盘，形态与关中、洛阳地区出土的陶盘差异较大，圈足盘则与同时期的青铜盘形制接近[⑦]。土墩墓出土的部分陶盘带有使用痕迹，应该属于实用器。土墩墓中，似乎没有像关中地区那样，见到过陶盘和陶盉共出。

东周时期，陶盘的数量急剧增多。在中原地区、以关中为中心的秦国地区、南方楚国地区、吴越地区，陶盘都是最常见的陶器之一。受西周晚期之后青铜盘匜组合的影响，陶盘和陶匜的组合普遍见于广大地区。

东周时期，中原地区的陶盘有三足、圈足、小平底三种，有的器表还施有彩绘图案。据统计，中原地区东周墓葬出土的6000余件陶器中，陶盘有约525件，占总数的8.8%左右，是仅次于鼎、豆的重要随葬陶器[⑧]。中原地区的东周墓葬中，陶盘一般和陶匜共出，也有少量墓葬中有陶盘而无陶匜。东周时期仍有少量仿铜陶盘，它们的烧制温度一般都较低，主要出土在洛阳周边地区，在陕县[⑨]、洛阳中州路[⑩]、禹县白

---

① 中国科学院考古研究所：《沣西发掘报告》，文物出版社，1962年；中国社会科学院考古研究所沣西队：《1987、1991年陕西长安张家坡的发掘》，《考古》1994年第10期；中国社会科学院考古研究所：《张家坡西周墓地》，中国大百科全书出版社，1999年，128页。

② 陕西周原考古队：《陕西扶风齐家十九号西周墓》，《文物》1979年第11期。

③ 中国社会科学院考古研究所沣镐队：《1992年沣西发掘简报》，《考古》1994年第11期。

④ 陕西周原考古队：《陕西扶风齐家十九号西周墓》，《文物》1979年第11期。

⑤ 中国科学院考古研究所湖北发掘队：《湖北蕲春毛家咀西周木构建筑》，《考古》1962年第1期。3件陶盘，有2件形制相近。

⑥ 镇江市博物馆浮山果园古墓发掘组：《江苏句容浮山果园土墩墓》，《考古》1979年第2期

⑦ 例如溧水乌山：M2出土青铜盘及圈足陶盘，两者形态较为接近。见镇江市博物馆、溧水县文化馆：《江苏溧水乌山西周二号墓清理简报》，《文物资料丛刊》2，文物出版社，1978年。

① 根据张辛《中原地区东周陶器墓葬研究》（科学出版社，2002年）统计，该书收集的资料约截止到2000年。其中一般形制的陶盘430件，鸟柱陶盘65件，仿铜陶盘约30件，共计525件。

⑨ 中国社会科学院考古研究所：《陕县东周秦汉墓》，科学出版社，1994年。

⑩ 中国科学院考古研究所：《洛阳中州路（西工段）》，科学出版社，1959年。该遗址的M515：26为仿铜陶盘。中国社会科学院考古研究所：《1983年洛阳西工区墓葬发掘简报》，《考古》1985年第6期。70-11M28A：13为仿铜陶盘。

表9-1 出土仿铜陶盘的西周墓葬一览表

地点	编号	方向	面积（平方米）	葬式	葬具	其他随葬器物	年代	备注
齐家村	FQM19：34[①]	347°	4.2×2.1～7.6	仰身直肢	一棺一椁	铜鼎2、簋2、甗1、尊1、卣1、爵2、觯1、盉1；陶鬲4、豆2、罐24、簋2（F）、尊1、卣1、爵2、觚2、觯1、盉；玉钺1、戈1、璧琮、管1、鸟1、穿孔玉鱼等玉饰15	共王前后	有腰坑，坑内葬狗
张家坡	M222：62[②]	180°	3.4×1.85～3.57	不明	一棺？	陶鼎5、簋、壶；玉饰；蚌饰	西周晚期夷厉	被盗、有殉狗
张家坡	M1：11[③]	359°	3.65×2～6.4	不明	一棺一椁	铜爵1、觯1、尊1；陶尊1、罐14、鼎2、甗1、爵2、鬲5、簋4、盉2、卣1、觯2；玉柄形饰1、玉饰2、蚌鱼1、蚌泡、贝	穆王	仿铜陶礼器制作粗糙
张家坡	M121[④]	0°	4.48×3.48～11.25	被盗，尸骨不存	两棺一椁	陶盖、釉陶豆；车马器、玉饰、蚌饰、蛤壳、贝、龟甲	恭懿孝	被盗；是此次发掘最深的墓葬
张家坡	M327：01[⑤]	355°	3.2×2～4.34	仰身直肢	一棺一椁	陶鬲；玉饰、小石子、蛤壳	恭懿孝	
马王镇粮站东	M33：7[⑥]	92°	3.4×2.1～2.22	侧身屈肢	一棺一椁	铜鼎2、铜簋2；陶甗1、盉1、尊1、爵2、觯2、鬲1、缶2；玉圭、玉璧2、玉柄形饰；蚌鱼、贝壳	西周晚期夷厉	所发掘墓葬中面积最大者

① 陕西周原考古队：《陕西扶风齐家十九号西周墓》，《文物》1979年第11期。

② 中国科学院考古研究所：《沣西发掘报告》，文物出版社，1962年。

③ 中国社会科学院考古研究所沣西队：《1987、1991年陕西长安张家坡的发掘》，《考古》1994年第10期

④ 中国社会科学院考古研究所：《张家坡西周墓地》，中国大百科全书出版社，1999年。

⑤ 中国社会科学院考古研究所：《张家坡西周墓地》，中国大百科全书出版社，1999年。

⑥ 中国社会科学院考古研究所沣镐队：《1992年沣西发掘简报》，《考古》1994年第11期。

沙[①]、新郑县河李村[②]、碧沙岗[③]等遗址都有发现。鸟柱盘是中原地区具有特色的器物，主要见于安阳、邢台等地区。鸟柱盘和一般的盘盘形相似，器表常装饰象征性花纹彩绘，或羽毛状，或鳞甲状。有的盘内并饰水波纹，俯视恰如水鸟盘旋于水面[④]。

关中地区的东周时期的秦墓中，陶盘也比较常见，但是出现的概率没有中原地区高。据笔者统计，陇县店子[⑤]、凤翔八旗屯[⑥]、高庄[⑦]、咸阳塔儿坡[⑧]等东周时期的秦墓中，陶盘占墓葬所出陶器总数的比例分别为2.5%、2.2%、2.1%、1%，比例明显低于中原地区。关中地区陶盘基本为平底，盘口为圆形、长方形或扁圆形，一部分陶盘制作粗糙、烧制火候低，明显是专为随葬制作的明器。在多数秦墓中，陶盘都是和陶匜共出的，有些还同时随葬有青铜盘，但在宝鸡福临堡、西高泉村、户县宋村、甘肃灵台景家庄等东周秦墓中，有近40%的墓葬中陶匜是和方壶、鬲、盆共出的，而约25%的墓葬中陶盘是和陶盂共出的[⑨]。与中原地区不同的是，东周时期的秦墓中，基本未见仿铜陶盘。战国中期之后，关中地区秦墓中的陶盘数量明显减少，到战国晚期时，秦墓中已经基本不见随葬陶盘，如在西安尤家庄[⑩]、北郊战国中晚期的秦墓中[⑪]，就没有出土一件陶盘。

楚墓中一般随葬日用陶器或仿铜陶礼器。春秋时期的平民墓流行随葬日用陶器。仿铜陶礼器出现于春秋中期，组合为鼎、簠、豆、壶。陶盘在楚墓中基本都是仿铜陶盘，出现于春秋晚期，一直流行到战国晚期。战国时期，多数小型墓葬中也流行随葬仿铜陶礼器。仿铜陶礼器主要有两种组合，一种基本组合为鼎、簠、缶、盘、匜、斗，主要流行于江陵地区；另一种组合为鼎、敦、壶、盘、匜、豆，这种组合多见于鄂北地区。战国晚期，楚墓流行鼎、盆、钫、盘、匜、勺陶礼器组合[⑫]。可以看出，从

① 陈公柔：《河南禹县的白沙战国墓葬》，《考古学报》第7册，1954年。该墓地的M129：4、M153：2为仿铜陶盘。

② 河南省文物研究所新郑工作站：《新郑县河李村东周墓葬发掘简报》，《中原文物》1987年第4期。该墓地M15：11为仿铜陶盘。

③ 河南文物一队：《郑州碧沙岗发掘简报》，《文物参考资料》1956年第3期。该遗址的M227：1、M224：7为仿铜陶盘。

④ 张辛：《中原东周陶器墓葬研究》，科学出版社，2002年。

⑤ 陕西省考古研究所：《陇县店子秦墓》，三秦出版社，1998年。

⑥ 陕西省雍城考古工作队：《陕西凤翔八旗屯秦国墓葬发掘简报》，《文物资料丛刊》第3集，文物出版社，1980年。

⑦ 雍城考古队：《陕西凤翔高庄秦墓地发掘简报》，《考古与文物》1981年第1期。

⑧ 咸阳市文物考古研究所：《塔儿坡秦墓》，三秦出版社，1998年。

⑨ 中国社会科学院考古研究所：《中国考古学 · 两周卷》，中国社会科学出版社，2004年。

⑩ 陕西省考古研究所：《西安尤家庄秦墓》，西安科学技术出版社，2008年。

⑪ 陕西省考古研究所：《西安北郊秦墓》，三秦出版社，2006年。

⑫ 赵从苍等：《两周考古》，文物出版社，2004年。

春秋晚期直至战国末期，仿铜陶盘都是楚墓中重要的随葬器类之一。

东周时期，齐鲁地区的墓葬、燕国墓葬，也都能见到陶盘与陶匜为组合的随葬品。

总的看来，自西周中期开始，青铜盘无论在组合还是形态上，都对陶盘有着显著的影响。西周时期的青铜盘盉组合，以及东周盛行的青铜盘匜组合，很快就被陶盘加以仿效。西周中期出现的仿铜陶盘，更是陶盘深受青铜盘影响的表现。此外，青铜盘对陶盘的影响，可能还表现在陶盘功能的转变上。西周之前的陶盘，多被认为是一种盛放食品的食器。而西周时期的部分陶盘上，开始装饰有圆涡纹、水波纹等于水器上常见的纹饰，在组合上也开始和盉、匜等水器伴出。因此，可能受青铜盘是水器的影响，陶盘在使用功能上，也由原来的食器转变为水器了。

第三节　青铜盘的衰亡

作为体现礼制的重要载体之一，青铜盘的衰亡既有主观方面的原因，也有客观方面的因素，总体而言大致在西周晚期青铜盘开始出现衰落的迹象。河南三门峡虢国墓地的多处西周晚期大中小型墓如M2001、M2011、M2012、M2016等都出土了铜质很差、铸工粗糙、纹饰草率的青铜盘，有的青铜盘圈足上甚至还存留有没有剔除的范土（图9-11 ~ 图9-13）。这些青铜盘通高一般不到10厘米，腹深不过5厘米，重量在1千克左右，这种青铜盘在春秋早期更为多见，很明显已不是贵族在举行礼仪活动时要使用的礼器了，而是专为随葬铸造的明器。虽然从青铜盘整个发展轨迹来看此时还处于高峰期，但盛极而衰是事物发展的一个重要规律，自春秋中期以后，青铜盘渐趋衰落。尤其到了战国中晚期，青铜盘数量急剧下降。据笔者不完全统计，战国中晚期的青铜盘大概仅占整个商周青铜盘的5%，主要出土于

图9-11　附耳盘（M2012：59）

图9-12　附耳盘（M2012：63）

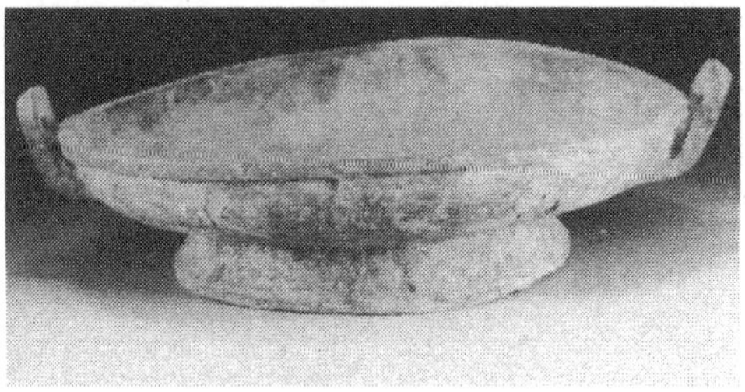

图9-13　附耳盘（M2012：12）

一些小型墓中，而且形制单一，素朴无纹，不见铭文。

盆、鉴、缶、洗这些晚出水器的流行或许也是导致青铜盘逐渐衰落的一个因素。盆的用途在《仪礼 · 士丧礼》记载："新盆，盘，瓶，废敦，重鬲，皆濯，造于西阶下。"郑玄注："盆以盛水。"盆的形制和环耳盘有相似之处，折肩、斜腹、平底。盆出现于西周中期，流行于春秋早中期。主要出土在河南南部、湖北北部、陕西关中及山东等地的中小型墓中，使用阶层广泛，易于其发展。1958年在山东招远县东曲城村的西周晚期墓出有鼎2、簋2、盆1、甗1、壶1，1978年山东日照崮河崖春秋早期墓出土鼎2、壶4、鬲4、盆2、匜1，1975年河南信阳罗山县高店公社一处春秋早期墓出土鼎2、壶1、盆1，1978年河南信阳平桥的春秋早期M1出土鼎1、壶1、匜1、鬲2、盆1，1978年河南信阳明港的一座春秋早期墓出土鼎2、壶2、盆2、鬲2，1988年陕西凤翔邓家崖和八旗屯的几座战国墓葬都出土有盆，可见盆的流行挤占了盘的发展空间，加速了盘的衰落。

鉴的本意是以水照面，陈梦家先生认为鉴的用途有四种：盛水，盛冰，浴器，鉴容；其中盛水是其主要功用①。《说文》："鉴，大盆也。"知鉴与盆无本质区别，也可用来盛水。江西靖安出土的徐王义楚盘自铭为盥盘②，器形似鉴。此种形制的盘与同时期中原地区所见的青铜盘相去甚远，却与在青铜盘之后出现的水器青铜鉴极为相似。这件徐王义楚盘与山西长治分水岭M269出土的四耳鉴，不仅形似纹饰也很接近，只是后者多出两耳而已。与河南淅川下寺春秋楚墓M2出土的鉴，与安徽寿县蔡侯墓出土的吴王光鉴形制均类似，显然徐王义楚盘称作鉴应该比较合理。衵伯庸盘浅腹平唇，附耳，圈足下接四小足，是西周晚期至春秋早期比较多见的青铜盘形制，却自名为鉴，可见当时鉴一定是具有类似于青铜盘的盥洗功能而导致时人将两类器物的器形和名称混淆。苏州虎丘新塘村出土了一件青铜鉴③，大口深腹，四耳衔环，与同时期流行的衔环耳弧腹平底青铜盘在器形方面有诸多相同之处，且出土时鉴内放有一件匜，应该是与匜组合使用。江苏淮阴高庄战国墓④出土的编号为100的鉴，与编号为98的半环耳蹄足盘相比，单从器形上看二者区别似乎只是鉴腹更深，更适宜盛水。鉴既然可以用作盥洗器，那么必然在一定范围挤兑了青铜盘继续发展的空间。

缶有尊缶和盥缶之分，尊缶用来盛酒，盥缶用作水器。缶流行于春秋中期到战国中晚期，它较多出土于一些大型墓中，也见于中小型墓，是楚器中最具特色的器类之一，也是最流行的水器。河南淅川下寺M1和安徽寿县蔡侯墓出土的几件缶都分别自名盥缶、浴缶，个别缶出土时内也放置形状较小的匜，知缶也可用来盥洗、沐浴。显然

---

① 陈梦家：《寿县蔡侯墓铜器》，《考古学报》1956年第2期。

② 江西省历史博物馆：《江西靖安出土的春秋徐国铜器》，《文物》1980年第8期。

③ 苏州博物馆：《苏州虎丘东周墓》，《文物》1981年第11期。

④ 淮阴市博物馆：《淮阴高庄战国墓》，《考古学报》1988年第2期。

缶的流行抢占了青铜盘的生存空间，削弱了青铜盘的地位。洗是专门用来洗手洗脸的日常用品，出现于战国晚期，形制和功能与同时期的青铜盘最相似。随着战国时期礼乐制度的进一步衰落，在烦琐的沃盥礼仪逐渐被废弃的同时，在较低阶层的日常生活洗的地位开始逐步提高，并逐渐取代了青铜盘。

盘既已衰落，将退出历史舞台，那与之配套使用的匜情况又是怎样呢？大概从春秋中晚期开始匜的形制不断简化，从初始有流有鋬有足，逐渐演变简省成无足无鋬短流，或者流旁边生一曲柄，以便把握，总之其形与舀水的瓢渐趋一致[①]。认为洗与瓢就是盘匜组合的替代品应该大致无误吧。

商周时期的社会是贵族礼制社会，青铜器乃商周时期贵族在各种礼仪活动中使用的器物[②]。“礼崩乐坏”是东周时期的大趋势，烦琐的沃盥之礼在行用了漫长的时期后，逐渐为贵族阶层所废弃，青铜盘在人们心目中已经不再占据重要的地位，自然也就衰落了。巫鸿对中国古代青铜礼器的衰亡有独特的见解，援引如下：

> “礼器的制作在很大程度上被奢侈品的制造所替代。在强大的地方统治者的赞助下，一种奢靡的艺术风格成为时尚。纪念性的铭文不再流行；青铜器上的文字标明这些器具是嫁妆或弄器。缺乏宗教意义的装饰充斥于器物之上，器物成了描绘宴饮、竞射以及攻杀等画像的媒介。……古老的纪念碑性的各个重要方面——纪念性的铭文、象征性的装饰，以及外形就这样被一一抛弃，这种反方向的发展最终导致青铜礼器的衰亡。……与之相反，用多种材料制作的精美镶嵌器物满足了当时人们对奢侈的需求。这些作品有雕塑、镜子、带钩、乐器、饮食器，甚至溺器。”[③]

---

① 阴玲玲：《两周青铜匜研究》，西北大学硕士毕业论文，2008年。

② 李先登：《浅析商周青铜器动物纹饰的社会功能——以晚商周初兽面纹为例》，《中原文物》2009年第5期。

③ 巫鸿著、李清泉等译：《中国古代艺术与建筑中的“纪念碑性”》，上海人民出版社，2009年。

结　语

通过以上对商周时期青铜盘所做的初步研究，大体可以了解到目前所知最早的青铜盘出现在商代早期，到西周晚期至春秋早期发展到高峰期，战国时期又逐渐衰落，经历了这么一个由发展、鼎盛到逐渐衰落的过程。东周结束后，青铜盘并没有立即消失，在秦汉时期的墓葬仍有青铜盘出土。江苏徐州石桥出土的"赵姬沐盘"[①]，形制依旧延续的是战国晚期的青铜盘。《仪礼·士冠礼》："夙兴，设洗，直于东荣。南北以堂深。水在洗东。"秦汉时期流行的水器是洗，早期的洗大口深腹，其形制与青铜盘差别较大，但时代较晚的洗与战国中晚期流行的无耳青铜盘形制相近，应该有一定的衍生关系，最后又逐渐取代了青铜盘，成为人们日常生活中普遍使用的漱洗用器。

---

① 中国青铜器全集编辑委员会：《中国青铜器全集》卷12，文物出版社，1996年。

附录　商周时期其他质地的盘

商周时期，除了青铜盘和陶盘外，还有一些其他质地的盘，如玉盘、石盘、铅盘、漆盘等。

玉盘和石盘主要见于商代，数量很少。殷墟妇好墓出土玉盘一件，是仿制当时青铜盘制作的。玉盘呈白色，口部呈长方形，圆角，平沿，腹微内收，平底，圈足较高，圈足两侧各有十字形孔三个，两端各有十字形孔一个。腹有弦纹一周。高4.3、口长14.6厘米。这件玉盘虽然和同墓所出的两件青铜盘（标本777，标本853）装饰风格不尽相同，但是和青铜盘777形制较为接近。

商代还发现有极少数的石盘，如武官村大墓中发现有2件石盘[①]，一件直口曲壁圈足，口径推测约28.6、足径16.8、厚2.3厘米。壁外、腹内、足外均琢成阳文。另一件盘仅存口部，外有篆纹。

铅盘主要出现在东周时期，数量也极为稀少。在洛阳中州路发掘的东周墓葬M1041中，出土有铅盘及铅质鼎、簋、匜各1件，这些铅器都是仿制当时青铜盘制作的明器[②]。山东长清岗辛战国墓中，也出有铅盘在内的铅质明器7件，这些器物的形制、大小，都和同一墓葬中出土的铜制明器相同，显然是模仿铜明器制造的[③]。

东周时期，漆盘是一种较为常见的随葬品。三门峡虢国墓地的M1707、河北平山中山国王墓、巴蜀文化成都商业街的船棺葬以及楚墓中，都出土有漆盘，但是由于保存状况不好，很难知道漆盘在形态上是否受过青铜盘的影响。

---

① 郭宝钧：《一九五〇年春殷墟发掘报告》，《中国考古学报》第5册，1951年。

② 中国科学院考古研究所：《洛阳中州路》，文物出版社，1959年。

③ 山东省博物馆、长清县文化馆：《山东长清岗辛战国墓》，《考古》1980年第4期。

附　　表

附表一　出土青铜盘统计一览表

序号	出土时间地点	名称	盘耳	通高（厘米）	口径（厘米）	纹饰	铭文	时代	类型	分期	共存青铜礼器	墓室面积（平方米）	资料来源	备注
1	1980年北京拣选	龟鱼纹盘	无	15.5	41.7	龟纹、鱼纹	无	中商	第一类Aa型Ⅱ式	二	不详	不详	《文物》1981.11	
2	北京拣选	饕餮纹盘	无	7	27	饕餮纹	无	晚商	第一类Ab型Ⅲ式	三	不详	不详	《文物》1982. 9	
3	1977年北京平谷	鱼纹盘	无	9.5	25.5	鱼纹、圆涡纹、弦纹、联珠纹	无	晚商	第一类Ab型Ⅰ式	三	鼎5、鬲1、甗1、爵1、斝1、卣1、盉1、罍1	不详	《文物》1977.11	
4	1977年北京平谷	龟鱼纹盘	无	20.5	38.8	龟纹、鱼纹、斜角云纹	无	晚商	第一类Aa型Ⅰ式	三	同上	不详	同上	
5	北京琉璃河M54：28	妃盘	无	10	29	兽面纹	4	西早	第一类Ab型	四	鼎1、簋1	9.2	《考古》1974.5①	重3.39千克
6	1974年琉璃河M253	蝉纹盘	附耳	11.5	32	蝉纹、鸟纹	无	西早	第二类A型Ⅱ式	四	鼎6、簋2、鬲4、甗1、爵2、觯1、尊1、卣2、盉1、壶1	17.85	《琉璃河西周燕国墓地》	1.67千克
7	1974年北京琉璃河M251	伯矩盘	无	11	33	兽面纹	7	西早	第一类Ab型Ⅲ式	四	鼎6、簋1、鬲2、甗1、爵2、觯1、尊1、卣2、盉1	16.65	《琉璃河西周燕国墓地》	2.82千克

① 中国科学院考古研究所、北京市文物管理处、房山县文教局琉璃河考古工作队：《北京附近发现的西周奴隶殉葬墓》，《考古》1974年第5期，309～321页。

续表

序号	出土时间地点	名称	盘耳	通高（厘米）	口径（厘米）	纹饰	铭文	时代	类型	分期	共存青铜礼器	墓室面积（平方米）	资料来源	备注
8	北京延庆军都山	勾云纹盘	附耳	11.8	39.2	勾云纹、垂鳞纹	无	春中	第二类 A型Ⅶ式	七	匜1	不详	《文物》1989.8	
9	1966年河北唐县南伏城	素面盘	附耳	8	20	素面	无	西周	第二类		鼎1、簋1、壶1、鬲1、盘1、匜1		《河北出土青铜器》	窖藏
10	1978年河北元氏县西张村	素面盘[①]	无	5.5	21.5	素面	无	西中	第一类 Ab型Ⅲ式	五	鼎1、簋1、甗1、尊1、爵2、卣2、盉1	不详	《考古》1979.1[②]	
11	1984年河北灵寿西岔头	鱼纹盘	兽耳	11	35	菱形雷纹、鱼纹、兽纹	无	战早	第四类 Ba型	八	鼎2、豆1、瓿1、匜1、舟1	3.15	《文物》1986.6[③]	
12	河北新乐中同村	素面盘	立耳	8	21	素面	无	战早	第三类 A型Ⅰ式	八	鼎1、甗1、豆1、壶1、舟1	8.75	《文物》1985.6	
13	河北唐山贾各庄	蟠螭纹盘	附耳	11.6	35.1	几何纹、蟠螭龙纹	无	战早	第二类 A型Ⅶ式	八	簋、豆、匜、敦	20	《学报》第六册	
14	河北邯郸百家村 M57：43	蟠螭纹盘	附耳		32.4	蟠螭纹	无	战早	第二类 B型	八	鼎3、壶1、甗1、舟豆1、匜1	23后川.8	《考古》1962.12[④]	
15	1977年小屯 M18：14	蟠龙纹盘	无	11.2	32.7	目雷纹、饕餮纹、鱼纹、龙纹	无	晚商	第一类 Ab型Ⅲ式	三	鼎3、簋1、甗2、斝2、尊2、爵5、觚5、罍1、卣2、箕形器1	10.1	《学报》1981.4[⑤]	4千克

① 这件盘的彩图见于马自树：《中国文物定级图典·三级品》，上海辞书出版社，2001年，248页。
② 河北省文物管理处：《河北元氏县西张村的西周遗址和墓葬》，《考古》1979年第1期，23～26页。
③ 文启明：《河北灵寿县西岔头村战国墓》，《文物》1986年第6期，20～24页。
④ 河北省文化局文化工作队：《河北邯郸百家村战国墓》，《考古》1962年第12期，613～634页。
⑤ 中国社会科学院考古研究所安阳工作队：《安阳小屯村北的两座殷代墓》，《考古学报》1981年第4期，491～518页。

续表

序号	出土时间地点	名称	盘耳	通高（厘米）	口径（厘米）	纹饰	铭文	时代	类型	分期	共存青铜礼器	墓室面积（平方米）	资料来源	备注
16	郑州白家庄M2：128	夔纹盘	无	10.5	29.2	夔纹	无	中商	第一类Ab型Ⅰ式	二	鼎1、斝1、爵1、罍1	不详	《文参》1955.10	
17	1982年郑州回民食品厂窖藏	弦纹盘	无	12.7	49	弦纹	无	中商	第一类Ab型Ⅱ式	二	鼎5、觚2、尊2、卣1、罍1		《文物》1983.3[①]	
18	1990年小屯郭家庄M160	亚址盘	无	15.8	38.8	鳞纹、龙纹	2	晚商	第一类Aa型Ⅲ式	四	鼎簋甗斝角10觚10觯尊罍盉	13.1	《考古》1991.4	
19	1980年小屯大司空M539：20	鼓寝盘	无	11.5	33.2	云雷纹、兽面纹	2	晚商	第一类Ab型Ⅲ式	三	鼎簋甗各1，爵2觚2,斝罍卣觯各1	6	《考古》1992.6[②]	
20	小屯大司空M303	夔纹盘	无	12.9	34.3	夔纹、联珠纹	无	晚商	第一类Ab型Ⅲ式	三	鼎7、簋2、甗1、觚6、爵10、斝2、尊2、卣2、壶1、盉1、罍1、觯1、斗2	9.9	《学报》2008.3	
21	1976年小屯M5	妇好盘	无	13	36.6	蟠龙纹、鸟纹、鱼纹	2	晚商	第一类Ab型Ⅲ式	三	鼎、簋、甗、斝、爵、觚、罍、尊、卣、瓿、觯、彝、壶、觥	22.4	《殷墟妇好墓》	
22	小屯M232	鱼纹盘	无	11	32.8	龟纹、鱼纹、弦纹	无	晚商	第一类Ab型Ⅰ式	三	鼎1、爵2、斝2、觚2、罍1、瓿1	7.9	《小屯》	
23	1984年小屯M1713	素面盘	无	7.8	23	素面	无	晚商	第一类Ab型Ⅱ式	三	鼎、簋、尊、爵、卣、觚等	4.7	《考古》1986.4	

① 河南省文物研究所、郑州市博物馆：《郑州新发现商代窖藏青铜器》，《文物》1983年第3期，49～59页。

② 中国社会科学院考古研究所安阳工作队：《1980年河南安阳大司空村M539发掘简报》，《考古》1992年第6期。

续表

序号	出土时间地点	名称	盘耳	通高（厘米）	口径（厘米）	纹饰	铭文	时代	类型	分期	共存青铜礼器	墓室面积（平方米）	资料来源	备注
24	1984年小屯M259：4	鱼纹盘	无	19.4	46.3	盘内圆涡纹鱼纹；外壁联珠纹和夔龙纹；圈足饰兽面纹	无	晚商	第一类Aa型II式	三	甗1、鼎1	8.6	《学报》1987.1[1]	
25	安阳侯家庄西北冈M1400	鳞纹盘		13.5	46.6	鳞纹、夔纹	无	晚商	第一类Ab型Ⅱ式		不详		《李济文集》（四）	
26	1976年小屯M5	蟠龙纹盘	无	16	41	兽面纹、蟠龙、鱼纹	无	晚商	第一类Aa型Ⅱ式	三	同上	同上	同上	
27	传安阳出土	鱼纹盘	无	10	31.2	鱼纹、虎纹、鸟纹、蟠龙纹	无	晚商	第一类Ab型Ⅲ式	三	不详	不详	《全集》卷3	
28	传安阳出土	鱼纹盘	无	12.3	32.4	鱼纹、鸟纹、龙纹	无	晚商	第一类Ab型Ⅲ式	三	不详	不详	《全集》卷3	
29	传安阳出土	旅盘	无	16.5	33	龟纹、鱼纹、鸟纹、虎纹、兽面纹	1	晚商	第一类Ab型Ⅲ式	三	不详	不详	《综览》盘17	
30	1997年河南鹿邑M1：210	兽面纹盘	无	12.4	31.5	兽面纹、夔纹、联珠纹	无	西早	第一类Ab型Ⅳ式	四	鼎22、簋3、甗2、觚8、鬲2、壶2、盉1、觯5、罍2、卣6、觥3	59.7	《考古》2000.9[2]	
31	河南平顶山应国M84	龙纹盘	附耳	10	40.5	顾龙纹	6	西中	第二类A型Ⅲ式	五	鼎2、甗1、盉1、尊1、卣1、爵1、觯1、盨1	10.4	《文物》1998.9	

① 中国社会科学院考古研究所安阳队：《殷墟259、260墓发掘报告》，《考古学报》1987年第1期，99～117页。

② 河南省文物考古研究所、周口地区文化局：《河南鹿邑县太清宫西周墓的发掘》，《考古》2000年第9期，9～23页。

续表

序号	出土时间地点	名称	盘耳	通高（厘米）	口径（厘米）	纹饰	铭文	时代	类型	分期	共存青铜礼器	墓室面积（平方米）	资料来源	备注
32	洛阳东郊M906	弦纹盘	附耳	5.9	26.5	弦纹	无	西晚	第二类A型Ⅵ式	六	鼎1、壶1、匜1、盨1	12	《考古》1995.9	
33	河南平顶山M95	素面盘	无	5.6	18.1	素面	无	西晚	第一类Ab型Ⅳ式	六	鼎5、簋6、鬲4、壶2、甗2、匜1、尊1	15.36	《华夏考古》1992.3	
34	1998年3月三门峡市花园北街	素面盘	立耳	6.6	11.2	素面	无	西晚	第三类A型Ⅰ式	六	鼎1、簋1、盉1	11.6	《文物》1999.11[①]	
35	1988年河南平顶山PY临M1：	应姚盘	附耳	10	37	窃曲纹	19	西晚	第二类A型Ⅲ式	六	鼎1、簋3、鬲2、匜1	不详	《考古》2003.3[②]	
36	三门峡上村岭M2006	窃曲纹盘	附耳	12.8	32	窃曲纹	无	西晚	第二类A型Ⅳ式	六	鼎3、甗1、鬲4、簠1、壶2、盉1、尊、爵、觯	14.1	《文物》1995.1	
37	三门峡M2001	虢季盘	附耳	17	39.8	窃曲纹、鳞纹	8	西晚	第二类Cc型Ⅱ式	六	鼎10、簋9、鬲8、簠2、壶4、盉3等	19.98	《三门峡虢国墓》	4件
38	洛阳白马寺	重环纹盘	附耳	9.5	27.5	重环纹	无	西晚	第二类A型Ⅳ式	六	鼎、簋、盉、壶	5.1	《文物》1998.10	
39	洛阳白马寺M1：4	瓦纹盘	附耳	5.7	18.6	瓦纹	无	西晚	第二类A型Ⅳ式	六	鼎、簋、觚、爵、甗	6.46	同上	
40	虢国墓M2001：109	重环纹盘	附耳	7	16	重环纹	无	西晚	第二类A型Ⅵ式	六	鼎10、簋9、鬲8、甗1、簠2、壶4、盉3	19.98	《三门峡虢国墓》	
41	虢国墓M2001：149	素面盘	附耳	10	25	素面	无	西晚	第二类Ca型	六	同上	19.98	同上	

① 三门峡市文物工作队：《三门峡市花园北街发现一座西周墓葬》，《文物》1999年第11期，17～22页。

② 平顶山市文物管理局（娄金山）：《河南平顶山市出土的应国青铜器》，《考古》2003年第3期，92、93页。

续表

序号	出土时间地点	名称	盘耳	通高（厘米）	口径（厘米）	纹饰	铭文	时代	类型	分期	共存青铜礼器	墓室面积（平方米）	资料来源	备注
42	M2001：107	素面盘	附耳	7	23	素面	无	西晚	第二类 Ca型	六	同上	19.98	同上	
43	M2012：37	窃曲纹盘	附耳	14.4	33.4	窃曲纹、垂鳞纹、重环纹	无	西晚	第二类 Cc型Ⅱ式	六	鼎11、簋10、鬲8、簠2、匜1、盉6	20.67	同上	
44	M2012：12	重环纹盘	附耳	7.8	26.2	重环纹	无	西晚	第二类 A型Ⅳ式	六	同上	20.67	同上	
45	M2012：59	素面盘	附耳	8.4	24.2	素面	无	西晚	第二类 A型Ⅳ式	六	同上	20.67	同上	
46	M2012：63	素面盘	附耳	9.8	19.8	素面	无	西晚	第二类 Ca型	六	同上	20.67	同上	
47	M2012：65	素面盘	附耳	6.8	18.4	素面	无	西晚	第二类 A型Ⅳ式	六	同上	20.67	同上	
48	M2012：58	素面盘	附耳	3.5	16	素面	无	西晚	第二类 A型Ⅳ式	六	同上	20.67	同上	
49	M2011：44	重环纹盘	附耳	11	32.8	重环纹	无	西晚	第二类	六	鼎9、簋8、鬲8、甗1、壶4、匜1	23.94	同上	
50	M2017：12	窃曲纹盘	附耳	9.9	21	窃曲纹	无	西晚	第二类 Ca型	六	鼎2、簋1、匜1	9.8	同上	
51	M2016：12	素面盘	附耳	7.8	20.4	素面	无	西晚	第二类 Ca型	六	鼎、簋		同上	
52	河南平顶山M95	应伯盘	附耳	11.8	37	蝉纹	10	西周	第二类 A型Ⅲ式	六	鼎5、簋6、鬲4、壶2、匜1、甗2、尊1	15.36	《华夏考古》1992.3	
53	三门峡M2013：6	弦纹盘	附耳	18.2	43.2	弦纹	无	西晚	第二类 A型Ⅲ式	六	鼎、簠、匜	12.32	《三门峡虢国墓》	

续表

序号	出土时间地点	名称	盘耳	通高（厘米）	口径（厘米）	纹饰	铭文	时代	类型	分期	共存青铜礼器	墓室面积（平方米）	资料来源	备注
54	三门峡M2010：2	窃曲纹盘	附耳	14	32.5	窃曲纹、重环纹、鳞纹	无	西末	第二类Ca型	六	鼎、簋、甗、壶、匜	21.6	《文物》2000.12	
55	1975年河南桐柏	窃曲纹盘	附耳	17	41	窃曲纹、鳞纹	存7字	春早	第二类Cc型Ⅱ式	六	鼎3、鬲2、豆4、壶2、匜1	不详	《考古》1983.8①	
56	1975年河南信阳罗山县高店公社	鄹子宿车盘	兽耳	9.2	39.4	绹索纹	15	春早	第四类Ba型	六	鼎2、壶1、盆1、匜1、钅和 1	不详	《中原》1981.4②	
57	1978年河南信阳平桥M1	樊夫人盘	附耳	13.3	35.5	窃曲纹、斜云纹	9	春早	第二类A型Ⅳ式	六	鼎1、壶1、匜1、鬲2、盆1	14.96	《文物》1981.1	
58	同上M2	窃曲纹盘	附耳	11.8	36.2	窃曲纹、蟠螭纹	无	春早	第二类A型Ⅳ式	六	壶2、匜1、簠4、鼎2	16.17	《文物》1981.1	
59	河南三门峡上村岭M1820：24	窃曲纹盘	附耳	15.8	45	窃曲纹、垂鳞纹	无	春早	第二类Cc型Ⅱ式	六	鼎3、簋4、鬲2、簠2、罐2、匜1、甗1	16	《上村岭虢国墓地》	
60	同上M1721：1	重环纹盘	附耳	9.1	27.2	重环纹	无	春早	第二类A型Ⅳ式	六	鼎3、匜1	11.34	同上	
61	同上M1706：74	重环纹盘	附耳	12.5	36.8	重环纹、鳞纹	无	春早	第二类A型Ⅴ式	六	鼎5、簋、壶、匜、鬲	14.52	同上	
62	同上M1601：15	窃曲纹盘	附耳	13	36.2	窃曲纹、垂鳞纹	无	春早	第二类Cc型Ⅱ式	六	匜1	13.64	同上	
63	同上M1744：1	蟠龙纹盘	附耳	15.5	35.5	蟠龙纹、鱼纹	无	春早	第二类A型Ⅳ式	六	鼎1、匜	13.60	同上	

① 信阳地区文物工作队：《河南桐柏县发现一批春秋铜器》，《考古》1983年第8期，701、702转715页。
② 信阳地区文管所、罗山县文化馆：《罗山县高店公社又发现一批春秋时期青铜器》，《中原文物》1981年第4期，18～21页。

续表

序号	出土时间地点	名称	盘耳	通高（厘米）	口径（厘米）	纹饰	铭文	时代	类型	分期	共存青铜礼器	墓室面积（平方米）	资料来源	备注
64	同上M1761：2	蟠龙纹盘	附耳	14.2	35	蟠龙纹、斜云纹	无	春早	第二类A型Ⅲ式	六	鼎1、匜1	11.7	同上	
65	同上M1689：35	素面盘	立耳	9	19.5	素面	无	春早	第三类A型Ⅰ式	六	鼎、簋、盉、匜	17.28	同上	
66	同上M1602：149	窃曲纹盘	附耳	13	33.5	窃曲纹、重环纹、鳞纹	无	春早	第二类Ca型	六	鼎、簋、鬲、匜	14.72	同上	
67	同上M1705	重环纹盘	附耳	9	28	重环纹、鳞纹	无	春早	第二类A型Ⅳ式	六	鼎3、簋4、壶2、匜1、罐1	7.24	同上	
68	同上M1767：20	窃曲纹盘	附耳	不详	不详	窃曲纹、垂鳞纹	无	春早	第二类Cc型Ⅱ式	六	匜	16.7	同上	
69	同上M1711：18	重环纹盘	附耳	不详	不详	重环纹	无	春早	第二类A型Ⅴ式	六	鼎2、匜1	10.25	同上	
70	同上M1052：174	重环纹盘	附耳	不详	不详	重环纹	无	春早	第二类A型Ⅳ式	六	鼎7、簋6、鬲6、甗1、豆1、壶2、盉1	24.36	同上	
71	同上M1702：148	重环纹盘	附耳	不详	不详	重环纹	无	春早	第二类Cc型Ⅱ式	六	鼎1、匜1	10.8	同上	
72	同上M1689：25	素面盘	附耳	不详	不详	素面	无	春早	第二类A型Ⅳ式	六	鼎4、簋5、盉1、匜1	17.2	同上	
73	同上M1701：46	素面盘	附耳	不详	不详	素面	无	春早	第二类A型Ⅳ式	六	鼎1、匜1	12.88	同上	
74	同上M1714：11	素面盘	附耳	不详	不详	素面	无	春早	第二类A型Ⅳ式	六	鼎1、匜1	6.6	同上	
75	同上M1810：5	重环纹盘	附耳	不详	不详	重环纹	无	春早	第二类A型Ⅳ式	六	鼎5、簋4、鬲4、甗1、豆1、壶2、盉1	12.76	同上	

续表

序号	出土时间地点	名称	盘耳	通高（厘米）	口径（厘米）	纹饰	铭文	时代	类型	分期	共存青铜礼器	墓室面积（平方米）	资料来源	备注
76	洛阳M7226：6	素面盘	附耳	10	24.6	素面	无	春晚	第二类 Da型Ⅲ式	八	鼎1、匜、舟、豆、罍	8.51	同上	
77	1964年河南桐柏左庄月河公社	昶白盘	附耳	13	38	鳞纹、斜云纹	17	春早	第二类 Ca型	六	鼎1、罍1、匜1、戈1	不详	《考古》1965.7[①]	
78	1973年河南淮阳	曹公盘	附耳	8	38.5	蝉纹、窃曲纹	22	春早	第二类 A型Ⅳ式	六	不详	不详	《中原》1981.4	
79	1972年河南罗山高店公社	单盘	附耳	17	41.8	腹饰窃曲纹，圈足饰垂鳞纹，附耳饰重环纹	18	春早	第二类 Cc型Ⅱ式	六	匜1、壶1	窖藏	《文物》1980.1[②]	10.03千克
80	洛阳中州路M2415	蟠螭纹盘	附耳	11	36.6	蟠螭纹	无	春中	第二类 A型Ⅳ式	七	鼎、簋、匜、舟、勺	15.4	《洛阳中州路》	
81	洛阳中州路M2717	素面盘	衔环	10.2	36	素面	无	春早	五类	八	鼎3、鬲2、豆4、壶5、匜2、舟1		同上	
82	洛阳中州路M6：13a	素面盘	附耳	9.2	35.5	素面	无	春中	第二类 Da型Ⅱ式	七	鼎1、簋1、匜1	7.68	同上	
83	河南桐柏月河墓地M4：9	窃曲纹盘	附耳	11.4	35	窃曲纹	无	春早	第二类		鼎2、鬲2、罍1、匜1	10.23	《文物》2005.8	
84	河南桐柏月河墓地M22：5	顾龙纹盘	附耳	13.2	40.5	顾龙纹、垂鳞纹	无	春早	第二类		鼎2、壶2、匜1	10.64	同上	

① 儒林：《河南桐柏发现周代铜器》，《考古》1965年第7期，371～372页。
② 信阳地区文管会、罗山县文化馆：《河南罗山县发现春秋早期铜器》，《文物》1980年第1期，51～53页。

续表

序号	出土时间地点	名称	盘耳	通高（厘米）	口径（厘米）	纹饰	铭文	时代	类型	分期	共存青铜礼器	墓室面积（平方米）	资料来源	备注
85	1974年河南信阳县长台关公社	窃曲盘	附耳	14	38.5	窃曲纹垂鳞纹	无	春早	第二类Cc型Ⅱ式	六	匜2	不详	《文物》1980.1①	
86	1979年河南信阳吴家店杨河	甫哀白者君盘	附耳	16.3	40	窃曲纹间目纹、垂鳞纹	20	春早	第二类Cc型Ⅱ式	六	鼎2、匜1	7.5	同上	
87	1980年河南泌阳	蟠龙纹盘	附耳	14.5	36.8	蟠龙鱼纹、斜云纹	无	春早	第二类A型Ⅲ式	六	昶、仲、匜	不详	《文物丛刊》6	
88	河南淅川毛坪楚墓	蟠虺纹盘	衔环	7.1	36	蟠虺纹	无	春晚	五类Da型	八	鼎5、簠2、匜1	不详	《中原》1982.1②	
89	1978年河南潢川	佳番君盘	附耳	12	31.5	窃曲纹、鳞纹、蟠龙纹	18	春早	第二类Cc型Ⅱ式	六	鼎1、簋1、壶1、罍1	不详	《文物》1979.9	
90	1996年河南潢川县高稻场M9	曾姬盘	半环	11.7	39.15	素面	7	春晚	第六类		匜1、豆2、舟1、鼎2、敦2		《曾国青铜器》	
91	1978年河南信阳县明港	蟠虺纹盘	附耳	10.7	35.4	窃曲纹、鳞纹	无	春早	第二类A型Ⅳ式	六	鼎2、壶2、盆2、鬲2、勺1	不详	《中原》1981.4③	
92	1981年河南信阳县明港	素面盘	附耳	11	32.2	素面	无	春早	第二类Df型	六	鼎4、壶3、鬲2、匜1、勺1	不详	同上	
93	1971年郑州尉氏县河东周村	蟠龙纹盘	附耳	不详	不详	耳上饰蟠龙纹	无	春中	第二类Da型Ⅱ式	七	鼎2、簋4、匜4、壶1、簠2、舟3、甗3、敦4	不详	《中原》1982.4④	

① 信阳地区文官会：《河南信阳发现两批春秋铜器》，《文物》1980年第1期，42～45页。

② 淅川县博物馆、南阳地区文物队：《淅川县毛坪楚墓发掘简报》，《中原文物》1982年第1期，42～46页。

③ 信阳地区文管会、信阳县文化馆：《信阳县明港发现两批春秋早期青铜器》，《中原文物》1981年第4期，16、17页。

④ 郑州市博物馆：《尉氏出土一批春秋时期青铜器》，《中原文物》1982年第4期，32～35页。

续表

序号	出土时间地点	名称	盘耳	通高（厘米）	口径（厘米）	纹饰	铭文	时代	类型	分期	共存青铜礼器	墓室面积（平方米）	资料来源	备注
94	2001年洛阳西工区M7256：4	素面盘	附耳	13	38	素面	无	春中	第二类Cc型Ⅱ式	七	鼎1、匜、舟、簋	不详	《考与文》2003.2	
95	洛阳西工区M7258：7	素面盘	附耳	10	34.2	素面	无	春中	第二类Da型Ⅵ式	七	鼎、匜、舟、簋	不详	同上	2件
96	1981年洛阳西工区C1M4：5	素面盘	附耳	8.3	30.5	素面	无	春中	第二类Cc型Ⅱ式	七	鼎1、簋1、舟1、匜1	7.14	《中原》1983.4①	
97	1981年洛阳西工区C1M124：3	素面盘	附耳	8.6	37	素面	无	春中	第二类Da型Ⅲ式	七	鼎1、簋1、舟1、匜1	7.92	同上	
98	1983年河南光山县宝相寺北侧G1	黄君孟盘	附耳	12.6	37.5	窃曲纹、鳞纹	16	春中	第二类A型Ⅳ式	五	鼎2、壶2、鬲2、豆2、盉1、匜	约100	《考古》1984.4②	匜放盘上
99	1983年河南光山县宝相寺北侧G2	黄子盘	附耳	12.2	34.5	蟠虺纹、鳞纹	16	春中	第二类A型Ⅳ式	五	鼎2、豆2、壶2		同上	
100	1971年河南新野小西关M1	重环纹盘	附耳	11	37.5	重环纹、蟠螭纹、鳞纹	无	春中	第二类A型Ⅲ式	七	鼎2、甗1、簠2、匜1	9.5	《文物》1973.5	
101	淅川下寺M7：2	蟠虺纹盘	附耳	10	38.4	蟠虺纹、云纹、绹纹	无	春中	第二类Da型Ⅰ式	七	鼎、簠、缶、匜、盏、勺等	35	《淅川下寺春秋楚墓》	

① 洛阳市文物工作队：《洛阳两座东周铜器墓》，《中原文物》1983年第4期，17～18页。

② 河南信阳地区文管会、光山县文管会：《春秋早期黄君孟夫妇墓发掘报告》，《考古》1984年第4期，302～332页，转348页。

续表

序号	出土时间地点	名称	盘耳	通高（厘米）	口径（厘米）	纹饰	铭文	时代	类型	分期	共存青铜礼器	墓室面积（平方米）	资料来源	备注
102	同上M36：7	蟠虺纹盘	衔环	8	39	蟠虺纹、绹索纹	无	春中	五类C型Ⅰ式	七	鼎2、簠2、缶2、匜1	13.16	同上	
103	1954年洛阳西郊M2	素面盘	附耳	13	40	素面	无	春中	第二类Da型Ⅱ式	七	鼎1、匜1、敦1	3.64	《考古学报》1956. 2	
104	2001～2002年洛阳西工区C1M7258	素面盘	附耳	10	34.2	素面	无	春中	第二类		鼎1、簋1、匜1、舟1		《考与文》2003.2	
105	1966年河南潢川县高稻场大队	蟠虺纹盘	衔环	9	31.6	变形蟠虺纹	无	春晚	五类Ba型Ⅱ式	八	簠1、匜1、缶1、舟1、鼎1、敦1	不详	《文物》1980.1①	2.2千克
106	淅川下寺M2：52	倗盥盘	衔环	12.8	43	蟠虺纹、绹索纹	4	春晚	五类C型Ⅱ式	八	鼎、簋、鬲、簠、豆、缶、匜、盉、壶、盆、鉴、盏、斗、勺、匕	59.15	《淅川下寺春秋楚墓》	
107	同上M1：69	蟠虺纹盘	衔环	9	39.7	蟠虺纹、绹索纹、锯齿纹	无	春晚	五类C型Ⅰ式	八	鼎13、簋1、鬲2、簠2、缶4、匜1、壶2、盉1、斗1、勺2、盏1等	59.15	《淅川下寺春秋楚墓》	
108	同上M3：1	郑中姬盘	衔环	12	41	蟠虺纹、绹索纹	34	春晚	五类C型Ⅱ式	八	鼎6、簠4、缶4、匜1、盉1、壶1、鉴1、盏1、斗1	22.55	《淅川下寺春秋楚墓》	

① 信阳地区文管会、潢川县文化馆：《河南潢川县发现黄国和蔡国铜器》，《文物》1980年第1期，46～50页。

续表

序号	出土时间地点	名称	盘耳	通高（厘米）	口径（厘米）	纹饰	铭文	时代	类型	分期	共存青铜礼器	墓室面积（平方米）	资料来源	备注
109	同上M4：3	蟠虺纹盘	衔环	8.6	3.3	蟠虺纹、绹索纹	无	春晚	五类C型II式	八	鼎1、簠1、缶1、匜1	18.8	《淅川下寺春秋楚墓》	
110	同上M10：41	蟠虺纹盘	衔环	6	45	蟠虺纹、绹索纹	无	春晚	五类C型II式	八	鼎4、簠2、缶4、匜1、敦1、勺2、斗1、钟、镈	23.01	《淅川下寺春秋楚墓》	
111	1993年河南南阳桐柏县M1南坑：10	蝉纹盘	衔环	9.2	40.2	蝉纹、绹索纹、勾连纹	无	春晚	五类C型II式	八	鼎2、缶2、匜1、壶2、盂	96.8	《中原》1997.4[①]	
112	1979年河南新郑M1：2	素面盘	附耳	10	39	耳饰兽面纹	无	春晚	第二类Da型Ⅱ式	八	鼎1、敦1、匜1、舟1	不详	《考古》1983.8[②]	
113	2001～2002年洛阳西工区M7256	素面盘	附耳	13	38	素面	无	春中	第二类Da型Ⅴ式	八	鼎2、匜、舟、豆、罍	不详	《考与文》2003.2	
114	1980年河南固始万营山	素面盘	衔环	8.8	38	素面	无	春晚	第五类	六	鼎2、缶1、簠1、敦1、匜1、舟1	不详	《考古》1992.8	
115	2001～2002年洛阳西工区C1M7039	素面盘	附耳	8	32	素面	无	春晚	第二类Da型Ⅴ式		鼎2、豆1、罍2、匜1、舟1	10.4	《考与文》2003.2	

① 南阳市文物研究所、桐柏县文管所：《桐柏月河一号春秋墓发掘简报》，《中原文物》1997年第4期，8～23页。

② 河南省文物研究所新郑工作站：《河南新郑县李家村发现春秋墓》，《考古》1983年第8期，703～706页。

续表

序号	出土时间地点	名称	盘耳	通高（厘米）	口径（厘米）	纹饰	铭文	时代	类型	分期	共存青铜礼器	墓室面积（平方米）	资料来源	备注
116	2001～2002年洛阳西工区C1M7226	素面盘	附耳	10	24.6	素面	无	春晚	第二类		鼎1、罍2、豆2、匜1、舟1	8.5	《考与文》2003.2	
117	河南南阳申国墓地	蟠龙纹盘	附耳	11.5	28	蟠龙纹、鱼纹	无	春秋	第二类		鼎1、簠2、车、马、器	不详	《中原》1984.4	2.5千克
118	河南新郑郑韩路M6	蟠螭纹盘	附耳衔环	9.6	42	蟠螭纹	无	春晚	第二类	八	鼎2、敦1、匜1、舟1	10.62	同上	匜在盘上
119	河南新郑铁岭M429	蟠虺纹盘	附耳衔环	14	38.8	蟠虺纹	无	春晚	第二类	八	鼎1、盏1、舟1、匜1	12.74	《中原》2010.1	
120	1998年洛阳中州路	蛇纹盘	附耳	9.7	30.4	蛇纹	无	春晚	第二类Da型Ⅵ式	八	鼎1、豆1、匜1、杯1	3.9	《考古》2002.1	
121	洛阳西工区M3427	铜盘	附耳	11.5	38	附耳饰兽面纹	无	春晚	第二类	八	鼎5、豆3、壶2、罍2、簠2、舟1、匜1	16.6	《文物》2010.8	
122	洛阳西工区M3498	铜盘	附耳	4.4	29.6	附耳饰兽面纹	无	春中	第二类		鼎5、壶2、罍2、簋1、簠2、匜1、舟1、勺1	10.1	《文物》2010.8	
123	河南润阳广场M9950：43	鱼龙纹盘①	附耳	12.8	31.8	盘内饰卷龙纹，鱼纹，沿面饰两周重环纹	无	春早	第二类		鼎5、簋4、方壶2、甗1、铺2、鬲4、盘2、觯1、盉2、爵1、缶1		《考古》2009.12	
124	陕县后川M2144	素面盘	衔环	7.7	35.3	素面	无		第五类Db型		鼎1、豆1、壶1、匜1	15.5	《陕县东周秦汉墓》	

① 洛阳市文物工作队：《河南洛阳市润阳广场C1M9950号东周墓葬的发掘》，《考古》2009年第12期，18～31页。

续表

序号	出土时间地点	名称	盘耳	通高（厘米）	口径（厘米）	纹饰	铭文	时代	类型	分期	共存青铜礼器	墓室面积（平方米）	资料来源	备注
125	陕县后川	蟠螭纹盘	附耳	17.3	35.5	蟠螭纹	无		第二类		不详		《陕县东周秦汉墓》	
126	陕县后川M2061	素面盘	兽耳	16	38.2	素面	无				鼎1、簋1、舟1、匜1	7.8	《陕县东周秦汉墓》	
127	河南辉县琉璃阁乙墓	绳纹盘	半环	11	41.5	圈足饰绳纹	无	春晚	第六类A型III式	八	鼎10、鬲4、甗1、簠、敦、簠4、豆1、壶1、匜1、鉴2	69.2	《山彪镇与琉璃阁》	
128	河南润阳广场M9950：48	素面盘[①]	立耳	6.5	14.7	素面	无		第三类		鼎5、簋4、方壶2、甗1、铺2、鬲4、盘2、觯1、盉2、爵1、缶1	13.5	《考古》2009.12	
129	山彪镇M1：57	素面盘	附耳	24.7	46	素面	无	战早	第二类Da型Ⅰ式	八	鼎14、鬲2、豆4、壶7、簋1、尊、匜3、簠1	56.16	《山彪镇与琉璃阁》	
130	2002～2003年洛阳王城广场M37：25	铜盘[②]	附耳	9	22.3		无	战早	第二类		鼎2、豆2、壶1、匜1、舟1	13.1	《文物》2009.11	
131	1982年河南淇县（M2）	素面盘	附耳	9.9	29	素面	无	战早	第二类Da型Ⅳ式	八	鼎1、敦2、匜1	不详	《中原》1984.2[③]	
132	1981年河南淇县（M1）	素面盘	半环	9.7	39.9	素面	无	战早	六类A型Ⅱ式	八	鼎1、敦2、钠1	不详		
133	1964年河南新郑	素面盘	附耳	11	38	耳饰兽面纹	无	战早	第二类Da型Ⅵ式	八	鼎1、敦2	2.42	《考古》1965.7	

① 洛阳市文物工作队：《河南洛阳市润阳广场C1M9950号东周墓葬的发掘》，《考古》2009年第12期，18～31页。

② 洛阳市文物工作队：《洛阳王城广场战国墓（西区M37）发掘简报》，《文物》2009年第11期，22～29页。

③ 淇县文物保管所：《淇县赵沟发现两批战国铜器》，《中原文物》1984年第2期，117页。

续表

序号	出土时间地点	名称	盘耳	通高（厘米）	口径（厘米）	纹饰	铭文	时代	类型	分期	共存青铜礼器	墓室面积（平方米）	资料来源	备注
134	2000洛阳	素面盘	附耳	9	44.5	素面	无	战早	第二类Da型Ⅳ式	八	鼎、杯、匜	17.65	《文物》2001.6	
135	河南信阳长台关M1	素面盘	衔环	10.9	48.6	素面	无	战中	第五类	九	鼎5、壶4、匕6、敦3、匜1、盉1	178.4	《信阳楚墓》	2件
136	同上	素面盘	衔环	6.2	30.5	素面	无	战中	第五类	九	同上	同上	同上	2件
137	2001年洛阳沙厂	素面盘	附耳	10.2	28	素面	无	战中	第二类Da型Ⅰ式	九	鼎3、簠2、敦1、罍2、匜1	12.9	《文物》2002.11[①]	
138	1978年河南泌阳官庄M3：19	素面盘	无	9	30	素面	无	战晚	第一类Cb型	九	南椁室鼎1、壶2、鍪1勺1匜3、奁1；北室鼎1、壶2、鍪1、盘1、匜4、勺1	不详[②]	《文物》1980.9[③]	
139	1980年陕西城固龙头	云纹盘	无	12.3	33.5	斜角云纹、圆涡纹、联珠纹	无	中商	第一类Aa型Ⅰ式	二	簋、觚、尊、卣、壶、罍	不详	《城洋青铜器》	
140	1981年陕西城固龙头	联珠纹盘	无	15	30.7	联珠纹、弦纹	无	中商	第一类Aa型Ⅱ式	二	簋、觚、尊、卣、壶、罍	不详	《城洋青铜器》	
141	1982年陕北清涧寺墕解家沟公社	龟鱼纹盘	无	19	49.5	龟纹、鱼纹	无	晚商	第一类Aa型Ⅱ式	三	无	不详	《考古》1984. 8[④]	

① 洛阳市第二文物工作队：《洛阳市纱厂路东周墓（JM32）发掘简报》，《文物》2002年第11期，31～37页。

② 原简报并未直接报道M3的面积，只介绍了椁室的长宽等数据。

③ 驻马店地区文管会、泌阳县文教局：《河南泌阳秦墓》，《文物》1980年第9期，15～24页。

④ 高雪：《陕西清涧县又发现商代青铜器》，《考古》1984年第8期，760、761页。

续表

序号	出土时间地点	名称	盘耳	通高（厘米）	口径（厘米）	纹饰	铭文	时代	类型	分期	共存青铜礼器	墓室面积（平方米）	资料来源	备注
142	1962年陕北清涧解家沟	龟鱼纹盘	无	17	42.5	龟纹、鱼纹	无	晚商	第一类Aa型Ⅱ式	三	簋1、尊1、瓿1、觚	不详	《考古》1980.1①	
143	1977年陕北清涧	龟鱼纹盘	无	18	43	龟纹、鱼纹	无	晚商	第一类Aa型Ⅱ式	三	鼎2、簋2、觚2、壶	不详	《考古学集刊》2	
144	1971年陕西泾阳高家堡	兽面纹盘	无	11.5	33	兽面纹	无	西早	第一类Ab型Ⅲ式	四	甗1、簋2、盉1、尊1、卣2、爵2、鼎2、觯1	6.1	《文物》1972.7	
145	宝鸡竹园沟M13：25	圆涡纹盘	无	13	34.9	四瓣目纹、圆涡纹	4	西早	第一类Ab型Ⅲ式	四	鼎7、簋3、甗1、豆1、尊1、卣2、觯、觚、爵、盉、斗、壶各1件	16.28	《宝鸡強国墓地》	
146	宝鸡竹园沟M4：7	季盘	附耳	12.3	36.5	目云雷纹、弦纹	3	西早	第二类A型Ⅱ式	四	鼎5、簋3、爵1、觯、爵、壶、斗、鬲	14.8	《宝鸡強国墓地》	3.95千克
147	茹家庄M1：2	強伯盘	附耳	7	29	斜三角云雷纹	5	西中	第二类A型Ⅲ式	五	鼎5、簋4、尊5、卣、爵、鎣、编、钟、豆、罍、鬲	44.2	同上	2.3千克
148	茹家庄M1：1	強伯盘	附耳	11.2	28.5	斜三角云纹	6	西中	第二类A型Ⅲ式	五	同上	44.2	同上	3.45千克
149	宝鸡竹园沟M1：255	素面盘	无	4.3	9.3	素面	无	西早	第一类Ab型Ⅲ式	四	罐、锛	不详	同上	
150	1973年陕西长安马王村	夔纹盘	附耳	11.3	36	夔纹	无	西中	第二类A型Ⅱ式	五	鼎3、甗1、簋6、壶1、匜1	不详	《考古》1974.1②	

① 戴应新：《陕西清涧、米脂、佳县出土古代铜器》，《考古》1980年第1期，95转70页。

② 西安市文物管理处：《陕西长安新旺村、马王村出土的西周铜器》，《考古》1974年第1期，1～5页。

续表

序号	出土时间地点	名称	盘耳	通高（厘米）	口径（厘米）	纹饰	铭文	时代	类型	分期	共存青铜礼器	墓室面积（平方米）	资料来源	备注
151	1974年陕西户县宋村	窃曲纹盘	附耳	14	36	窃曲纹	无	春早	第二类Cc型Ⅱ式	六	鼎5、簋4、甗1、壶2、匜1	23.4	《文物》1975.10	
152	陕西博物馆征集	白考父盘	鋬残	10	40.5	重环纹、瓦纹	14	西晚	第四类Ab型Ⅱ式	六			《文物》1965.7	
153	1963年扶风齐家村西周窖藏	它盘[①]	附耳	14.1	40.4	腹部饰重环纹，圈足饰斜夔纹	1	西晚	第二类Cb型Ⅰ式	六	彝1、尊1、觥1、盉1、匜1		《考古》1963.8[②]	8.24千克
154	宝鸡茹家庄M2	弦纹盘	附耳	11.2	33.1	凸弦纹	无	西中	第二类A型Ⅲ式	五	鼎6、簋5、鬲3、甗1、盂、錐	12.8	《宝鸡弓鱼国墓地》	
155	陕西扶风齐家M19	鸟纹盘	附耳	10.5	32.4	云雷纹衬地分尾鸟	无	西中	第二类A型Ⅱ式	五	鼎1、簋1、甗1、尊1、卣1、爵1、觯1、盉1	10.9	《文物》1979.11	
156	1960年陕西扶风庄白	回纹盘	附耳	13	38	回纹、窃曲纹	无	西中	第二类A型Ⅵ式	五	鼎5、簋8、壶2、匜1、勺2		《文物》1972.6	
157	1954年陕西长安斗门镇普渡村	长由盘	附耳	15.2	40	窃曲纹、目云纹	存1	西中	第二类A型Ⅲ式	五	钟3、簋2、鼎4、甗1、盘1、鬲2、罍1、盉1、卣1、觚2、爵2、壶1	9.6	《学报》1957.1[③]	
158	不详	吕服余盘	附耳	15	37.6	顾龙纹	67	西中	第二类A型Ⅲ式	五	不详	不详	《文物》1986.4	5.25千克

① 它盘在冀东山：《神韵与辉煌：陕西历史博物馆国宝鉴赏（青铜器卷）》，三秦出版社，2006年，164页中“通耳高”16.6、口径40.6、腹深5.7厘米，重8.24千克。数据与原简报略有不同。另外，像这种用受过刖刑裸体男子作为器足的器物，在西周晚期的青铜器中也时有所见，如扶风庄白西周窖藏出土的刖人守门鬲，陕西闻喜出土的刖人守囿挽车。

② 梁星彭、冯孝堂：《陕西长安、扶风出土西周铜器》，《考古》1963年第8期，413～415页。

③ 陕西省文物管理委员会：《长安普渡村西周墓的发掘》，《考古学报》1957年第1期，75～86页。

续表

序号	出土时间地点	名称	盘耳	通高（厘米）	口径（厘米）	纹饰	铭文	时代	类型	分期	共存青铜礼器	墓室面积（平方米）	资料来源	备注
159	1975年陕西扶风庄白	伯雍父盘	附耳	15.5	44	顾龙纹	7	西中	第二类Aa型	七	鼎、簋、甗、壶、爵、觯、盉		《文物》1976.6	窖藏
160	1975年陕西临潼零口	贞盘	衔环	10	39	窃曲纹	14	西中	五类A型Ⅰ式	五	鼎4、甗1、鬲1、簋2、尊1、卣1、盉1	不详	《文物》1982.1	
161	陕西扶风强家村M1：17	素面盘	附耳	9.4	22	素面	无	西中	第二类A型Ⅲ式	五	鼎4、簋5、甗1、鬲4、盉2、壶2	14.8	《文博》1987.4①	
162	陕西长安花园村M17	蝉纹盘	附耳		33	蝉纹、目云纹	5	西中	第二类A型Ⅱ式	五	簋、觯、爵、尊、鼎、甗、卣、觚、壶、盉	10.5	《文物》1986.1	
163	1976年陕西扶风庄白	墙盘	附耳	16.2	47.3	窃曲纹、鸟纹	276	西中	第二类A型Ⅲ式	五	鼎1、簋8、尊3、斝1、卣2、爵12、盨2		《文物》1978.3②	窖藏
164	1975年岐山董家村	回纹盘	附耳	11.7	33.4	重环纹、弦纹	无	西晚	第二类A型Ⅲ式	六	鼎13、簋14、匜1、盉1、壶2、鬲2、鎣1、豆2		《文物》1976.5	窖藏
165	扶风齐家村	中友父盘	附耳	12.5	36	重环纹	13	西晚	第二类A型Ⅳ式	六	鼎2、簋8、甗2、鬲1、壶4、匜1、盂1、簠1		《扶风齐家村青铜器群》	窖藏
166	1972年陕西扶风北桥	夔纹盘	附耳	15	41.7	夔纹、云雷纹、斜角云纹	无	西晚	第二类A型Ⅲ式	六	罍、簋		《文物》1974.11	窖藏
167	1972年陕西扶风北桥	重环纹盘	单鋬	11	38	重环纹	无	西晚	第四类Ac型Ⅰ式	六	罍、簋		《文物》1974.11	窖藏

① 周原扶风文管所：《陕西扶风强家一号西周墓》，《文博》1987年第4期，5～20页。

② 陕西周原考古队：《陕西扶风庄白一号西周青铜器窖藏发掘简报》，《文物》1978年第3期，1～18页。

续表

序号	出土时间地点	名称	盘耳	通高（厘米）	口径（厘米）	纹饰	铭文	时代	类型	分期	共存青铜礼器	墓室面积（平方米）	资料来源	备注
168	1974年陕西蓝田辋川乡指甲湾	宗仲盘[①]	单鋬	15	35.5	口沿与圈足饰重环纹，腹部饰瓦棱纹	6	西晚	第四类Ab型	六	簠2、匜1	不详	《考古》1979.2	5.04千克
169	岐山县博征集	窃曲纹盘	附耳	11.5	37	云雷纹、窃曲纹	14	西晚	第二类A型Ⅲ式	六		不详	《考与文》1984.5[②]	
170	陕西长安张家坡	伯百父盘	附耳	10.5	39	重环纹	8	西晚	第二类A型Ⅳ式	六	鬲10、簋22、豆1、觚2、盉2、壶2、杯3、勺4、匕5		《长安张家坡西周铜器群》	窖藏
171	陕西长安张家坡	筍侯盘	附耳	10.1	36.2	窃曲纹	12	西晚	第二类A型Ⅲ式	六	同上		同上	窖藏
172	2003年陕西眉县杨家村	逨盘	附耳	20.4	50.3	窃曲纹、重环纹	372	西晚	第二类Cc型Ⅰ式	六	鼎12、鬲9、壶2、盉1、匜1、盂1		《考与文》2003.3	窖藏
173	韩城梁代村M28	窃曲纹盘	附耳	13.7	34.4	窃曲纹、鳞纹	无	春早	第二类	六	鼎5、簋4、鬲4、壶2、盉1、匜1	21.6	《考古》2009.4	
174	宝鸡县南阳村M1：8	素面盘	立耳	4.4	8.3	素面	无	春早	第三类A型Ⅰ式	六	鼎3、簋2、壶2、匜1	12.15	《考古》2001.7[③]	

① 冀东山：《神韵与辉煌：陕西历史博物馆国宝鉴赏（青铜器卷）》，三秦出版社，2006年，75、76页也有介绍。据该书称，同一窖藏还出土有一件宗仲匜和一件仲其父簠，三器青铜质地相同，花纹制作和铭文风格相同，推测宗仲与仲父为同一人。此外，商周时期的青铜器一般是没有流的。这件带流的器物自名为盘，在青铜器中十分罕见。1975年陕西扶风庄白西周墓中出土的伯雍父盘，也是带流的，与宗仲盘都属于青铜器中的特殊种类。从存世的青铜盘看，这件带流的盘只存在于西周晚期。一般而言，在盘上加流，可以使盘兼具青铜匜的功能。一器两用，无疑具备更多的实用性。

② 岐山县博物图书馆（祁建业）：《岐山县博物馆近几年来征集的商周青铜器》，《考古与文物》1984年第5期，10～13转9页。

③ 宝鸡市考古工作队、宝鸡县博物馆：《陕西宝鸡县南阳村春秋秦墓的清理》，《考古》2001年第7期，21～29页。

续表

序号	出土时间地点	名称	盘耳	通高（厘米）	口径（厘米）	纹饰	铭文	时代	类型	分期	共存青铜礼器	墓室面积（平方米）	资料来源	备注
175	1967年宝鸡姜城堡	素面盘	附耳	3.3	10.4	素面	无	春早	第二类A型Ⅳ式	六	鼎3、壶2、盉1、簋2	7.8	《考古》1979.6[①]	
176	1959年宝鸡福临堡M1	窃曲纹盘	附耳	7	23.4	窃曲纹	无	春中	第二类A型Ⅳ式	七	鼎3、簋2、甗、壶2、敦、匜、勺、铃等	7.98	《考古》1963.10[②]	匜在盘上
177	1963年宝鸡秦家沟M1	蟠虺纹盘	附耳	6.5	22.2	蟠虺纹	无	春晚	第二类Df型	八	鼎3、壶2、簋4、匜1	9	《考古》1965.7	
178	同上M2	蟠虺纹盘	立耳	2.7		蟠虺纹	无	春晚	第三类A型Ⅱ式	八	鼎3、簋4、壶2匜1	8.9	同上	
179	1988年凤翔邓家崖M4：8	素面盘	无耳	3.2	10	素面	无	战早	第一类D型	八	甗1、匜1、鼎、豆、盆至少各1件[③]	不详[④]	《考与文》1991.2[⑤]	
180	1977年凤翔高庄M48：21	素面盘	无耳	1.5	9.6×5.6	素面	无	战早	第一类D型	八	鼎1、敦1、甗1、匜1	10	《考与文》1981.1[⑥]	
181	1988年凤翔邓家崖村M7：2	素面盘	无耳	1.4[⑦]	9.4×4.6	素面	无	战早	第一类D型	八	鼎1、甗1、匜1		《考与文》1991.2[⑧]	

① 王光永：《宝鸡市渭滨区姜城堡东周墓葬》，《考古》1979年第6期，563、564页。

② 中国科学院考古研究所宝鸡发掘队：《陕西宝鸡福临堡东周墓葬发掘记》，《考古》1963年第10期，536～543页。

③ 因简报报道不够详尽，只知道M4中与铜盘同出的至少还有铜豆1件、铜盆1件、铜带钩1件。

④ 简报未具体报道M4和M7的墓葬面积，但说介于M2（7.04平方米）和M3（1.935平方米）之间。

⑤ 陕西省考古研究所雍城工作站：《凤翔邓家崖秦墓发掘简报》，《考古与文物》1991年第2期，14～19页。

⑥ 吴镇烽、尚志儒：《陕西凤翔高庄秦墓地发掘简报》，《考古与文物》1981年第1期，12～38页。

⑦ 简报报道盘M7：2的通高为1.4厘米，但从图五，8（简报中误为图四，7）看，不止1.4厘米。

⑧ 陕西省考古研究所雍城工作站：《凤翔邓家崖秦墓发掘简报》，《考古与文物》1991年第2期，14～19页。

续表

序号	出土时间地点	名称	盘耳	通高（厘米）	口径（厘米）	纹饰	铭文	时代	类型	分期	共存青铜礼器	墓室面积（平方米）	资料来源	备注
182	凤翔八旗屯M14：13	素面盘	无	0.8	8.3×3.5	素面	无	战中	第一类D型	九	鼎1、甗1、匜	4.9	《考与文》1986.5[①]	
183	凤翔八旗屯CM9	素面盘	无			素面	无	战国	第一类D型	九	鼎3、甗1、豆2、壶2	10.9	《文物资料丛刊》三	
184	凤翔八旗屯M26：29	素面盘	无	0.8	9×4.8	素面	无	战早	第一类D型	八	鼎2、甗1、豆2、壶2、罍1、盆	10	《文博》1986.3	2件
185	1977年凤翔高王寺	蟠螭纹盘	衔环	6.5	34.8	蟠螭纹、绹纹、蝉羽纹	无	战早	第五类	八	鼎3、豆1、壶2、敦1、匜1		《文物》1981.1	窖藏
186	长安客省庄M202	素面盘	无			素面	无	战早	第一类D型		鼎1、簋1、匜1	7	《沣西发掘报告》	
187	1955年辽宁喀左马厂沟	蝉纹盘	无	13	33	蝉纹、联珠纹	无	西早	第一类Ab型Ⅳ式	四	鼎1、簋3、卣2、甗1		《文参》1955.8	
188	湖北盘龙城李家嘴M2	夔纹盘	无			夔龙纹	无	早商	第一类Aa型Ⅰ式	一	鼎5、簋1、甗1、斝3、觚1、盉1、爵4、罍1	不详	《文物》1976.2	
189	湖北盘龙城李家嘴M1	弦纹盘	无	12	27.6	弦纹	无	中商	第一类Aa型Ⅱ式	二	鼎4、鬲、觚3、爵5、斝5、簋1、罍2	不详	同上	
190	1975年湖北浠水县朱店公社	伯硕盘	附耳	16	35	窃曲纹	15	西晚	第二类A型Ⅲ式	六	无	不详	《江汉考古》1985.1[②]	

① 陕西省雍城考古队：《一九八一年凤翔八旗屯墓地发掘简报》，《考古与文物》1986年第5期，23～40页。

② 浠水县博物馆（叶向荣）：《浠水县出土西周有铭铜盘》，《江汉考古》1985年第1期，104、105页。

续表

序号	出土时间地点	名称	盘耳	通高（厘米）	口径（厘米）	纹饰	铭文	时代	类型	分期	共存青铜礼器	墓室面积（平方米）	资料来源	备注
191	1975年湖北浠水县朱店公社	緐伯盘	附耳	14.5	37.5	顾龙纹	56	西晚	第二类A型Ⅲ式	六	无	不详	同上	
192	1980年湖北京山	龙纹盘	附耳	11	28.6	窃曲纹、鱼纹、龙纹、云纹	无	西末	第二类A型Ⅲ式	六	鼎2、卣1	不详	《江汉考古》1983.1①	
193	1987年湖北应山	重环纹盘	附耳	17.9	34.5	重环纹、云纹、瓦纹	无	春早	第二类A型Ⅳ式	六	鼎2、簋2、甗1、壶2、匜、鬲2	18	《文物》1989.3	
194	1966年湖北京山	窃曲纹盘	附耳	13.8	39.3	窃曲纹、鳞纹	无	春早	第二类Cc型Ⅱ式	六	鼎9、鬲9、甗1、簠7、匜1、盉1、壶2、豆2	不详	《文物》1972.2	
195	1969年湖北枝江	重环纹盘	附耳	12	35.6	重环纹、蟠虺纹、鳞纹	无	春早	第二类A型Ⅳ式	六	鼎2、簋2、壶1、匜1	不详	《文物》1972.3	
196	1972年湖北随县	窃曲纹盘	附耳	11.9	28.4	窃曲纹、斜云纹	无	春早	第二类A型Ⅲ式	六	鼎3、簋2、甗1、壶1、匜1	不详	《文物》1973.5	
	1979年湖北随县安居桃花坡	窃曲纹盘		16	36．5	窃曲纹、垂鳞纹	26	春早	第四类Ac型Ⅱ式	六	鼎2、簋4、鬲4、壶1、匜1	6	《文物》1982．12	
197	1975年湖北随县刘家崖	素面盘	衔环	7.9	37.6	素面	无	春中	第五类Ea型	七	鼎5、簋4、壶5、簠4、甗1	不详	《考古》1982.2②	
198	1978年湖北随县何店	窃曲纹盘	附耳	11.5	33.2	窃曲纹三角云纹	无	春早	第二类A型Ⅳ式	六	鼎2、簋2、鬲4、甗1、壶2、匜1	不详	《考古》1982.2	4.75千克
199	1977年湖北谷城新店	素面盘	衔环	9	36	素面	无	春中	第五类Ba型Ⅰ式	七	鼎5、缶2、壶2、簠4、舟1、勺1	不详	《江汉考古》1986.3③	

① 京山县文化馆（熊学兵）：《京山县发现一批西周青铜器》，《江汉考古》1983年第1期，80转83页。

② 随州市博物馆：《湖北随县刘家崖发现古代青铜器》，《考古》1982年第2期，142～146页。

③ 谷城县文化馆（陈千万）：《谷城新店出土的春秋铜器》，《江汉考古》1986年第3期，13～16页。

续表

序号	出土时间地点	名称	盘耳	通高（厘米）	口径（厘米）	纹饰	铭文	时代	类型	分期	共存青铜礼器	墓室面积（平方米）	资料来源	备注
200	1977年湖北襄樊谷城辛店	素面盘	衔环	8.5	35.7	素面	无	春中	第五类Ba型Ⅰ式	七	鼎5、簠4、瓿2、壶2、斗1	不详	《文物》1986.4	
201	湖北随州	曾少宰中西盘	附耳	24.8-25	9.3	蟠虺纹	9	春中	第二类Da型Ⅰ式	七			《曾国青铜器》	1.007千克
202	湖北襄阳山湾M15：4	素面盘	衔环	7	36.4	素面	无	春中	第五类Da型	七	鼎1、缶1、盏1、匜1	9,9	《江汉考古》1983.2①	
	湖北襄阳山湾M14：4	素面盘	衔环	7.4	35.8	素面	无	春中	第五类C型Ⅰ式	七	鼎1、缶1、簠1、匜1	8.2	《江汉考古》1983.2	
	湖北襄阳山湾M6：5	蟠螭纹盘	衔环	8	29	蟠螭纹、绹索纹	无	春晚	第五类C型Ⅰ式	八	鼎2、缶2、簠2、匜1	8.36	《江汉考古》1983.2	
	湖北襄阳山湾M33：5	素面盘	衔环	4	37	素面	无	春晚	第五类	八	鼎2、缶1、簠1、匜1、敦1	6.9	《江汉考古》1983.2	
	湖北襄阳山湾M19：3	勾连纹盘	衔环	7.2	39	勾连纹	无	战早	第五类Da型	八	鼎1、敦1	9.9	《江汉考古》1983.2	
203	1988年湖北当阳赵巷M4：51	蟠虺纹盘	衔环	8	37	蟠虺纹、卷云纹	无	春中	第五类C型Ⅰ式	七	匜1	45.1	《文物》1990.10	
204	1985年湖北枝江姚家港	蟠虺纹盘	衔环	8.5	35	蟠虺纹、绹索纹、重环纹	无	春晚	第五类C型Ⅱ式	八	鼎2、簠2、缶1、匜1、瓢、斗1	8	《文物》1989.3	
205	1989年湖北宜城	虺纹盘	衔环	6.3	36.8	蟠虺纹、綯纹	无	春晚	第五类C型Ⅱ式	八	鼎2、簠2、缶1、匜1、勺1	8	《考古》2008.9	
206	1974年湖北当阳赵家湖	虺纹盘	衔环	6.3	39.5	蟠虺纹、绹索纹	无	春晚	第五类C型Ⅰ式	八	鼎2、簠1、缶1、匜1	不详	《江汉考古》1983.1②	

① 湖北省博物馆：《襄阳山湾东周墓葬发掘报告》，《江汉考古》1983年第2期，1～35页。

② 京山县文化馆（熊学兵）：《当阳发现一组春秋铜器》，《江汉考古》1983年第1期，81～83页。

续表

序号	出土时间地点	名称	盘耳	通高（厘米）	口径（厘米）	纹饰	铭文	时代	类型	分期	共存青铜礼器	墓室面积（平方米）	资料来源	备注
207	湖北钟祥M31	弦纹盘	环耳	5.8	31.8	索状弦纹	无	春中	第五类B型Ⅰ式	七	鼎1、盏1、匜1	9.4	《学报》2009.2	
208	湖北钟祥M3	蟠虺纹盘	环耳	8.9	39.8	蟠虺纹、三角纹 索状弦纹	21	春晚	第五类B型Ⅱ式	八	鼎2、盏1、缶1、鉴1、匜1	10.4	同上	
209	1988年湖北襄阳团山	素面盘	衔环	10	42	素面	无	春晚	第五类A型	八	匜1、勺1	14.7	《考古》1988.6	
210	同上M6：5	蟠螭纹盘	衔环	8	29	蟠螭纹、绹索纹	无	春晚	第五类Da型	八	鼎、缶、簠、瓢	不详	同上[①]	
211	同上M14：4	素面盘	衔环	7.4	35.8	素面	无	春晚	第五类Da型	八	鼎、簠、缶、匜	不详	同上	
212	M上M33：5	素面盘	衔环	5	37	素面	无	春晚	第五类Da型	八	鼎、簠、缶、敦、匜	不详	同上	
213	同上M19：3	刻纹盘	衔环	8.2	39	刻划花纹	无	战早	第五类Da型	八	?	不详	同上	
214	同上M23：4	素面盘	衔环	10	43	素面	无	战早	第五类Da型	八	鼎、簠、缶、匜	不详	同上	
215	湖北江陵藤店	素面盘	衔环	12.5	42.5	素面	无	战早	第五类Db型	八	鼎、豆、壶、匜、勺	105.6	《文物》1973.9	

① 湖北省博物馆：《襄阳山湾东周墓葬发掘报告》，《江汉考古》1983年第2期，1～35页。

续表

序号	出土时间地点	名称	盘耳	通高（厘米）	口径（厘米）	纹饰	铭文	时代	类型	分期	共存青铜礼器	墓室面积（平方米）	资料来源	备注
216	湖北麻城县宋埠镇M4：36	云纹盘	衔环		37	环上饰卷云纹	无	战早	第五类	八	匜	27	《江汉考古》1986.2[①]	匜在盘上
217	湖北随州M2：75	素面盘	衔环	8.5	33	素面	无	战早	第五类C型Ⅱ式	八	壶2、缶2、鼎、匜、釜	50.37	《文物》1985.1	
218	1978年湖北随州擂鼓墩	曾侯乙盘[②]	附耳	12.8	41.6	盘口饰一圈横“一”字形纹，腹部饰鸟兽龙纹、勾连云纹，耳饰勾连云纹	7	战早	第二类De型Ⅱ式	八	匜2、鉴2、缶4、壶、簠4、鼎20、甗	220	《曾侯乙墓》	匜放在盘上8.8千克
219	湖北江陵望山M1：749	素面盘	衔环	12	43.4	素面	无	战中	第五类Db型	九	鼎9、敦2、缶2、壶4、盉1、缶1、勺3、匜2	219	《江陵望山沙冢楚墓》	2件形同
220	同上M2：777	素面盘	衔环	9.8	47	素面	无	战中	第五类Db型	九	鼎5、敦4、缶1、壶4、匜2、勺6	111.3	同上	2件形同
221	江陵雨台山M354	素面盘	衔环	10	40	素面	无	战早	第五类Db型	八	鼎2、匜1	29.3	《江陵雨台山楚墓》	2件

① 湖北省博物馆江陵工作站、麻城县革命博物馆：《麻城楚墓》，《江汉考古》1986年第2期，10～28页。

② 《曾侯乙墓》报告中对制作工艺进行了描述：器体由四外范（腹三，底一）加一内范铸成。耳铸接。足焊接，有两足已脱焊，可摇动，但未脱落。全器基本完好。耳、足背面有破损的洞口，里面留有泥芯。

续表

序号	出土时间地点	名称	盘耳	通高（厘米）	口径（厘米）	纹饰	铭文	时代	类型	分期	共存青铜礼器	墓室面积（平方米）	资料来源	备注
222	同上M203：3	素面盘	衔环	5.8	21.5	素面	无	战中	第五类 Db型	九	鼎1、壶1、勺1	5	同上	1件
223	湖北荆州楚墓	素面盘	衔环	9	36.1	素面	无	战中	第五类 Db型	九	鼎、壶、匜、敦	33	《考古》2000.8	3件
224	湖北荆州江陵县拍马山楚墓	素面盘	衔环	不详	不详	素面	无	战早	第五类 Db型	八	鼎5、敦2、壶3、匜1、勺1、盉1	不详	《考古》1973.3	
225	湖北随县	尊盘	附耳	24	47.3	蟠虺	7	战早	第二类 Da型Ⅱ式	八	鼎、簋、甗、鬲、鉴、壶、尊等	220	《曾侯乙墓》	
226	湖北郭店一号墓	素面盘	衔环	7.4	35.4	素面	无	战中	第五类 Db型	九	匜1	27.6	《文物》1997.7	
227	1974年长沙识字岭M 2	素面盘	衔环	11.5	45	素面	无	战中	第五类 Db型	九	鼎4、壶2、勺4、匜1、盒2	6.4	《考古》1977.1①	匜在盘上
228	1976年湖北江陵张家山M201	素面盘	衔环		52	素面	无	战中	第五类 Db型	九	鼎2、匜1、勺1	15.9	《江汉考古》1984.2②	
229	湖北荆门包山M2：38	素面盘	无	?	?	素面	无	战中	第一类 Cb型	九	壶2、鉴2、缶2、勺1、鼎19、匜1、盒3、敦2	1097.4	《包山楚墓》	
230	同上	素面盘	无	?	?	素面	无	战中	第一类 Ca型	九	同上	1097.4	同上	
231	湖北襄樊	素面盘	无耳	4.8	24.4	素面	无	战晚	第一类 Ca型	九	壶1、鼎1、匜1	18.5	《学报》2001.1	

① 单先进、熊传新：《长沙识字岭战国墓》，《考古》1977年第1期，62～64页。

② 荆州地区博物馆：《江陵张家山201号楚墓清理简报》，《江汉考古》19834年第2期，13～16页。

续表

序号	出土时间地点	名称	盘耳	通高（厘米）	口径（厘米）	纹饰	铭文	时代	类型	分期	共存青铜礼器	墓室面积（平方米）	资料来源	备注
232	1958年山东招远县东曲城村	回纹盘	半环	6.5	40.6	腹部饰重环纹	无	西晚	第六类A型Ⅰ式	六	鼎2、簋2、盆1、甗1、壶1		《考古》1994.4①	
233	1976年山东平邑东阳	铸大司盘	附耳	12	38	耳饰重环纹，腹饰窃曲纹	存5字	西晚	A型Ⅳ式	六	鼎2、簠4、鬲1、匜2	不详	《考古》1986.4②	6千克
234	山东省海阳市发城镇尚都村	蟠龙纹盘	附耳	17.8	38.4	蟠龙纹	无	西早	第二类A型Ⅲ式	四	壶1	不详	《考古》2001.9③	
235	山东济南左家洼	虺纹盘	衔环	13.6	48	绹纹、虺纹	无	战早	第五类A型Ⅲ式	八	鼎3、豆3、壶1、敦1、舟1	不详	《考古》1995.3	
236	山东邹平苑城公社大省村M3	素面盘	衔环	9.5	35	素面	无	春中	五类A型Ⅱ式	七	鼎1、豆1、壶1、舟1	6.6	《考古》1986.7④	
237	1969年山东归城黄县	窃曲纹盘	附耳	16.5	44.5	窃曲纹	无	西晚	第二类Cc型Ⅱ式	六	鼎、甗、戈	不详	《考古》1991.10⑤	
238	2001年山东沂源M1：13	窃曲纹盘	附耳	19	40	窃曲纹、重环纹	无	西晚	第二类Cc型Ⅱ式	六	鼎5、簋2、彝1、簠2、壶1、罍1	28.09	《考古》2003.1⑥	
239	1974年山东莱阳	重环纹盘	附耳	9	34	重环纹	无	西晚	第二类A型Ⅲ式	六	鼎2、壶2、甗1、匜1	不详	《文物》1983.12	

① 李步青等：《山东招远出土西周青铜器》，《考古》1994年第4期，377、388页。
② 李常松：《平邑蔡庄出土一批青铜器》，《考古》1986年第4期，366、367页。
③ 海阳市博物馆（张真、王志文）：《山东海阳市上尚都出土西周西周青铜器》，《考古》2001年第9期，91～93页。
④ 山东省惠民地区文物组、邹平县图书馆：《山东邹平县大省村东周墓》，《考古》1986年第7期，662～664转667页。
⑤ 李步青、林仙庭：《山东黄县归城遗址的调查和发掘》，《考古》1991年第10期，910～918页。
⑥ 山东大学考古系、淄博市文物局、沂源县文管所：《山东沂源县姑子坪周代墓葬》，《考古》2003年第1期，33～43页。

续表

序号	出土时间地点	名称	盘耳	通高（厘米）	口径（厘米）	纹饰	铭文	时代	类型	分期	共存青铜礼器	墓室面积（平方米）	资料来源	备注
240	1985年山东济阳刘台子	夔龙纹盘	附耳	8.7	27.7	夔龙纹	1	西中	第二类Dd型	七	鼎6、簋2、甗1、鬲1、尊1、卣1、盉1、觯2、爵2	26	《文物》1996.12	
241	1965年山东邹县七家峪村	伯驷父盘	附耳	13	34	窃曲纹、重环纹、斜雷纹	15	西晚	第二类A型Ⅳ式	六	鼎6、簠、鬲、壶、匜	不详	《考古》1965.11[①]	
242	曲阜鲁国故城M48：8	鲁司徒盘	附耳	10.3	38.6	窃曲纹、垂鳞纹	15	西晚	第二类Cb型Ⅱ式	六	鼎3、簋2、盨2、匜2、壶1、甗1、簠1	9.72	《曲阜鲁国故城》	
243	同上M30：3	重环纹盘	附耳	8.5	20.4	重环纹	无	西晚	第二类Ca型	六	匜1、壶1、鼎1、盨1	4.64	同上	
244	同上M48：5	重环纹盘	附耳	7.8	30	重环纹	无	西晚	第二类A型Ⅳ式	六	匜2、壶1、簠1、鼎3、盨2、簋2、甗1	9.72	同上	
245	同上M49：3	素面盘	立耳	11.5	22	素面	无	西晚	第三类A型Ⅱ式	六	鼎1、簋2、匜1	6.08	同上	
246	同上M52：98	素面盘	衔环	20	62.5	素面	无	春早	第五类A型Ⅱ式	六	鐎壶1、器座3、剑1、刀1、矛1	144	同上	
247	1976年山东日照崮河崖村M1：13	蟠龙纹盘	附耳	13	32.5	窃曲纹、蟠龙纹、鱼纹	无	春早	第二类A型Ⅲ式	六	鼎2、壶4、鬲4、盆2、匜1	9.57	《考古》1984.7[②]	
248	山东沂水杨庄	窃曲纹盘	附耳	11.8	38	窃曲纹、云纹	无	春早	第二类A型Ⅳ式	六	鼎1、鬲1、罍1	不详	《考与文》1992.2[③]	

① 王轩：《山东邹县七家峪村出土的西周铜器》，《考古》1965年第11期，541～547页。
② 杨深富：《山东日照崮河崖出土一批青铜器》，《考古》1984年第7期，594～597转606页。
③ 孔繁刚：《山东沂水县出土一批青铜器》，《考古与文物》1992年第2期，13、14页。

续表

序号	出土时间地点	名称	盘耳	通高（厘米）	口径（厘米）	纹饰	铭文	时代	类型	分期	共存青铜礼器	墓室面积（平方米）	资料来源	备注
249	曲阜鲁国故城M202	鲁伯者父盘	附耳	11	37.8	夔纹、环带纹	10	春早	第二类A型Ⅳ式	六	匜1、盆1、舟1	4.2	《曲阜鲁国故城》	
250	1977年山东临朐泉头村内	窃曲纹盘	附耳	15.5	42	窃曲纹、重环纹、鳞纹	无	春早	第二类A型Ⅳ式	六	鼎3、鬲2、簠2	12	《文物》1983.12	
251	1956年山东泰安黄花岭	素面盘	附耳	11.8	36.4	素面	无	春中	第二类Da型Ⅰ式	七	匜1、盨1、鼎1、爵1、钅和 1	不详	《考与文》2000.4	
252	1963年山东	蟠龙纹盘	附耳	15.1	33.8	蟠龙纹、鱼纹	无	春早	第二类A型Ⅲ式	六	鼎1、罍2、壶1、鉴1	不详	《文物》1972.5	
253	山东海洋嘴子	窃曲纹盘	附耳	9.75	不详	窃曲纹、鳞纹	无	春中	第二类A型Ⅶ式	七	鼎、豆、壶、盆、和	12.96	《文物》1985.3	
254	1978年山东沂水刘家庄	蟠螭盘	附耳	14.8	49	蟠螭纹	无	春中	第二类A型Ⅳ式	七	鼎16、鬲9、簋7、壶7、匜1、盉1、盆2	10.24	《文物》1984.9①	
255	1984年山东临淄M1：7	回纹盘	附耳	9.5	24.5	重环纹	无	春中	第二类A型Ⅲ式	七	鼎3、簋2、匜1、壶1、钅和 1	4	《考古》1988.1②	
256	1984年山东临沂中洽沟	蟠龙纹盘	附耳	14.8	36	蟠龙纹、云纹	无	春早	第二类A型Ⅲ式	六	鼎4、鬲1、匜1、削1	23.52	《文物》1987.8	
257	1995年山东长清仙人台	公典盘	半环	7.2	43.5	素面	42	春中	第六类A型Ⅱ式	七	带流鼎1、甗1、舟1、壶1	15.18	《文物》1998.9③	

① 山东省文物考古研究所、沂水县文物管理站：《山东沂水刘家店子春秋墓发掘简报》，《文物》1984年第9期，1～10页。
② 齐国故城遗址博物馆、临淄区文物管理所：《山东临淄齐国故城西周墓》，《考古》1988年第1期，24～26页。
③ 山东大学历史文化学院考古系：《长清仙人台五号墓发掘简报》，《文物》1998年第9期，18～30页。

续表

序号	出土时间地点	名称	盘耳	通高（厘米）	口径（厘米）	纹饰	铭文	时代	类型	分期	共存青铜礼器	墓室面积（平方米）	资料来源	备注
258	山东滕州市薛国故城M1：56	蟠螭纹盘	附耳	9	35.4	腹及圈足均饰蟠螭纹	无	春中	第二类A型Ⅶ式	七	鼎8、簋6、鬲6、簠2、壶3、舟1、匜1	36.2	同上	匜放在盘上
259	山东滕州市薛国故城M2：120	素面盘	附耳	8.5	43	耳饰兽面纹	无	春中	第二类Da型Ⅱ式	七	鼎8、簋6、壶3、匜1、鬲6、簠2、舟1、罐1	30.4	《学报》1991.4①	匜放在盘上
260	1975年山东临沂莒南县大店	鱼纹盘	衔环	12	43.5	蟠虺纹、鱼纹，腹饰两对称的鱼纹和龙纹	无	春晚	第五类A型Ⅲ式	八	鼎2、敦3、壶1、舟1、镈1、纽钟9	94	《考古学报》1978.3②	
261	薛国故城M4：8	素面盘	附耳	10.4	36	耳饰兽面纹	无	春中	第二类Da型Ⅲ式	七	鼎7、簠2、壶3、盉1、匜1、簋6、鬲6、鉴1、舟1	不详	同上	匜在盘上
262	1996年山东莒县	重环纹盘	立耳	12.6	33.3	重环纹、垂鳞纹	无	春早	第三类A型Ⅰ式	六	鼎3、簋4、鬲1、甗1、壶2、匜1	13.8	《考古》1999.7	
263	1980年山东滕县后荆沟	窃曲纹盘	兽耳	18.5	36.7	窃曲纹、鳞纹	无	西晚	第四类Bb型	六	鼎、簋、鬲、罐、簠、匜	14.4	《文物》1981.9	
264	1982年山东临朐	鄩中盘	附耳	14.5	40.5	窃曲纹、重环纹、鳞纹	20	春早	第二类Cb型Ⅰ式	六	鼎2、鬲5、匜1	12	《文物》1983.12	

① 山东省济宁市文物管理局：《薛国故城勘查和墓葬发掘报告》，《考古学报》1991年第4期，449～495页。

② 山东省博物馆、临沂地区文物组、莒南县文化馆：《莒南大店春秋时期莒国殉人墓》，《考古学报》1978年第3期，317～336页。

续表

序号	出土时间地点	名称	盘耳	通高（厘米）	口径（厘米）	纹饰	铭文	时代	类型	分期	共存青铜礼器	墓室面积（平方米）	资料来源	备注
265	1978年山东滕州薛国故城M9：3	素面盘	附耳	7.5	34.8	素面	无	春晚	第二类A型Ⅶ式	八	鼎1、豆2、匜1	5.4	《考古学报》1991.4[①]	
266	1974年山东青岛	蟠龙纹盘	衔环		40	鱼纹、蟠龙纹	无	战早	第五类B型	八	鼎1、豆2、壶1、敦1	不详	《文物丛刊》5	
267	1973年山东莱芜	素面盘	半环	12.4	37.2	素面	无	战初	六类A型Ⅲ式	八	鼎3、豆2、壶1、舟1、敦2、匜1	不详	《文物》1990.11	
268	1990年山东滕州庄里西	素面盘	半环	9.3	34.5	素面	无	战早	第六类A型Ⅱ式	八	鼎1、豆1、舟2、匜1	16.65	《文物》2002.6	
269	1992年山东临淄商王村	素面盘	无	8.4	36	素面	无	战晚	第一类Cb型	九	鼎5、壶4、匜3、盒9、罍4、鉴	14.6	《文物》1997.6	
270	1965～1966年安屯溪奕棋乡M3：8	素面盘	附耳	9.9	31	素面	无	西晚	第二类A型Ⅰ式	六	鼎2、簋2、尊1、卣1、盂1、盒1	28	《考古》1990.3[②]	
271	广西武鸣M33	窃曲纹盘	附耳	10.5	30.3	窃曲纹、云雷纹	无	春早	第二类A型Ⅲ式	六		不详	《文物》1988.12	
272	1959年山西石楼	鱼纹盘	无	19.7	40	鱼纹、圆涡纹目雷纹、联珠纹、兽面纹	无	晚商	第一类Ab型Ⅰ式	三	鼎2、簋1、甗1、爵1、斝1、觚2、瓿1、斗1、卣1	4.25	《文物》1960.7[③]	
273	天马—曲村M6081：2	戈父辛盘	附耳	11.5	35.3	蝉纹、联珠纹	3	西中	第二类A型Ⅱ式	五	鼎4、簋2、爵1、尊1、觯1、卣1、甗1	14.62	《天马—曲村》	

① 山东省济宁市文物管理局：《薛国故城勘查和墓葬发掘报告》，《考古学报》1991年第4期，449～495页。
② 殷涤非：《安徽屯溪周墓第二次发掘》，《考古》1990年第3期，210～213转288页。
③ 谢青山、杨绍舜：《山西吕梁县石楼镇又发现铜器》，《文物》1960年第7期，51、52页。

续表

序号	出土时间地点	名称	盘耳	通高（厘米）	口径（厘米）	纹饰	铭文	时代	类型	分期	共存青铜礼器	墓室面积（平方米）	资料来源	备注
274	同上M5150：15	重环纹盘	附耳	9.6	36.2	重环纹	无	西中	第二类	五	鼎1、簠1、盉1	12.47	同上	
275	同上M6384：5	鸟纹盘	附耳	15.7	23.8	鸟纹、鳞纹	12	西中	第二类Ca型	五	鼎1、簋1、爵2、盉1、甗1、觚1、尊1、卣1	3.51	同上	
276	山西晋侯墓地M93：44	素面盘	附耳	13.4	37.8	素面	不详	西晚	第二类C型Ⅱ式	六	鼎5、簋6、壶2、甗1、尊1、卣1、爵1、觯1、彝1	36.48	《文物》1995.7	
277	同上M93：46	素面盘	附耳	11.4	27.6	素面	无	西晚	第二类A型Ⅳ式	六	同上	同上	同上	
278	天马—曲村M5189：4	窃曲纹盘	附耳	9.6	37.2	窃曲纹、垂鳞纹	无	西晚	第二类	六	鼎2、簋2、匜1	12.5	《天马—曲村》	
279	1993年天马曲村M31	夔龙纹盘	附耳	15.4	45.7	夔龙纹、弦纹	无	西晚	第二类A型Ⅲ式	六	鼎3、簋2、壶、盉1、钤	29.7	《文物》1994.8	
280	1975年山西闻喜上郭村采集	兽耳盘	兽耳	14.6	31.6	不清	无	春早	第四类Bc型	六	不详	不详	《全集》卷8	
281	1975年山西闻喜上郭村采集	窃曲纹盘	附耳	11	31.3	窃曲纹、蟠龙纹、鱼纹	无	春早	第二类A型Ⅲ式	六	不详	?	《全集》卷8	
282	1962年山西芮城县岭底乡坛道村M1	窃曲纹盘	立耳	11.1	22.6	窃曲纹	无	春早	第三类A型Ⅰ式	六	鼎3、簋5、壶2、盉1、碟形器1	11.76	《文物》1987.12[①]	
283	山西侯马M4006	蟠虺纹盘	衔环	12	40.8	蟠虺纹、蝉纹	无	春晚	第五类B型Ⅰ式	八	鼎3、匜1、豆2、钢1	14.6	《上马墓地》	

① 山西省考古研究所（邓林秀）：《文物》1987年第12期，38～46页。

续表

序号	出土时间地点	名称	盘耳	通高（厘米）	口径（厘米）	纹饰	铭文	时代	类型	分期	共存青铜礼器	墓室面积（平方米）	资料来源	备注
284	山西侯马M4078	云雷纹盘	附耳	14.	33.8	云雷纹	无	春早	第二类A型Ⅳ式	六	鼎3、簠、匜	15.04	《上马墓地》	
285	山西侯马M1010	铜盘	附耳				无	春中			鼎1、匜1、舟1、簋1	10	《上马墓地》	
286	山西侯马M1015	铜盘	附耳				无	春中			鼎2、匜1、舟1、敦2	9.8	同上	
287	山西侯马M1027	铜盘	附耳				无	春中			鼎3、匜1、舟1	11.2	同上	
288	山西侯马M1004	铜盘	附耳					春中			鼎3、豆4、罍2、匜1、舟1	34.2	同上	
289	（1961～1962年）山西侯马M13	素面盘	附耳	17	45	耳饰兽面纹	无	春晚	第二类Da型Ⅱ式	八	鼎、甗、壶、鬲、匜	20.78	《考古》1963.5①	
290	（1961～1962年）山西侯马M11	素面盘	附耳	8.8	34	耳饰兽面纹	无	春晚	第二类Da型	八	鼎、簋、鬲、匜、舟	10.6	同上	
291	（1961～1962年）山西侯马M5	素面盘	半环	6.7	37	素面	无	春晚	第六类A型Ⅱ式	八	鼎、簋、匜	11.6	同上	
292	山西长治分水岭M269：29	素面盘	附耳	10	38.5	耳饰兽面纹	无	春晚	第二类Da型Ⅴ式	八	鼎、敦、甗、盉1、鬲1、鉴、罐2	25.76	《学报》1974.2②	
293	山西长治分水岭M270：2	素面盘	附耳	10	38.5	耳饰兽面纹	无	春晚	第二类Da型Ⅱ式	八	鼎10、罍2、敦2、簠、壶2、舟	25.08	同上	

① 山西省文物管理委员会侯马工作站：《山西侯马上马村东周墓葬》，《考古》1963年第5期，229～245页。

② 山西省文物工作委员会晋东南工作组、陕西省长治市博物馆：《长治分水岭269、270号东周墓》，《考古学报》1974年第2期，63～85页。

续表

序号	出土时间地点	名称	盘耳	通高（厘米）	口径（厘米）	纹饰	铭文	时代	类型	分期	共存青铜礼器	墓室面积（平方米）	资料来源	备注
294	山西侯马M2008	铜盘	附耳	8	32	素面		春晚			鼎3、匜1、舟1、敦2	13.6	同上	
295	1988年山西太原金胜村	夔纹盘	附耳	19.6	48.35	S形夔凤纹	无	春晚	第二类 Da型Ⅰ式	八	鼎25、豆14、壶8、鬲6、鉴6、匜	99	《文物》1989.9	
296	山西侯马M1026	铜盘	衔环	12.8	48.6	素面		春晚			鼎1、匜1、舟1、敦1	11.7	同上	
297	1962年山西芮城M2	蟠螭纹盘	附耳	15.8	38.8.	蟠螭纹	无	战早	第二类 Da型Ⅵ式	八	鼎2、壶2、豆2、甗1	14．72	《文物》1987.12	
298	1983年山西潞城M 8	素面盘	立耳	9.8	25.2	素面	无	战早	第三类 B型	八	鼎1、匜1、盒1、壶2	12	《文物》1986.6①	
299	1983年山西潞城M 7	素面盘	附耳	4	39	素面	无	战早	第二类	八	鼎13、鉴4、豆8、胡罍2、盉1、簠2、甗1、舟1、匜1、勺2	36.48	同上	
300	山西闻喜丘家庄	素面盘	附耳	7.5	36.2	素面	无	战早	第二类 Db型Ⅱ式	八	鼎2、豆2、匜1、舟1	10.8	《考与文》1983.1②	
301	山西侯马M4090	素面盘	无耳	4.4	24.4	素面	无	战早	第一类 Bb型Ⅱ式	八	鼎	8. 58	《文物》1989. 6	
302	20世纪50～80年代，五图镇宇家村	重环纹盘	附耳	8	22.5	重环纹、鳞纹	无	春早	第二类 A型Ⅳ式	六	鼎、匜	不详	《考古》1993.9③	
303	中国历博藏	士山盘	附耳	11.5	38	顾龙纹、斜云纹	97	西中	A型Ⅲ式	五			《中国历史文物》2002.1	

① 山西省考古研究所、山西省晋东南地区文化局：《山西省潞城县潞河战国墓》，《文物》1986年第6期，1～19页。
② 运城行署文物局、运城地区博物馆：《山西闻喜邱家庄战国墓葬发掘简报》，《考古与文物》1983年第1期，5～11页。
③ 潍坊市博物馆：《山东潍坊地区商周遗址调查》，《考古》1993年第9期，781～799页。

续表

序号	出土时间地点	名称	盘耳	通高（厘米）	口径（厘米）	纹饰	铭文	时代	类型	分期	共存青铜礼器	墓室面积（平方米）	资料来源	备注
304	1986年陇县边家庄M5	窃曲纹盘	附耳	7.8	20	窃曲纹	无	春早	第二类A型Ⅳ式	六	鼎5、簋4、甗1、盉1、壶2	18.2	《文物》1988.11	
305	1979年陇县边家庄M1	窃曲纹盘	附耳	7.4	22.4	窃曲纹、重环纹	无	春中	第二类A型Ⅳ式	七	鼎6、簋4、壶2、甗1、盉1	不详	《考与文》1986.6①	
306	1998年甘肃礼县	窃曲纹盘	附耳	16.2	46.8	窃曲纹、蟠虺纹	无	春早	第二类Cc型Ⅱ式	六	鼎、簋、盉、壶、匜、钾	13.72	《文物》2002.2	
307	1959年安徽屯溪M1：84	夔纹盘	附耳	7.3	26.8	圆圈纹、夔纹、雷纹	无	西中	第二类A型Ⅰ式	五	鼎4、簋2、盂2、卣2、尊3、乐器	不详	《学报》1959.4	
308	1959年安徽屯溪M1：85	几何纹盘	附耳	9.9	31.6	夔纹、雷纹、几何形纹、丁形纹	无	西中	第二类A型Ⅰ式	五	同上	不详	同上②	
309	安徽屯溪M3	素面盘	附耳	9.9	31	素面	无	西周	第二类	五	鼎2、簋1、尊1、卣1、盂1	不详	《考古》1990.3	
310	1979年安徽繁昌	龙纹盘	附耳	19.6	42	顾龙纹、鱼纹、蟠龙纹	无	春早	第二类A型Ⅲ式	六	鼎6、盉1、甗1、簋1、钟1	7.2	《文物》1982.12	
311	1989年安徽六安毛坦厂走马岗	素面盘	附耳	9.4	25.3	素面	无	春中	第二类A型Ⅳ式	七	尊1、盉2、勺1	11.8	《考古》1993.7③	

① 尹盛平、张天恩：《陕西陇县边家庄一号春秋秦墓》，《考古与文物》1986年第6期，15～22页。

② 安徽省文化局文物工作队：《安徽屯溪西周墓葬发掘报告》，《考古学报》1959年第4期，59～90页。

③ 安徽省博物馆、六安县文物管理所：《安徽六安县发现一座春秋时期墓葬》，《考古》1993年第7期，656、657转670页（第659页有一件鳗鱼纹盘，东汉）。

续表

序号	出土时间地点	名称	盘耳	通高（厘米）	口径（厘米）	纹饰	铭文	时代	类型	分期	共存青铜礼器	墓室面积（平方米）	资料来源	备注
312	安徽寿县蔡侯墓	蟠虺盘	无	16.2	49.2	蟠虺纹	92	春晚	第一类Ab型Ⅳ式	八	鼎18、簋8、鬲8、簠4、敦2、豆2、壶2、尊3、盉1、缶2	60	《寿县蔡侯墓出土遗物》	
313	安徽寿县蔡侯墓	盘	衔环	11	38	不详	6	春晚	第五类A型	八	同上	60	同上	
314	安徽寿县蔡侯墓	蟠虺纹盘	衔环	12	41	蟠虺纹、绹索纹	34	春晚	第五类	八	鼎19、簋8、鬲8、簠4、敦2、豆2、铺2、壶2、尊2、鉴4、盘4、匜1、缶6、盆3等	60	同上	
315	安徽六安楚墓	素面盘	衔环	10	40	素面	无	战中	第五类Db型	九	敦1、匜1、勺1、鼎1	32	《文物》1993.1	
316	1990年安徽舒城出土	素面盘	衔环	6.5	34.5	素面		战国	第五类Db型				《中国文物定级图典·三级品》①	
317	安徽六安县城西窑厂M2	素面盘	衔环	9	34	素面	无	战早	第五类Cb型Ⅰ式	八	鼎2、敦2、匜1	55	《考古》1995.2	
318	1977年广东广宁	素面盘	衔环	4.4	24	素面	无	战早	第五类`Eb型	八	鼎1	3.1	《考古学集刊》1	
319	广东肇庆山岭	圆涡纹盘	衔环	10	57	勾形羽状纹、“S”形纹、圆涡纹	无	战晚	第五类C型Ⅰ式	九	鼎5、罍2、壶1、钟	37.6	《文物》1974.11	
320	四川成都金沙巷	素面盘	衔环	9	36	素面	无	战晚	第五类B型	九	鼎、敦、壶、豆、鍪	5.44	《文物》1997.3	

① 这件盘文字资料及彩图，见于马自树：《中国文物定级图典·三级品》，上海辞书出版社，2001年，248页。

续表

序号	出土时间地点	名称	盘耳	通高（厘米）	口径（厘米）	纹饰	铭文	时代	类型	分期	共存青铜礼器	墓室面积（平方米）	资料来源	备注
321	1984年浙江温岭	龙纹盘	无	26	61.6	鸟纹、龙纹	无	晚商	第一类 Aa型Ⅲ式	三	不详	不详	《全集》卷4	
322	上博征集	鲁少司盘	附耳	13.8	39.5	素面	25	春中	第二类 Da型Ⅰ式	七			《文物》1964.7	
323	1986年湖南岳阳	蟠螭纹盘	附耳	13.6	37	蟠螭纹、蛇纹	无	春中	第二类 De型Ⅰ式	七	鼎、盉、匜、盏	15.3	《文物》1993.1	
324	湖南长沙茅亭楚墓M1：14	素面盘	衔环	4.5	22	素面	无	战中	第五类 Db型	九	鼎2、壶2、敦1、匜1、勺2	14	《考古》2003.4[①]	
325	1980年四川新都	素面盘	衔环	11	37	素面	无	战早	第五类 Db型	八	敦2、豆2、缶2、鉴2、甗2、匜2、鼎5、壶10、罍5	95	《文物》1981.6	2件
326	1930年江苏仪征破山口	四鸟盘	附耳	20.4	84×78	口沿上立四鸟	无	西早	第一类		仅余尊2、甗1、鬲1		《文参》1956.12	
327	同上	附耳盘	附耳	12.5	36.6	夔纹、蟠龙纹、鱼纹	无	西早	第二类		同上		同上	
328	江苏溧水乌山	附耳盘	附耳	9.9	31	圆点圆圈纹	无	西周	第二类		鼎1、卣1		《文物丛刊》2	
329	1961年江苏镇江丹徒	联珠纹盘	附耳	8.2	28.2	联珠纹、几何纹	无	春早	第二类 A型Ⅰ式	六	不详		《文物丛刊》5	
330	1966年江苏溧阳	几何纹盘	附耳	15.5	44	几何纹、锥刺纹	无	春早	第二类 Ca型	六	不详		同上	2件

① 长沙市文物考古研究所：《长沙市茅亭子楚墓的发掘》，《考古》2003年第4期，33～49页。

续表

序号	出土时间地点	名称	盘耳	通高（厘米）	口径（厘米）	纹饰	铭文	时代	类型	分期	共存青铜礼器	墓室面积（平方米）	资料来源	备注
331	1976年江苏丹阳	素面盘	附耳	12.8	43	素面	无	春早	第二类 A型Ⅰ式	六	鼎11、簋、尊、瓿1		《文物》1980.8	
332	1976年江苏丹阳	乳钉纹盘	附耳	12.2	31.2	云形夔纹、乳钉纹	无	春早	第二类 A型Ⅰ式	六	同上		同上	
333	1976年江苏丹阳	弦纹盘	附耳	11.5	30.7	凸弦纹	无	春早	乙类 A型Ⅰ式	六	同上		同上	
334	1958年江苏武进淹城	匜形盘	单鋬	14.4	43.6	不详①	无	春晚	第四类 Ad型	八	盉1、三轮盘1、尊1	不详	《文物》1959.4②	
335	1958年江苏武进淹城	三轮盘	无耳	15.8	26	几何形纹	无	春晚	第一类	八	盉1、尊1	不详	同上	
336	1957年江苏武进	几何纹盘	无	15.8	26	几何形编织纹	无	春晚	第一类 Ab型Ⅱ式	八	尊1、牲匜1、三足盘		《文物》1959.4③	
337	1954年江苏丹徒	蟠龙纹盘	附耳	25.5	48.5	联珠纹、蟠龙纹	无	春早	第二类 A型Ⅳ式	六		不详	《全集》	
338	1985年江苏镇江	蛇纹盘	衔环	不详	不详	水蛇纹	无	春末	五类 Db型	八	盉、匜、鉴	18	《文物》1987.12	
339	1980年苏州吴县	素面盘	衔环	8.6	41	素面	无	春晚	第五类 Db型	八	鼎5、缶1	不详	《文物》1984.5④	

① 从简报的介绍9“其他铜器上花纹则已较工整精细”和照片上看，两件青铜盘上都是有纹饰的，但因照片质量等问题，无法辨识具体的纹样。

② 倪振逵：《淹城出土的铜器》，《文物》1959年第4期，3～5页。

③ 倪振逵：《淹城出土的铜器》，《文物》1959年第4期，5页。

④ 吴县文物管理委员会：《江苏吴县何山东周墓》，《文物》1984年第5期，16～20页。

续表

序号	出土时间地点	名称	盘耳	通高（厘米）	口径（厘米）	纹饰	铭文	时代	类型	分期	共存青铜礼器	墓室面积（平方米）	资料来源	备注
340	1978年江苏淮阴高庄村	弦纹盘	衔环	5.5	23.2	腹饰云雷纹、凸弦纹	无	战中	第五类Da型	九	鼎11、鉴4、盘18、刻纹盆1、匜7、箕形器4、罍2、盉2、甗1	94.5	《学报》1988年第2期[①]	
341	同上	绹纹盘	半环	不详	27.3	绹纹、蝉尾纹	无	战中	第六类B型	九	同上	同上	同上	
342	同上	蛇纹盘	衔环	不详	27	水蛇纹	无	战中	第五类Db型	九	同上	同上	同上	

注：本表资料主要是2004年以前发表的考古发掘品、采集品和征集品，未发表图像的未收录，青铜盘大小尺寸及图像不清楚无法判别型式的标注“不详”。《中原》：《中原文物》；《考与文》：《考古与文物》；《文物丛刊》：《文物资料丛刊》；《全集》：《中国青铜器全集》，文物出版社，1993～1998年；《学报》：《考古学报》。

① 淮阴市博物馆：《淮阴高庄战国墓》，《考古学报》1988年第2期，189～232页。

附表二　传世青铜盘统计一览表

序号	名称	盘耳	通高	口径	铭文	纹饰	资料来源	备注
1	陶子盘	附耳		25.2	14			1.75千克
2	白侯盘		13.2	34	27			
3	子仲姜盘		18	45	32			12.4千克
4	中盘	无耳	12.5	33.1	12	兽面纹、圆涡纹、四瓣目纹		3.95千克
5	令盘	附耳	8.6	27.6	6	斜角云纹		1.62
6	苏甫人盘	附耳	14.4	42.7	9	窃曲纹、垂鳞纹		6.83千克
7	鱼龙纹盘	无耳	13.9	33		蟠龙纹、鱼纹、云纹		3.5千克
8	晨盘	附耳	13.1	37	14	窃曲纹		
9	师寏父盘	附耳	12.3	36.9	17	重环纹、波带纹	《综览》56	
10	叔五父盘	附耳	四寸	一尺三寸八分	16	窃曲纹	《金文总集》6742	
11	周棘生盘	附耳	三寸八分	一尺一寸六分	存11	顾龙纹	《金文总集》6724	
12	𩰫盘	附耳	不详	不详	16	窃曲纹、斜云纹	《金文总集》6743	
13	德盘	附耳	不详	不详	17	窃曲纹、垂鳞纹	《金文总集》6748	
14	窃曲纹盘	附耳	四寸二分	一尺五寸五分	1	窃曲纹、垂鳞纹	《金文总集》6666	
15	薛侯盘	附耳	五寸三分	一尺七寸八分	20	窃曲纹、垂鳞纹	《金文总集》6762	

续表

序号	名称	盘耳	通高	口径	铭文	纹饰	资料来源	备注
16	畗父盘	附耳	不详	不详	7	弦纹	《综览》48	
17	奠登叔盘	附耳	不详	不详	14	鸟纹	《金文总集》6729	
18	父丁盘	无耳	不详	不详	5	蝉纹、联珠纹	《金文总集》6697	
19	仲玑盘	无耳	不详	不详	13	圆涡纹	《金文总集》6730	
20	父己盘	无耳	12.2	30	3	圆涡纹、四瓣目纹	《综览》盘22	
21	鱼从盘	无耳	8.7	27.5	2	弦纹	《综览》盘30	
22	殷穀盘	附耳	13.7	39.6	18	窃曲纹、垂鳞纹	《集成》10127	
23	毛叔盘	附耳	17.2	47.6	23	蟠虺纹、鸟纹	《金文总集》6755	
24	鲁伯厚父盘	附耳	12	42.4	10	窃曲纹、斜云纹	《大系》图159	
25	鲁伯愈父盘	附耳	12.9	38.8	10	窃曲纹、垂鳞纹	《全集》56	
26	龟鱼方盘	衔环	22.5	73.2	无	龟纹、鱼纹、龙纹	《全集》卷8	
27	免盘	附耳	12.7	36.37	33	顾龙纹	《通论》图132	
28	兮甲盘	附耳	?	?	129		《综览》74	
29	休盘	附耳	11.9	39.4	89	窃曲纹、弦纹	《综览》62	
30	齐叔姬盘	附耳	14.5	46	22	兽目交联纹	《全集》	

续表

序号	名称	盘耳	通高	口径	铭文	纹饰	资料来源	备注
31	延盘	附耳		37	6	蝉纹	《综览》24	
32	散氏盘	附耳	20.6	54.6	357	兽面纹、云纹	《综览》55	
33	兽面纹盘	无耳	11.1	31.7	1	兽面纹	《综览》26	
34	弦纹盘	无耳	13.5	34.6	1	弦纹	《综览》13	
35	兽面纹盘	无耳	12.8	35.3	2	兽面纹、蟠龙纹	故宫	
36	龟鱼纹盘	无耳	19.2	44	无	龟纹、鱼纹、龙纹、回纹	故宫	
37	束方盘	附耳	14.9	41.5	1	顾龙纹	故宫	
38	齐縈姬盘	附耳	15	55.5	23	蟠螭纹	故宫	
39	寰盘	附耳	12.7	41	103	重环纹、波带纹	故宫	
40	汤叔盘	附耳	14.2	40.7	29	兽带纹	故宫	
41	蛙纹盘	附耳	12.6	41.7	无	蟠螭纹、蛙纹	故宫	
42	兽面纹	无耳	12.5	33.6	4	兽面纹、联珠纹	《综览》25	
43	鸟纹盘	无耳	11.5	31.1	无	鸟纹	《综览》27	
44	兽面盘	无耳	15	36.1	8	兽面纹、蝉纹	《综览》361	
45	窃曲纹盘	附耳	14.4	35.7	2	窃曲纹、斜云纹	《综览》42	

续表

序号	名称	盘耳	通高	口径	铭文	纹饰	资料来源	备注
46	父戊盘	无耳		29.3	2	兽面纹、蟠龙纹	《综览》36	
47	鸟纹盘	无耳	13.2	35.9	无	鸟纹、夔龙纹	《综览》54	
48	蟠龙纹盘	鋬耳	11.2	29	无	蟠龙纹、鱼纹	《综览》68	
49	窃曲纹盘	鋬耳	13.7	41.8	无	窃曲纹、垂鳞纹	《综览》66	
50	窃曲纹盘	附耳	17.5	54	无	窃曲纹、垂鳞纹	《综览》73	
51	重环纹盘	鋬耳	14.1	38	无	重环纹、蟠龙纹	《综览》匜形盘3	
52	齐侯盘	半环	8.2	43.7	34	素面	《通论》图132	
53	守宫盘	附耳	9.2	35.5	63	顾龙纹、目云纹	《通考》图832	
54	蟠虺纹盘	附耳	三寸八分	一尺八寸	无	耳饰蟠虺纹	《新郑》	
55	铜盘	附耳	四寸五分	二尺	无	耳饰夔纹	同上	
56	楚王酓忎盘	无耳	7.9	38.5		素面	故宫	
57	素面盘	附耳	四寸八分	一尺九寸八分	无	素面	新郑古器	
58	素面盘	附耳	三寸	一尺四寸	无	素面	同上	
59	素面盘	附耳	三寸一分	一尺二寸	无	素面	同上	
60	周盘	无耳	11.2	28.9	2	龟纹、云纹、雷纹	《通论》图129	

续表

序号	名称	盘耳	通高	口径	铭文	纹饰	资料来源	备注
61	亚夫盘	无耳	10.8	33	2	龟纹、弦纹	《考古》1986.9	
62	兽面盘	无耳	11	31.4	1	兽面纹、圆涡纹、云纹	同上	
63	伯戋盘	附耳	一尺	两寸半	33	兽面纹	《考古图》卷6.2	
64	虢季子盘	衔环	38.5	150×82.7	111	环带纹	《通论》图258	
65	宗妇盘	附耳			25	窃曲纹	《大系》图153	
66	晋韦父盘	附耳	15	34	14	鸟纹	《文物》2004.2	
67	楚季苟盘	附耳	11.5	35.5		窃曲纹、垂鳞纹	《楚系青铜器分类研究》	
68	楚姬盘	附耳	四寸五分	一尺四寸五分		窃曲纹	《宣和博古图》卷21	17斤
69	鲁正叔盘	附耳	二寸一分	一尺		蟠虺纹、窃曲纹	《宣和博古图》卷21	十斤十两
70	余卑盘	鋬耳	11.5	37	40	蟠虺纹	上海博物馆	
71	郑伯盘	鋬耳	13.5		13	窃曲纹、垂鳞纹、鱼纹	上海博物馆	
72	父甲盘	无耳	三寸	一尺二寸二分	3	鸟纹、云雷纹	《西清续鉴》甲编卷15上	
73	素面盘	衔环耳	五寸八分	二尺五寸	无	素面	同上	
74	附耳盘	附耳	二寸三分	一尺七分	无	素面	同上	
75	素面盘	无耳	五分	五寸五分	无	素面	同上	

续表

序号	名称	盘耳	通高	口径	铭文	纹饰	资料来源	备注
76	鲁正叔盘	附耳	四寸八分	一尺七寸八分	18	蟠虺纹、顾龙纹	同上	
77	匜盘	鋬耳	三寸五分	一尺一寸五分	无	重环纹、瓦纹、鱼纹	《武英殿彝器图录》	
78	苏公盘	附耳			9	窃曲纹、垂鳞纹	私人收藏	
79	夆叔盘	半环	6	7.8×137寸	36	素面		
80	四耳盘	附耳	10.2	34.5	无	盘内饰龙纹鱼纹、外壁卷云纹	《保利藏金》	3.34千克
81	蟠龙纹盘	无	14.5	36.5	无	盘内饰龙纹鱼纹，鸟纹外壁饰夔纹	《保利藏金》	3.42千克
82	夷曰盘	附耳	11.7	34.6	无	蛇纹，弦纹	《保利藏金》	4.4 千克
	蟠虺纹盘	鋬耳	14.6	50.3	无	蟠虺纹	《保利藏金》	8.4 千克
	应侯盘	附耳	13.3	34	6	夔龙纹	《保利藏金》	5.15 千克
	龙目纹盘	附耳	13.5	37.5	无	龙目纹、垂鳞纹	《保利藏金》	6.1 千克

参考书目

古　文　献

[1]　何建章：《战国策注释》，中华书局，1990年。

[2]　顾静：《国语译注》，上海古籍出版社，1994年。

[3]　（汉）司马迁：《史记》，中华书局，1994年。

[4]　左丘明著、杜预集解：《左传》，上海古籍出版社，1997年。

[5]　杨伯峻译注：《论语》，中华书局，2006年。

[6]　金兆梓：《尚书诠译》，中华书局，2010年。

青铜器著录

[1]　（宋）薛尚功：《历代钟鼎彝器款识法帖》，明崇祯六年朱谋垔刻本影印。

[2]　（清）阮元：《积古斋钟鼎彝器款识》，清嘉庆九年自刻本。

[3]　（清）端方：《陶斋吉金录》，光绪戊辰辑于金陵。

[4]　（清）吴式芬：《捃古录金文》，1913年西泠印社翻刻本。

[5]　（清）王杰等：《西清续鉴》，1913年涵芬楼依宁寿宫字本上石印书。

[6]　容庚：《武英殿彝器图录》，1934年影印本。

[7]　容庚：《海外吉金图录》，1935年影印本。

[8]　刘体智：《小校经阁金文拓本》，1935年石印本。

[9]　容庚：《商周彝器通考》，哈佛燕京学社，1941年。

[10]　中国科学院考古研究所：《美帝国主义劫掠的我国殷周铜器集录》，科学出版社，1962年。

[11]　陕西省博物馆等：《扶风齐家村青铜器群》，文物出版社，1963年。

[12]　陕西省考古研究所等：《陕西出土商周青铜器》（一），文物出版社，1979年。

[13]　罗振玉：《三代吉金文存》，中华书局，1983年。

[14]　（宋）吕大临：《考古图》，中华书局，1987年。

[15] 中国社会科学院考古研究所：《殷周金文集成》，中华书局，1984~1994年。
[16] （宋）王黼：《宣和博古图》，江苏广陵古籍刻印社，1991年。
[17] 李学勤、艾兰：《欧洲所藏中国青铜器遗珠》，文物出版社，1995年。
[18] 中国青铜器全集编辑委员会：《中国青铜器全集》第16册，文物出版社，1998年。
[19] 故宫博物院：《故宫青铜器》，紫禁城出版社，1999年。
[20] 钟柏生等：《新收殷周青铜器铭文暨器影彙编》，艺文印书馆，2006年。
[21] 于省吾：《商周金文录遗》，中华书局，2009年。

考古报告

[1] 中国科学院考古研究所：《辉县发掘报告》，科学出版社，1956年。
[2] 河南省文物局文物工作队：《郑州二里岗》，科学出版社，1959年。
[3] 郭宝钧：《山彪镇与琉璃阁》，科学出版社，1959年。
[4] 中国科学院考古研究所：《上村岭虢国墓地》，科学出版社，1959年。
[5] 中国科学院考古研究所：《洛阳中州路（西工段）》，科学出版社，1959年。
[6] 中国科学院考古研究所：《长安张家坡西周铜器群》，文物出版社，1965年。
[7] 中国社会科学院考古研究所：《殷墟妇好墓》，文物出版社，1980年。
[8] 湖北省博物馆：《曾侯乙墓》，文物出版社，1980年。
[9] 山东省文物考古研究所：《曲阜鲁国故城》，齐鲁书社，1982年。
[10] 湖北省荆州地区博物馆：《江陵雨台山楚墓》，文物出版社，1984年。
[11] 中国社会科学院考古研究所：《殷墟发掘报告》，文物出版社，1985年。
[12] 河南省文物研究所：《信阳楚墓》，文物出版社，1986年。
[13] 上海市文物保管委员会：《崧泽》，文物出版社，1987年。
[14] 卢连成等：《宝鸡弶国墓地》，文物出版社，1988年。
[15] 南京博物院：《北阴阳营》，文物出版社，1993年。
[16] 山西省考古研究所：《上马墓地》，文物出版社，1994年。
[17] 中国社会科学院考古研究所：《陕县东周秦汉墓》，科学出版社，1994年。
[18] 北京市文物研究所：《琉璃河西周燕国墓地》，文物出版社，1995年。
[19] 咸阳市文物考古研究所：《塔儿坡秦墓》，三秦出版社，1998年。
[20] 陕西省考古研究所：《陇县店子秦墓》，三秦出版社，1998年。
[21] 河南省考古研究所等：《三门峡虢国墓》，文物出版社，1999年。
[22] 湖北省荆州博物馆等：《肖家屋脊》，文物出版社，1999年。
[23] 北京大学考古系商周组、山西省考古研究所：《天马—曲村》，科学出版社，2000年。

[24] 北京大学考古文博学院：《洛阳王湾》，北京大学出版社，2002年。
[25] 浙江省文物考古研究所：《河姆渡》，文物出版社，2003年。
[26] 湖北省考古研究所等：《邓家湾》，文物出版社，2003年。
[27] 浙江省文物考古研究所：《瑶山》，文物出版社，2003年。
[28] 浙江省文物考古研究所等：《跨湖桥》，文物出版社，2004年。
[29] 浙江省文物考古研究所：《反山》，文物出版社，2005年。
[30] 浙江省文物考古研究所：《良渚遗址群》，文物出版社，2005年。
[31] 浙江省文物考古研究所：《庙前》，文物出版社，2005年。
[32] 安徽省文物考古研究所：《凌家滩》，文物出版社，2006年。
[33] 陕西省考古研究所：《西安北郊秦墓》，三秦出版社，2006年。
[34] 陕西省考古研究所：《少陵原西周墓地》（上、下），科学出版社，2009年。

考古简报

[1] 郭宝钧：《一九五〇年春殷墟发掘报告》，《中国考古学报》第5册，1951年。
[2] 陈公柔：《河南禹县白沙的战国墓葬》，《考古学报》1954年第1期。
[3] 河南文物工作队第一队：《郑州市白家庄商代墓葬发掘简报》，《文物参考资料》1955年第10期。
[4] 热河省博物馆筹备组：《热河凌源县海岛营子村发现的古代铜器》，《文物参考资料》1955年第8期。
[5] 华东文物工作队福建文物管理委员会：《闽侯县石山新石器时代遗址探掘报告》，《考古学报》第10册，1955年。
[6] 河南文物一队：《郑州碧沙岗发掘简报》，《文物参考资料》1956年第3期。
[7] 福建省文物管理委员会、厦门大学人类学博物馆：《闽侯县石山新石器时代遗址第二至四次发掘简报》，《考古》1961年第12期。
[8] 河北省文物局文物队：《邯郸百家村战国墓》，《考古》1962年第12期。
[9] 梁星彭等：《陕西长安、扶风出土的西周铜器》，《考古》1963年第8期。
[10] 福建省文物管理委员会等：《福建闽侯县石山新石器时代遗址第五次发掘简报》，《考古》1964年第12期。
[11] 山东省博物馆：《山东益都苏埠屯第一号奴隶殉葬墓》，《文物》1972年第8期。
[12] 陕西省文管会秦墓发掘组：《陕西户县宋村春秋秦墓发掘简报》，《文物》1975年第10期。
[13] 福建省博物馆：《闽侯县石山第六次发掘报告》，《考古学报》1976年第1期。

[14] 湖北省博物馆：《盘龙城商代二里冈期的青铜器》，《文物》1976年第2期。
[15] 山东省博物馆等：《莒南大店春秋时期莒国殉人墓》，《考古学报》1978年第3期。
[16] 广东省博物馆等：《广东曲江石峡墓葬发掘简报》，《文物》1978年第7期。
[17] 信阳地区文管会等：《河南潢川县发现黄国和蔡国铜器》，《文物》1980年第1期。
[18] 山东省博物馆等：《山东长清岗辛战国墓》，《考古》1980年第4期。
[19] 雍城考古队：《陕西凤翔高庄秦墓地发掘简报》，《考古与文物》1981年第1期。
[20] 洛阳博物馆：《洛阳北窑村西周遗址1974年度发掘简报》，《文物》1981年第7期。
[21] 赵康民：《临潼南罗西周墓出土青铜器》，《文物》1982年第1期。
[22] 福建省博物馆：《福建闽侯县昙石山遗址发掘新收获》，《考古》1983年第12期。
[23] 滕鸿儒等：《山东海洋嘴子前村春秋墓出土铜器》，《文物》1985年第3期。
[24] 中国社会科学院考古研究所：《1983年洛阳西工区墓葬发掘简报》，《考古》1985年第6期。
[25] 湖南省博物馆：《湖南石门县皂市下层新石器遗存》，《考古》1986年第1期。
[26] 尚志儒等：《陕西凤翔八旗屯西沟道秦墓发掘简报》，《文博》1986年第3期。
[27] 襄樊市博物馆等：《襄樊市谷城县馆藏青铜器》，《文物》1986年第4期。
[28] 山西省考古研究所等：《山西省潞城县潞河战国墓》，《文物》1986年第6期。
[29] 河南省文物研究所新郑工作站：《新郑县河李村东周墓葬发掘简报》，《中原文物》1987年第4期。
[30] 镇江博物馆：《江苏镇江谏壁王家山东周墓》，《文物》1987年第12期。
[31] 淮阴市博物馆：《淮阴高庄战国墓》，《考古学报》1988年第2期。
[32] 宜昌地区博物馆：《湖北枝江姚家港高山庙两座春秋楚墓》，《文物》1989年第3期。
[33] 山西省考古研究所：《山西侯马上马墓地发掘简报》，《文物》1989年第6期。
[34] 宜昌地区博物馆：《湖北当阳赵巷4号春秋墓发掘简报》，《文物》1990年第10期。
[35] 深圳市博物馆等：《深圳市大鹏咸头岭沙丘遗址发掘简报》，《文物》1990年第11期。

［36］ 陕西省考古研究所雍城工作站：《风翔邓家崖秦墓发掘简报》，《考古与文物》1991年第4期。

［37］ 中国社会科学院安阳工作队：《安阳郭家庄160号墓》，《考古》1991年第5期。

［38］ 福建省博物馆：《福建平潭壳坵头遗址发掘简报》，《考古》1991年第7期。

［39］ 湖南省文物考古研究所：《湖南临澧县胡家屋场新石器时代遗址》，《考古学报》1993年第2期。

［40］ 李步青等：《山东招远出土的青铜器》，《考古》1994年第4期。

［41］ 福建省博物馆：《福建浦城县牛鼻山新石器时代遗址第一、二次发掘》，《考古学报》1996年第2期。

［42］ 莒县博物馆：《山东莒县西大庄西周墓葬》，《考古》1999年第7期。

［43］ 三门峡市文物工作队：《三门峡市花园北街发现一座西周墓》，《文物》1999年第11期。

［44］ 洛阳市第二文物工作队：《洛阳市纱厂路东周墓（JM32）发掘简报》，《文物》2002年第11期。

［45］ 山东大学考古系等：《山东沂源县姑子坪周代墓葬》，《考古》2003年第1期。

［46］ 洛阳市文物工作队：《洛阳市西工区几座春秋墓的清理》，《考古与文物》2003年第2期。

［47］ 陕西省考古研究所等：《陕西眉县杨家村西周青铜器窖藏》，《考古与文物》2003年第3期。

［48］ 平顶山市文物管理局（娄金山）：《河南平顶山市出土的应国青铜器》，《考古》2003年第3期。

［49］ 长沙市文物考古研究所：《长沙市茅亭子楚墓的发掘》，《考古》2003年第4期。

［50］ 湖北省文物考古研究所等：《湖北随州义地岗墓地曾国墓1994年发掘简报》，《文物》2008年第2期。

［51］ 天长市博物馆等：《安徽天长出土一批战国青铜器》，《文物》2009年第6期。

［52］ 洛阳市文物工作队：《洛阳王城广场战国墓（西区M37）发掘简报》，《文物》2009年第11期。

［53］ 洛阳市文物工作队：《河南洛阳市润阳广场C1M9950号东周墓葬的发掘》，《考古》2009年第12期。

研究著作

[1] 郭沫若：《两周金文辞大系》，科学出版社，1957年。
[2] 郭宝钧：《中国青铜时代》，生活·读书·新知三联书店，1978年。
[3] 邹衡：《夏商周考古学论文集》，文物出版社，1980年。
[4] 郭宝钧：《商周铜器群综合研究》，文物出版社，1981年。
[5] 李学勤：《东周与秦代文明》，文物出版社，1984年。
[6] 容庚、张维持：《殷周青铜器通论》，文物出版社，1984年。
[7] 上海博物馆青铜器研究组：《商周青铜器纹饰》，文物出版社，1984年。
[8] 〔日〕林巳奈夫：《殷周青铜器综览》，东京吉川弘文馆，1984年。
[9] 马承源：《中国青铜器》，上海古籍出版社，1988年。
[10] 李学勤：《新出青铜器研究》，文物出版社，1990年。
[11] 王慎行：《古文字与殷周文明》，陕西人民教育出版社，1992年。
[12] 朱凤瀚：《古代中国青铜器》，南开大学出版社，1995年。
[13] 杜迺松：《中国青铜器发展史》，紫禁城出版社，1995年。
[14] 刘彬徽：《楚系青铜器研究》，湖北教育出版社，1995年。
[15] 中国大百科全书总编辑委员会《考古学》编辑委员会：《中国大百科全书·考古学》，中国大百科全书出版社，1996年。
[16] 严文明：《走向21世纪的中国考古学》，三秦出版社，1997年。
[17] 李伯谦：《中国青铜文化结构体系研究》，科学出版社，1998年。
[18] 邹衡：《夏商周考古学论文集（续集）》，科学出版社，1998年。
[19] 王然：《考古学是什么——俞伟超考古学理论文献》，中国社会科学出版社，1999年。
[20] 张光直著、毛小雨译：《商代文明》，北京工艺美术出版社，1999年。
[21] 张忠培：《中国考古学——走向历史真实之道》，科学出版社，1999年。
[22] 高至喜：《商周青铜器与楚文化研究》，岳麓书社，1999年。
[23] 张光直：《中国青铜时代》，生活·读书·新知三联书店，1999年。
[24] 王世民等：《西周青铜器分期断代研究》，文物出版社，1999年。
[25] 王斌等：《虢国墓地的发现与研究》，社会科学文献出版社，2000年。
[26] 陈旭：《夏商文化论集》，科学出版社，2000年。
[27] 陈旭：《夏商考古》，文物出版社，2000年。
[28] 许倬云：《西周史》（增订本），生活·读书·新知三联书店，2001年。
[29] 黄怀信：《尚书注训》，齐鲁书社，2002年。
[30] 张辛：《中原东周陶器墓葬研究》，科学出版社，2002年。

［31］ 李学勤等：《中国古史寻证》，上海科技教育出版社，2002年。

［32］ 李松等：《中国古代青铜器艺术》，陕西人民美术出版社，2002年。

［33］ 徐良高：《中国民族文化源新探》，齐鲁书社，2002年。

［34］ 刘凤君：《美术考古学导论》，山东大学出版社，2002年。

［35］ 栾丰实等：《考古学理论 · 方法 · 技术》，文物出版社，2002年。

［36］ 张懋镕：《古文字与青铜器论集》第1辑，科学出版社，2002年。

［37］ 彭裕商：《西周青铜器年代综合研究》，巴蜀书社，2003年。

［38］ 陈淳：《考古学的理论与研究》，学林出版社，2003年。

［39］ 李学勤：《中国古代文明十讲》，复旦大学出版社，2003年。

［40］ 陈梦家：《西周铜器断代》，中华书局，2004年。

［41］ 赵丛苍：《城洋青铜器》，科学出版社，2006年。

［42］ 张懋镕：《古文字与青铜器论集》第2辑，科学出版社，2006年。

［43］ 巫鸿著、李清泉等译：《中国古代艺术与建筑中的“纪念碑性”》，上海人民出版社，2009年。

［44］ 〔日〕林巳奈夫著、常耀华等译：《神与兽的纹样学——中国古代诸神》，生活 · 读书 · 新知三联书店，2009年。

［45］ 杨晓能著、唐际根等译：《另一种古史》，生活 · 读书 · 新知三联书店，2009年。

［46］ 胡谦盈：《三代都城考古纪实——丰、镐周都的发掘与研究》，中国社会科学出版社，2009年。

［47］ 胡进驻：《殷墟晚商墓葬研究》，北京师范大学出版社，2010年。

［48］ 雷兴山：《先周文化探索》，科学出版社，2010年。

［49］ 张懋镕：《古文字与青铜器论集》第3辑，科学出版社，2010年。

研究文章

［1］ 李仲操：《史墙盘铭文试释 》，《文物》1978年第3期。

［2］ 裘锡圭：《史墙盘铭解释》，《文物》1978年第3期。

［3］ 张长寿：《殷商时代的青铜容器》，《考古学报》1979年第3期。

［4］ 张临生：《故宫所藏匜形器研究》，《中国历史研究》1985年第4期。

［5］ 叶万松等：《洛阳北窑西周遗址陶器的分期研究》，《考古》1985年第9期。

［6］ 晁福林：《墙盘断代再议》，《中原文物》1989年第1期。

［7］ 曾琳等：《苏南地区古代青铜器合金成分的测定》，《文物》1990年第9期。

［8］ 杨宝成等：《商周方鼎初探》，《考古》1991年第6期。

[9] 杜金鹏：《商周铜爵研究》，《考古学报》1994年第3期。
[10] 孙华：《商周铜卣新论——兼论提梁铜壶及铜匜的有关问题》，《洛阳博物馆建馆四十周年纪念文集》，科学出版社，1999年。
[11] 张懋镕：《西周方座簋研究》，《考古》1999年第12期。
[12] 陈昭容：《从古文字材料谈古代的盥洗用具及其相关问题》，《“中央”研究院历史语言研究所集刊》，1999年。
[13] 彭裕商：《西周铜簋年代研究》，《考古学报》2001年第1期。
[14] 王建新：《东北亚系青铜剑分类研究》，《考古学报》2002年第2期。
[15] 张懋镕等：《商周青铜容器底部刻划初探》，《中原文物》2002年第2期。
[16] 张懋镕：《两周青铜盨研究》，《考古学报》2003年第1期。
[17] 王辉：《逨盘铭文笺释》，《考古与文物》2003年第3期。
[18] 董珊：《略论西周单氏家族窖藏青铜器铭文》，《中国历史文物》2003年第4期。
[19] 李学勤：《眉县杨家村器铭历日的难题》，《宝鸡文理学院学报》2003年第5期。
[20] 张懋镕：《眉县杨家村窖藏青铜器研究二题》，《文物》2003年第6期。
[21] 刘桓：《墙盘铭文札记》，《故宫博物院刊》2004年第1期。
[22] 周亚：《晋韦父盘与盘盉组合的相关问题》，《文物》2004年第2期。
[23] 刘士莪：《墙盘、逨盘之对比研究——兼谈西周微氏、单公家族窖藏铜器群的历史意义》，《文博》2004年第5期。
[24] 连劭名：《眉县杨家村窖藏青铜器铭文考述》，《中原文物》2004年第6期。
[25] 罗武干等：《湖北荆门左冢楚墓群出土金属器研究》，《江汉考古》2006年第4期。
[26] 张懋镕：《逨盘与西周王年》，《齐鲁学刊》2006年第6期。
[27] 李先登：《试论青铜盘》，《陕西历史博物馆刊》第15辑，三秦出版社，2008年。
[28] 李先登：《浅析商周青铜器动物纹饰的社会功能——以晚商周初兽面纹为例》，《中原文物》2009年第5期。

工具书及硕士论文

[1] 孙稚雏：《金文著录简目》，中华书局，1981年。
[2] 容庚：《金文编》，中华书局，1985年。
[3] 王文耀：《简明金文字典》，上海辞书出版社，1998年。

[4] 张翀：《商周时期青铜豆综合研究》，2006年西北大学硕士学位论文。
[5] 赵燕姣：《从墙盘、逨盘看西周世族政治》，2007年陕西师范大学硕士学位论文。
[6] 阴玲玲：《两周青铜匜研究》，2008年西北大学硕士学位论文。
[7] 孙稚雏：《金文著录简目》，中华书局，1981年。
[8] 孙稚雏：《青铜器论文索引》，中华书局，1986年。
[9] 张懋镕等：《青铜器论文索引》（1983～2001），香港明石文化国际出版有限公司，2005年。
[10] 张懋镕：《青铜器论文索引》（2002～2006），北京线装书局，2009年。